左宗棠

止水 著

中国华侨出版社

图书在版编目(CIP)数据

左宗棠传 / 止水著. —北京：中国华侨出版社，2015.11（2021.2重印）

ISBN 978-7-5113-5788-5

Ⅰ.①左… Ⅱ.①止… Ⅲ.①左宗棠(1812~1885)–传记 Ⅳ.①K827=52

中国版本图书馆 CIP 数据核字(2015)第277708号

左宗棠传

著　　者 / 止　水
责任编辑 / 月　阳
责任校对 / 孙　丽
经　　销 / 新华书店
开　　本 / 787毫米×1092毫米　1/16　印张/19　字数/269千字
印　　刷 / 三河市嵩川印刷有限公司
版　　次 / 2016年2月第1版　2021年2月第2次印刷
书　　号 / ISBN 978-7-5113-5788-5
定　　价 / 58.00元

中国华侨出版社　北京市朝阳区静安里26号通成达大厦3层　邮编：100028
法律顾问：陈鹰律师事务所
编辑部：(010)64443056　　64443979
发行部：(010)64443051　　传真：(010)64439708
网址：www.oveaschin.com
E-mail：oveaschin@sina.com

前言

以前读一部名人传记，总会为他的点滴事迹而感动，久而久之，便有了自己动笔一书历史英豪的愿望。左宗棠作为晚清历史上铁骨铮铮的硬汉，一生戎马数十载，从不言败，至死还在为不能尽驱外敌而"死不瞑目"。如此爱国将帅，正是我所要书写的对象，也是而今青少年应当努力了解的历史人物。

在写书之前，笔者搜寻了市面上已有的多部描述左宗棠的传记类书籍，有的详细阅读，略加考证，而有的则择重观览，取其精要。其中，尤以左宗棠曾孙左景伊所著《左宗棠传》内容最为翔实，而孙占元所著《左宗棠评传》最为精辟。此外，还有张振佩所著《左宗棠传》和罗正钧所著《左宗棠年谱》作为史实参考。而其他著作，则作为辅助参考作用。

然则，市面上已经有多部讲述和研究左宗棠生平事迹的著作，笔者为何还要多此一举耗费诸多精力狗尾续貂呢？非为充斥市场，以辱众目，实则读史有感，兴之所至，想与诸多文友分享所得，遂成此书。但愿不蒙众弃，与诸友共品左公一生未败的传奇，学其无论处何种困境都不忘本心、永不言败的精神，以资互勉。

左宗棠所处时代为晚清风云变幻之际。所谓时势造英雄，左宗棠凭借自己的实学和一腔报国热心，以坚韧不拔的雄鹰铁胆，用他传奇的一生力扫晚清昏暗懦弱的一面，为大家呈现出死水潭中的一抹异彩。本书即从他出生前后的中外格局说起，沿着他的生命轨迹，一直说到他经湘幕入仕，平灭太平军，剿灭捻军，收复新疆，力挫法军以致遗憾去世的一刻。在这部书中，我们不是要批判他在对付太平军、捻军等时所犯下的错误杀戮，作为一员保家卫国的大将，左宗棠自有他身不由己的地方。况且，除了在攻破肃州时没能制止住部下入城滥杀无辜民众以外，他几乎每次作战都严禁部下滥杀，而在战后竭心尽力做好安抚工作，以恢复生产，发展民利。战无义战，在战乱的年代，评定一个历史人物也只能以马克思历史的眼光，实事求是评判，而不能以现在的眼光去审视古人的对错是非。

我们所要看到的是，左宗棠在他传奇的一生中所作的诸多贡献。比如，每一次战后，他都在当地善后，发展农业、商业，并因地制宜发展畜牧业、渔业、林业等产业。在列强入侵正盛之际，他还率先兴建福州船政局、兰州织呢局等军工、民用企业，作为洋务派的领军人物之一，开启了人们实业兴国的热潮。这些，都是他在近代经济中所作的非凡贡献。在这个腐朽已久的朝廷里，左宗棠虽不能力挽狂澜于既倒，但跟随时代的步伐，冲破自身阶级的束缚，他不是那一个腐儒的书生，而是一名提倡学习西艺的先行者。在整顿吏治、发展经济的同时，他每到一处都十分重视文化教育的建设。义学、书院、书局等，都传递着他始终以程朱理学为主，专供经世致用之儒学的传承中国文化的热心。而设立船政学堂，开学习西艺的风气之先，并派遣留学生到欧美国家留学等壮举，无不是走在时代的前列，推动了中国近代化的进程。

当然，左宗棠最值得为世人所称颂的就是他收复新疆的伟大壮举。左宗棠虽然以年逾65的病弱之身出关，但他心比天高，才比地宽，站在同时代诸人的头顶之上，宛若一只盘旋在中华大地上的雄鹰，护卫着这一方土地。当中外人士都不看好他西征壮举时，左宗棠却以自李唐以来前所未有迅速收复新疆，为中国立下千秋之功业，赢得国内外一致称赞和敬佩。在中法战争前夕，他巡视上海时，租界内的洋人便列队鸣炮以示对他的敬意。这种礼遇，特别是在积贫积弱的晚清历史上，只有左宗棠一人才能够得到。国强则人不敢欺我，而尊以敬意，左宗棠此番上海礼遇正好诠释了这个道理。

可惜当时许多人都不懂得这个道理，一味屈辱求和，比如投降派主将李鸿章、郭嵩焘等人，即便如被誉为"千古完人"的曾国藩，在对待外敌的态度上，也趋同于投降主义。他们自欺欺人，以为列强可以适可而止，但没想到列强是得寸进尺，弱肉强食之辈。因此，到了最后，英、法、俄、美、日诸国都来侵占中华国土，攫取非法利益，晚清上下除了左宗棠竟然无一人敢于对此提出坚定抗议。特别是在收复新疆和中法战争中，许多以前和左宗棠志同道合者，此时都走向了投降主义一流，畏洋如虎，宁肯割地让利求和，也不愿拼死一战守卫国疆。泱泱大国，竟然懦弱到如此地步，不仅左宗棠为之痛心，举国上下有志之士都无不心中滴血。在与俄国谈判收复伊犁的过程中，投降派更是极尽捣乱所能，竟然罔顾国土和人民，主动提出宁肯割让伊犁以换得数十年暂时的安稳，卖国之情跃于言行。

最令人气愤的，也是令左宗棠死不瞑目的，在对法战争中，左宗棠等诸多老将士不顾自身安危，奋力杀敌，驱除外侮，但最后竟然以战场的胜利换来外交的失败，从此让中国蒙受一段耻辱历史。"法国不胜而胜，中国不败而败"从此成为中华儿女心中永远的伤痛。

凡此种种,偌大的清廷让近代中国一次次蒙羞。若非尚有左宗棠一力支撑,晚清的历史恐将更糟。然而,即便有左宗棠力主驱敌,他终究寡不敌众,改变不了晚清沦为列强半殖民地的惨败结局。这是左宗棠的失败,也是晚清的失败,更是中国人民的失败。虽然左宗棠以不可复加的荣耀辞世,但是相比于中国的苦难,仍然是那么不值得一提。左宗棠也因此每每在行军打仗之际苦闷而不能睡。笔者每每写到此处,也不禁泪湿眶中。

感叹,敬叹,一代民族英雄左宗棠终究还是遗憾去世。他没能看到中国真正富强的一天,但今天的我们却替他看到了。我们不能说现在的美好生活就是左宗棠奠定基础的,但是没有他和历史上诸多爱国将士、人民的浴血奋战,我们确实无法迎来今天的和平。读左宗棠,读他不败的传奇一生,读他横溢72洲的才华,更读他持久闪耀的拳拳爱国之心。

帝国最后的鹰派左宗棠,笔者在此谨以此书向他不败的传奇一生致敬!

目录

第一章   生逢清政府盛极而衰
风起云涌

003   第一节   中国最后一个传奇帝国
008   第二节   康乾盛世——帝国最后强音
014   第三节   国运渐衰，乏天无术
018   第四节   多事之秋，湘土天降奇才
022   第五节   "燕颔封侯望予季"
026   第六节   贺氏兄弟——人生第一恩师
031   第七节   三番未第，终是无缘于科举

第二章   初显身手解长沙之围
首战告捷

039   第一节   与陶澍的第一次见面
043   第二节   在安化育婿的八年
048   第三节   "和戎自昔非长算"
055   第四节   与林则徐湘江夜谈
060   第五节   第一次化解长沙之围

第三章 大展身手

清四境援五省定湖南

- 067　第一节　第二次化解长沙之围
- 072　第二节　辅助骆秉章清理四境
- 076　第三节　湘、赣、鄂成唇齿之势
- 081　第四节　为抗击英法联军建言献策
- 086　第五节　突遇官樊构陷事件

第四章 势如破竹

出省作战平灭太平军

- 095　第一节　第一次出省作战
- 101　第二节　全力督统浙江军务
- 106　第三节　升任闽浙总督
- 112　第四节　肃清闽赣粤等地残敌
- 119　第五节　三子联盟却现曾左失和之谜

第五章 经世济国

务实业夯筑帝国根基

- 129　第一节　首创福州船政局
- 135　第二节　设立兰州制造局
- 140　第三节　成立民企兰州织呢局
- 144　第四节　探索机械强国富民之路

第六章 收复新疆

抬棺进军克定大西北

151 第一节 平定西北纷乱，打通入疆要塞

158 第二节 "任天下之至重，处天下之至难"

165 第三节 进疆前的全面部署

172 第四节 以乌鲁木齐为突破口

178 第五节 收复南疆八城，底定新疆全境

186 第六节 抬棺进军哈密收复伊犁

194 第七节 "新栽杨柳三千里，引得春风度玉关"

第七章 恪靖定边

战法军中国因胜获败

203 第一节 首入军机处辅政

208 第二节 再次就任两江总督

214 第三节 法国侵扰中国边境

219 第四节 中法战争爆发

224 第五节 "法国不胜而胜，中国不败而败"

229 第六节 "遗恨平生，不能瞑目"

第八章 纵论生平

五百年来第一等人也

- 237 第一节 政治思想：为政先求利民
- 244 第二节 军事思想：海塞两防并重
- 251 第三节 外交思想：面对外侮绝不言和
- 256 第四节 经济思想：重农也重商
- 261 第五节 洋务思想：大力倡导洋务运动
- 267 第六节 文化教育思想：经世致用为要
- 272 第七节 "五百年来第一等人也"

附录 279 左宗棠生平大事记

参考书目 292

第一章 风起云涌

生逢清政府盛极而衰

俗语有云，英雄莫问出处。在特殊的历史大环境下，天才往往从寒门中横空而出，成为力挽狂澜的不二主角。就在风云变幻、盛极而衰的晚清初期，左宗棠降生于湖南湘阴县，年少天才展露，从此成为万里封侯的英雄人物。这一章节，我们就来认识一下少年左宗棠，了解他与他所处时代的微妙关系。

第一节
中国最后一个传奇帝国

翻开历史的画卷，总让人唏嘘慨叹，在时间的长河里，有过多少是非成败，又有过多少帝王将相。有人说，历史无非是那些大人物的家事串联起来的庞杂网络，而普罗大众只是作为其中彰显大人物成败功过的陪衬。我们不能苟同这种过于绝对化和消极化的看法，因为没有了芸芸众生，大人物终究唱不响历史这出大戏；但我们又不能完全否认大人物在历史中的特殊地位，没有他们，历史这出大戏便因此黯然失色。历史的精彩和悲壮，正在于大人物互相挥洒涂抹间对芸芸众生所产生的必然结果与偶然境遇，以及其衍生出的拥有浓重戏剧色彩的所谓国家形态。

在中华上下五千年的历史大舞台上，便曾上演过许许多多由大人物领导的极其相似而又迥然不同的文争武斗。他们，经常由于异族或异域的纷争而挑起战事，并在己方夺得大权之后，又大兴铲除异党之能事，以强权和酷吏巩固新建的政权。从公元前的夏商周到盛极一时的元明清，莫出其里。而其中真正英明者，则在政权巩固之后实施仁政亲民。历来改朝换代平常事，五千年的辉煌历经六十多个朝代，长寿者竟达八百余年，短命者却仅十五年，其中道理便在此间。

不过历史总是极其地相似，除却极端长寿和短命者，大多数有作为的朝代统治时间都在一百多年或两百多年，诸如大家所熟知的西汉、东汉、唐朝、明朝、清朝等。宋朝刚破了三百年的大关却未能走远，亦当属此列。这是个很有趣的现象，不过我们无暇研究这当中的规律，只是来说一说中国最后一个帝国——清朝，它的兴衰荣败。

清朝，在满族统治下发出了中华帝国时代最后的余音。它延续了两千多年的中华帝国史，最终却在外强和内忧的共同推力下分崩离析。同时，清朝也是第二个和最后一个由少数民族统治整个中华大地的长命帝国。元蒙古族的庞大清朝无法企及，但是将近300年的统治历史，奠定了今天辽阔国土的功绩，清朝也堪称一个强大而传奇的帝国。只是这个帝国，最终抵御不住外来文明的侵袭，虽垂死挣扎却逃不过惨烈倒下的命运，并给中华人民带来百余年的耻辱和深重灾难。它的功过，向来争议不断，我们暂且不论，只就客观的史实，做一个大致的了解。

先看一下清朝的历史长度，关于它的时长，有296年说，有276年说，也有268年说。说296年，则从1616年，努尔哈赤建立后金政权算起；说276年，则从1636年后金天聪汗皇太极称帝建立国号"清"开始；说268年，则从1644年清兵大举入关开始。即从清兵入关起算，268年的历史，凡13朝共12君，此间史话犹如浩瀚江河，我们就慢慢道来。

每个朝代都有起、发、盛、转、衰、落等几个阶段，清朝也不例外。清朝的建立源于后金的崛起，而后金的崛起则在于满族的兴盛。从1582年起，努尔哈赤用了30多年的时间统一了女真部落。为了使好不容易统一的女真部落稳固下来，努尔哈赤立刻着手统一文字为满文，并修筑城墙御敌，还制定八旗制度和设置部分官阶，形成了一个王国的雏形。努尔哈赤在完成这一系列的努力之后，政权和势力都得到很大的巩固和提升，却不料因此引起其弟舒尔哈齐、其子褚英等诸亲属对其权力的觊觎，于是努尔哈赤因不得已而一一将其铲除，最后平定了内忧，并于1616年登基称汗。从此，暮气消沉的明王朝便多了一个强大的地方割据势力，并在其后短短的二三十年时间内攻破明朝最后一道防线，大举入关，从明皇帝崇祯手中夺下大权，完成了入主中原的期望，开展其在中华大地上长达两百多年的清朝政权统治。在这二三十年间，皇太极完成了清朝建立之后、入关之前最重要的一步——统一更多边疆少数民族部落、扩展版图、巩固新政权，为多尔衮摄政、入关打下了最坚实的基础。他没有参与清朝的建立，也没有看到入主中原的胜利，但是作为清朝兴起阶段承前启后的一个大有作为的皇帝，皇太极完成了他的使命。

经由努尔哈赤、皇太极、多尔衮等人近30年的沙场征战和改革变通，清朝完成了建权立国的兴起时期。正是这30年左右的时间，为后来两百多年的统治奠定了军事、政治、经济、民族等多重基础，以使其在外强扣关之时还能苟延残喘近百年。

清朝兴起并一统中华大地，开创了中华最后一个帝国，接下来便是艰难而伟大的发展时期，由此而开创了享誉世界的康乾盛世。顺治帝的统治时期就是一奠厚基的发展时期。

顺治皇帝福临在位18年，6岁即位，在1650年前六七年间一直由叔父摄政王多尔衮主力辅政。多尔衮是位很有魄力、智勇双全的人，早期在与皇太极皇位之争时因家道中落而无果，待皇太极去世之后与皇太极长子豪格争夺皇位之时又拒绝了当皇帝，而共同选举了皇太极第九子福临上位。此后，多尔衮便假借年幼的顺治帝的名号，以辅政的名义手握朝廷实权，很快就挥兵挺进中原，大败李自成农民起义军，终于完成了努尔哈赤和皇太极未竟的夙愿。而在入主中原之后的几年时间，多尔衮励精图治，并以极大的魄力效法明朝的官制，制定清朝官阶，还颁布了清朝法律，减免明末规定的一些赋饷，对处于较边远地、仍在奋力抗清的力量进行无情打击、抗压，而对多年的政敌豪格和两黄旗大臣，更是以非常手段进行压制。内理朝纲，外压强敌，肃清政敌，一统全国，这就是多尔衮摄政并入主中原后为年幼的顺治帝立下的固国强基的有效措施。

多尔衮终生都没有实现皇帝梦，更在人生最鼎盛时期命丧他地。那年他39岁，而顺治帝则13岁，正处于叛逆期的年龄。不过，生在皇家，贵为帝子又年幼登基，顺治帝没有平常人叛逆撒娇的权利。多尔衮一死，顺治帝福临便以少年天子的身份正式统领朝政。虽然有了多尔衮和众多开国元勋的忠心护国在前，到了顺治帝摄政时期，民生已基本康定，但多尔衮生前留下的残局，比如西南抗清农民力量、东南抗清郑成功部队和诸多弊政、民族积怨等，尚需很大的力气和时间去治理。顺治帝虽为少年，但年幼即位并由多尔衮等多位叔父、大臣全面培育，他早就少年老成。

因此，亲自执政之后，他为了解决多尔衮与政敌豪格派之间多年的恩怨，把多尔衮削爵除宗，一举定为谋反叛逆的罪人，从而安抚了皇室的纷争。而对外，军事上对于抗清力量采取抗击与诱降相结合的政策，成功消灭了西南抗清力量，把郑成功驱赶到台湾，从而基本完成了一统的帝国。在政治上，力除多尔衮留下的弊政，罢免惩处贪官，挑选廉吏为官，严禁太监干政，一清朝野风气，并下令禁止圈地，很大程度缓解了民族积怨。而在经济上，用现在的话来讲就是大力发展生产力，如发展农业、垦荒、规范并减少赋税等。

顺治皇帝的系列措施，从内政外患、军事、经济、赋税等各方面力除弊端，为康乾盛世的到来直接开创了良机。顺治十八年，顺治皇帝病死，卒年廿三，众人于是推选其第三子玄烨即位。这就是后世所称颂的康熙皇帝，历经百余年的康乾盛世正是由其而始。而中华帝国最后余音的最强音，也就在康熙、雍正、乾隆三位清朝最大有作为的皇帝统治期间发出。

第二节
康乾盛世——帝国最后强音

  由几代前人开创了基业,并扫除了诸多障碍,似乎接下来只要坐收其成便可了。其实不然,要开创一代伟业,就比如登上一座崇高的巅峰,前人的努力和成果只是到达这座巅峰脚下的石子路,从山脚逐渐攀登顶峰,则必须付出比前人更大的努力。

  康熙皇帝年幼时被安排了四位辅政大臣,他们分别是索尼、鳌拜、遏必隆和苏克萨哈。在这四位大臣之中,鳌拜是最具实权和野心的,他无视康熙帝,以为其年幼无知难以成大器,因此嚣张跋扈,很多朝政大事往往先斩后奏,实质就是独断专权。康熙帝虽然年幼,但这一切都早看在眼里,记在心上,就等着有朝一日时机成熟之际,一举擒获鳌拜,夺回实权。康熙八年,康熙帝独召鳌拜入宫,智擒之而数其罪责三十大条,将其家产没收并罢官投入大牢,最终致其死于牢中。自此,康熙帝便可放开手脚,大展雄才。

  摆在康熙皇帝面前的,首先便是军事和政治问题,说白了就是巩固政权。早在顺治年间,虽然西南抗清力量已清,但是台湾未收复,边疆仍存在诸多其他少数民族扰境等问题,这些都对清王朝的稳固有着不可小觑的威胁。因此，康熙帝首选要做的就是进一步加强皇权和中央集权，把当时存在的三藩割据势力收回。

何谓三藩？原来这所谓的三藩都是当时降清的明将，清朝为安抚他们，特准吴三桂、尚可喜、耿仲明等三人分别驻防云贵地区、广东地区和福建地区，并分别分封为平西王、平南王和靖南王。此三王，各自割据一方，虽然名义上顺服清王朝的统治，但实际上为霸一方，康熙皇帝认为他们不利于清王朝统一政令的执行，势力之大已经超出原属的范围。因此，找准机会除却三藩，一直是康熙皇帝所等待的。

恰好，尚可喜此时告老还乡，奏请皇上准许自己的儿子尚之信继承平南王的王位。按照惯例，这是没问题的，耿仲明早就把王位传给了孙子耿精忠。但是如此天赐削藩的良机，康熙皇帝怎么可能错过呢？他告准尚可喜还乡，却要收回平南王的权力，因此触怒了吴三桂和耿精忠。最后，在1673年，即康熙十二年，吴三桂率先起兵造反，耿精忠和尚之信，以及其他共十余省将士联合策反，南方一时间沦入叛军手里，三藩内乱至此展开。康熙皇帝并没有被此吓倒，而是审时度势，采取一边重点平定吴军，一边安抚另外两藩及其他叛乱势力的策略，经过艰难的八年之战，最终以吴三桂病亡，清军攻破其最后防线告终。

三藩之乱已平，中华内陆政局基本稳定，剩下的就是台湾和边疆问题。经过两年的休整、发展生产和精兵勤政，于康熙二十二年，福建水师提督施琅受命收复台湾，划归台湾为统一的清王朝一府。与此同时，对于俄军侵占我国东北部尼布楚和雅克萨等地，康熙皇帝一并解决，以《尼布楚条约》划清中俄边境，收复部分东北失地。此后，三次出征入侵西北部喀尔喀蒙古的噶尔丹，派兵援助西藏击退入侵者等，进一步巩固了边疆的安稳。

政治稳定，其次便要发展经济。和顺治皇帝一样，康熙皇帝禁圈地、鼓励开荒、减免赋税，并较此前措施更为明确和严厉。比如赋税减免上，一来免征荒地田税，二来免征灾民赋税，这样一来便既发展了经济，又笼络了人心，稳定社会。此外，治理淤塞、水患严重的河道，也是康熙皇帝的重任。黄河水患是数千年来的疑难杂症，在康熙年间黄河决口事故频发，康熙皇帝特任官员专门治理黄河，并六次南巡亲临指导治河事项。在当时而言，河道是重要的行商之路，也是农业生产和人民安康的重要保证，因此治河即是发展经济。

顺治皇帝也许是年少而短寿，因此在国家治理上还未能展现出多面手的才能，而康熙皇帝在位61年，又天性聪颖，心有远见，因此除了巩固政治、安稳边境和发展经济之外，更重视文化建设，并取得卓越成效。十年树木百年树人，文化和教育对于国家昌盛的作用，康熙皇帝自是深知。因此，在实施武力和经济手段的同时，他更加以文治国，不仅补充、修撰、刊发了《全唐诗》《康熙字典》等，还主持续修《明史》，祭祀包括明朝崇祯皇帝在内的历代帝王，祭拜汉人圣贤，增加选官机会，晚年举办千叟宴等，无不是针对汉人心理而设的。这样一来，通过文化和教育这一软肋，康熙皇帝有力地缓解了民族和社会矛盾，使满汉之间互相取得一定的认同感。

可以说，康熙皇帝一系列全面而卓有成效的措施，大大发展了民生和稳固了国势，抗清力量也逐渐被削弱或感化，民族和边疆矛盾趋弱，人们安居乐业，清朝自此步入了鼎盛发展时期。只是到了康熙晚年，吏治腐败问题严重，子嗣争位纷争不断，康熙盛况已一去不复返。据史料记载，在1719年时国库尚有银近五千万两，而到1722年康熙西去时只剩下银八百万两左右。一代有为帝王逝去，同样留下一个烂摊子需要收拾，而此时45岁的雍正正是最有能力收拾这个烂摊子的人。

雍正是康熙第四个儿子，原名爱新觉罗·胤禛。许多学者认为他是夺位谋权，然而据《清史稿·世宗本纪》记载却表明他是奉康熙遗诏继位为帝的。此间纷争我们暂且不论，单说他执政13年的功绩，便足以证明他的才能并没有辱没皇帝一职。

即位之前，雍正早已把康熙晚年时期所存在的弊端看得清清楚楚，因此继位以来，便大展拳脚，以期一一改颓萎现状，正是康乾盛世最关键的转折点。比如，对外继续打击分裂国家的行径，统一了青海，与俄国进一步划清界限，促进贸易和经济往来；对内继续鼓励垦荒，蠲免钱粮，发展文化和改善吏治等。尤其是在吏治整顿方面，唯才是用，讲究法治和廉治，革除贪庸败类。对于贪污腐败之徒，不论皇亲国戚还是其他官员，雍正皇帝一律严办，革职抄家，财产充公，仅用不到一年的时间，就让国库增至6000多万两白银。执行力度之大，可谓前所未有。一时间，廉洁成风。

而在其他方面，比如加强皇权是有过之而无不及的。加大密折范围、设立军机处、继续大兴文字狱，等等，都让人望而生畏，莫敢觊觎。与此同时，他又极具创新精神，其中一项便是秘密立储。他在生前便将下任皇位继承人名字写好，一份放入书画卷轴内置于乾清宫"正大光明"牌匾后面，而另一份以密旨的形式藏于内府，等其去世方才揭秘，宣布继承者。这样，就避免了康熙皇帝晚年子嗣争位的烦恼。不过，雍正虽然不为继承者问题担忧，但却突然暴病，死时年寿58岁。

雍正西去，这便轮到乾隆皇帝上场，康乾盛世最后的护卫者和缔造者，当然在后期也成为康乾盛世的毁灭者。与康熙、雍正两帝一样，乾隆在政治、军事、经济、文化等诸多方面都极尽能事，可谓祖孙三代一个比一个做得更出色。在政治等方面，他们都很重视吏治，康熙宽仁，雍正严厉，而乾隆则刚柔并济。对于大贪官，乾隆一律处死，有时甚至动用酷刑。而在官员选拔上，乾隆显得更为谨慎细致，不仅对年龄有要求，尽量选择青壮年任职，更对他们的身体状况、思想品性和才能一一考核，不合格者一律不用。据史料记载，在乾隆第一次考核中，就有6万多名官员因为各种不合格而遭到相应的处罚。而对于合格或优秀的官员，乾隆也给予褒奖，比如加薪、奖励廉政等。

在军事方面，乾隆好武，晚年自诩"十全老人"，其中便称赞了有十全武功。哪十全？分别是：两次平定大小金川土司叛乱，两次反击廓尔喀入侵西藏，两次平定准噶尔叛乱，平定回部大小和卓叛乱，镇压台湾林爽文起义，出征安南和缅甸等共十次战事。至于平定西藏叛乱等，乾隆并不计算在内。然而这十全武功，虽然大都为人赞赏，是为护国义战，但如出征安南和缅甸，则属不义之战。而许多战事伤亡过重，也颇为后人诟病，比如攻打回部、准噶尔叛乱等。当然，这与他自身好大喜功、脾气暴躁、尚武等性格有关。

在经济方面，鼓励垦荒、发展农业、兴修水利等继承康熙、雍正的做法，并取得更大的成就。而在商业方面，也略微网开一面，甚至允许平民贩卖少量的私盐，并出现可以汇兑、存款、信贷的票号。这说明，乾隆时期的经济发展远超前代，这一点，从乾隆时代前中期每年的国库收入便可看出。在前面我们已经提到，康熙末年国库仅有800余万两银，而乾隆时期自乾隆二十八年起每年国家收入都在提高，最鼎盛时可达8000多万两银，而后基本稳定在每年六七千万两的水平。无疑，仅从经济上来说，乾隆时期代表着康乾盛世的最高峰。

而在军事、政治上，也是如此，清朝的版图在乾隆时期达到最大化。在文化上，乾隆时期也比之前达到更高的高度，比如官方修撰书籍逾百种，完成了历经几个朝代开编的《明史》和《大清一统志》。而其中最让人铭记和惊叹的就是《四库全书》的编撰，则是乾隆皇帝倡导和参与编撰的一部巨著。这也从侧面说明，乾隆皇帝同样拥有渊博的汉文化知识。

这都是乾隆皇帝的功绩，而这些功绩无疑都达到了清朝三百年的顶峰。而在另一方面，乾隆延续了康熙开创的文字狱，也同样更加兴盛起来，有资料统计显示，他所兴起的文字狱是整个清朝文字狱的八成，从而造成了许多冤假错案。并且，在修书的过程中，乾隆还凭主观臆想销毁了许多有价值的书籍，造成中华文化典籍和传统的部分流失。康熙崇尚俭用，而乾隆好铺张奢华，特别是在几次为母庆寿时大肆挥霍，金额无可计数。此外，晚年的他还是因为自己的文治武功而骄傲自大，无视外来文明，自居天朝上国，实行闭关锁国政策，给列强带来可乘之机，助长他们的瓜分野心。统统这些，自然也是康乾盛世最"登峰造极"的。

乾隆创造的前一种顶峰让康乾盛世在乾隆年间处于最鼎盛时期，社会的和谐和发达是前所不能比拟，后者不可望其项背的。然而，后一种"顶峰"，正是乾隆自毁声誉和促使清朝急转直下的重要原因。虚浮、自大的风气从上感染而下，正所谓上梁不正下梁歪，举国都处于封闭自产的环境中，无视外界的翻天覆地之变化，自然很快就抵挡不住外界的轮番试探和炮轰火攻，最终被迫大开国门，迎来百年国难。

强大帝国发出的最后的强音自此消殒，清朝盛极康乾三代而止，由盛转衰的国运，则自乾隆末期开始。虽可谓百足之虫死而不僵，然而那百年来的屈辱和艰辛，确实让人不忍卒读。

第三节
国运渐衰，乏天无术

乾隆之后，嘉庆登台。史评嘉庆醇厚，也可谓一代明君。只是无奈乾隆晚年所留下的千疮百孔的帝国，让后继者再也没有先祖那种开宗扶正的气魄去挽救。因此，乾隆末期开创了清朝腐朽的根基，而嘉庆心有余而力不足，终究无力挽救这一外刚内弱的政权，于是便呈现给世人一个开始急速没落的清朝。

一个朝代和国家的没落腐朽往往是多项并举的，然而，它的开端一般起于政治、官吏和军事等诸方面。政吏腐败，则军纪涣散，三者倾摇，则撼动了赖以稳固国祚的民心与民生。风雨飘摇，肇始于此。

帝王主政，官吏相辅，政吏从来都不两分。帝王勤勉，政通清明，则吏治刚严，运作有条。然而自乾隆末期开始，因为乾隆的骄奢放纵，政治腐败，从而滋生了一潭腐吏的污水，使得吏治败坏，从上而下贪污成风。这便是乾隆交给嘉庆的第一桩难题，而此时，已是世纪之末，内忧外患都面临前所未有的困境。

有人说嘉庆是守成皇帝，似乎还不大贴切。守成，颇有坐收其成，静守祖业的意思，嘉庆也在守祖业，但不只是坐享其成，而是意欲倾其所能力挽狂澜。他所承接的祖业，不是正值辉煌灿烂之际，而是面临腐朽没落之势。因此，与其谓之守成，不如说是补救。他的补救，首先就是从政治和吏治两方面开始。

乾隆时期，民间流传着"二皇帝"的说法。二皇帝是谁？乾隆年间第一大贪官和珅。因为他不仅贪污数额巨大，以致富可敌国，更暗中卖官鬻爵，权倾朝野，虽非为丞相，却已是万人之上，还时常蛊惑乾隆做出许多惹民怨之事，因此遭民痛恨。嘉庆皇帝对之早已恨之入骨，因此在登基第六天便拿其开刀，判其欺君罔上，擅专，巨额财产来源不明等罪，予以赐死。和珅一死，财产充公，一时国库充盈，竟达往年的十五倍有余。

嘉庆本想以此一来杀鸡儆猴，让诸多贪官污吏可以稍微收手，以求励精图治，二来则借其财产大兴补救之利，三来还能安插心腹于某些重要官位，以抑制贪腐之势。虽说一时让人震慑，然而和珅二十余年编织的贪网，涉众无数，他们无孔不入，即便除去了和珅和其重要心腹，也只是削去了冰山一角而已。贪污已成一股飓风，则此向不通，改吹彼向，贪官污吏变着法儿贪污。另外，嘉庆号称仁宗，以醇厚仁治名世，对于腐吏的惩治往往不彻底，比如对于奢靡浪费军饷的将帅，他很少惩处，只是自感自叹，因此更加滋长腐吏。因此，尽管嘉庆勤政治贪，却不料一面又因其仁厚而暗长腐吏之势。

吏治的败坏已无法彻底整顿，这无疑给社会矛盾的激化加注了一剂强化剂。政吏腐败，也就是权和钱的问题。而贪官污吏所收取的财富，根本上又无不是从民脂民膏里一分一厘搜刮、汇聚而得的。因此，敛财的集团形成一张迷网，让许多底层的人们无法喘气和生活，便是形成一股抗压的暗潮。这股暗潮愈演愈烈，则最终导致官逼民反的局面。胆小怕事的只能暗地里一边抹眼泪一边咒骂喊冤,而一些热血者便想着揭竿而起,由是有了所谓的农民起义。而他们,又往往被伪宗教所迷惑,于是那些奋起反抗的农民就被一些野心家利用,加入了打着宗教旗号的起义队伍中去。这类事情,史上向来不少见,究其根源,大概就在于伪宗教借助宗教所描述的一个无有苦痛、纷争,人人平等的平和、大同的社会来安抚了这些受伤而善良的心灵。

比如,嘉庆元年就产生了白莲教起义,他们的首领之一王三槐就直言起义是"官逼民反"所致。白莲教势头一时难以镇压,这让嘉庆皇帝很心急,前后历时六年多才终于在嘉庆九年平定了此事。但是,大势虽已去,残留力量却忍辱隐匿了近十年,终于又在嘉庆十八年打着天理教的名号再次策反起义。以这两起起义为代表的农民起义,在嘉庆皇帝看来已经形成对清朝国运安全的巨大威胁。而另一威胁,就来自内部,也就是致使"民反"的"官",一是上面已经讲到的贪官污吏,二就是那些玩忽职守的官员。嘉庆皇帝对此以身作则,杜绝收礼,勤俭持政,并对疲玩官员做了清晰的等级处分。只是嘉庆皇帝没有开宗立业的几位祖辈那样果敢勇决,仁政使他不敢触及问题的根本,只是尽最大的努力做些表面的功夫。因此,朝廷内部政吏的问题仍然一团乱,而为此带来的民怨此起彼伏,也在不断升级,此时的清王朝,就如一艘外表强悍而内在零件器械已经老朽的大船。

机器零件朽化,最好的解决方法就是更换零件和维修。这就牵扯到民生和经济。维护需要强大的经济支撑,而经济的发展依靠民生的稳定,同样经济的发展也会促进民生的暂时维稳。只是嘉庆皇帝似乎并不懂得这个道理,民生不好他也许看得到,但是却一如既往重农抑商,闭关锁国。这个政策在自身强大,并且工业时代并未来临之际尚可通行,但到了世纪大变之际,便是贻害子孙的做法。嘉庆皇帝禁开矿,不通外商,不予外交,最终把自己孤立起来，拒绝了中国参与到工业革命的科技成果中去，最后只有"享受"西方接二连三的"贺礼"，终于被迫开国门，"师夷长技以制夷"。

沿袭乾隆末年——嘉庆年间的腐没路线，此后的道光、咸丰、同治诸帝，愈发是不能承此大业，眼见得偌大的帝国一天一天消沉腐朽没落下去，也只能和有志之士苦撑下去。而在这期间，左宗棠历经五帝，尤在咸丰、同治、光绪三帝在位时为护国保疆做出了杰出的贡献。

清末百年，是一个帝国腐朽落寞的百年，是一个朝代由盛转衰的悲音，虽有如左宗棠此类杰出的忠臣竭心尽力护佑，终也难挽救既倒之狂澜。无论从政治、军事、外交、经济、民心诸多方面比较，晚清始终无法面对它的列祖列宗。而这，正给了外强入侵的机会，也给了一些野心家制造动乱的大舞台，更给广大的民众带来了苦难的百数十年。

第四节
多事之秋，湘土天降奇才

从开国说到衰落，我们不得不承认，正值世纪大变的清朝，在乾隆以后，清君是一代不如一代，素来备受传颂的"康乾盛世"更早已是一去不复返。传说世纪之交是最易出差乱的时候，盛极而衰，清朝显然没有禁受住世纪之交的重要关口。虽则看似仍旧庞大强盛，实则是空有其表而内虚疲软。尽管嘉庆、道光两帝极力宣扬仁厚俭约，却也遮掩不住清朝的愚昧迂腐和没落气息。因为此时的西方之强盛，早已非昔日可比。奈何清君闭关锁国，对西方和世界的格局及其翻天覆地的变化一无所知，仍以"泱泱大国""世界中心"自居。心不明而欲国强，犹如蚍蜉撼树，不自量力、愚不可救也。

而当时的西方，正处于第一次工业大革命期间，工业大生产迅速代替手工业生产，西方世界由此进入工业时代，大多数国家推翻封建制度，建立了资本主义制度，并以民主、自由推翻了专制、愚昧的思想。以西方为首的这一世界大变革迅速扭转世界格局，而仍处于闭关锁国的清朝无疑就成为西方列强虎视眈眈的一块肥肉。

只不过中国毕竟久居世界先进国之列，西方国家虽然蠢蠢欲动，也要先行试探一番。这里最有代表性，也最能反映出清朝迂腐没落的历史事件就是英国阿美士德使团于清嘉庆二十一年（1816）来华求见嘉庆皇帝的时候。当时，嘉庆帝一听到有使臣求见，便摆起天朝上国的架子，仍旧把英使当作是"贡使"，要求英使严格执行三跪九叩首的觐见大礼。殊不知，经过了工业大革命的洗礼，英国早已成为世界第一工业大国和海上强国，怎肯俯首称臣，行跪拜之礼？清君以为只要闭关锁国就能相安无事，却不料之后不久便遭到坚船利炮的"礼遇"，自此不得已不大开国门，给列强有了肆意瓜分中国之机。

在英使献上的先进工艺机器和军事装备面前，嘉庆帝倒是很潇洒傲慢地将之视为"奇技淫巧"，以为泱泱大国无所不有，根本不把这改变世界格局的器械放在眼里。后来的鸦片战争狠狠地掴了清君一大巴掌，天朝上国的愚昧自大终究还是要屈服于昔日不以为然的"奇技淫巧"。以至于后来的学其技以御之，终究是手忙脚乱，衰败已定。

百足之虫死而不僵，清朝虽已处处可见没落，但两百余年的根基并不是一两天就能轰然倒下的。就在这世纪大变革之初，位处中国中南部的湖南，终于天降奇才，让这风雨摇摆中的清朝苟延残喘又度过了数十年。他，就是左宗棠。

湖南曰湘，这里向来是伟人降生的福地，古有大书法家欧阳询、怀素，大理学家周敦颐，近有民主革命家黄兴、宋教仁，无产阶级革命家毛泽东、彭德怀，杂交水稻之父袁隆平等。而单就清朝而言，便有清代名吏陶澍、晚清思想家魏源，湘军创立者和统帅曾国藩，晚清军政重臣左宗棠、清末维新派政治家谭嗣同等一批各个领域的杰出人才。而左宗棠在其中，更可谓是奇才，梁启超便盛赞他是"五百年来第一人"。

左宗棠，字季高，清嘉庆十七年（1812）生于湖南湘阴左家塅，自号曰"湘上农人"，历任轻车都尉、巡抚、太常寺卿、大学士、总督等职位，是晚清军事家、政治家、四大军政重臣之一，更是著名的湘军将领，开一代之先河的洋务派的首领。

然而，追根溯源，左宗棠虽然天资聪颖，但也说不上天赋异禀，而绝无仲永天才。可是缘何梁启超如此盛赞，林则徐亦称之为"绝世奇才"，而其更有"中国近代最伟大的民族英雄"之誉，甚至备受世界推崇，奉之为"近百年史上世界伟大人物之一"（华莱士）呢？后人总结左宗棠有三大丰功伟绩：平定太平天国战乱，平息西北回族叛乱，收复新疆。而收复新疆则是最为人们津津乐道、敬仰不已的。这当然都是后话。鲜花需有沃土栽，我们就先来讲讲这伟人辈出的灵杰湘土吧。

湖南地处春秋战国的楚国南部，更是春秋中期以后楚文化的中心地区之一，而楚国又正是一代爱国主义诗人屈原的故乡。殷楚文化，历朝相承袭。可见，湖南有着数千年深厚的文化艺术传统。左宗棠出生的地方是湘阴一带，临近长沙，而长沙向来以学闻名，岳麓书院便是明证。由此，左宗棠的家乡受到传统楚文化的熏陶之深是显而易见的。出生于楚韵浓厚的湘土，左宗棠自小就带有非凡人才的标识。

除了湘土的天然熏陶，左宗棠的书香门风更是对他成才有着最直接的影响。重教尊道的传统儒学在湘土的传播承袭深远广大，左氏家族更是其忠实的拥戴者。左宗棠曾祖父左逢圣是湘阴县学生员，祖父左人锦是国子监生，父亲左观澜是县学廪生，可见左家虽未闻达，却也是书香门第。即便生于清贫之家，祖上并没有遗留给左宗棠丰裕的物产和财产，然而儒学相承的书香习气，便是留给左宗棠最好的精神致礼。左宗棠后来能成为一代将才、民族英雄乃至世界伟人，归功于左家事儒读书的家风。

左宗棠出生时良好的地域环境和家庭风尚，无不给了他成才报国的肥沃土壤。自身先天的聪颖，加上后天的不懈努力，左宗棠，一代传奇伟人、清朝帝国最后的"鹰派"，此时正准备向腐朽没落的清王朝伸出巨手，意欲力挽狂澜，扶大厦之将倾。

第五节
"燕颔封侯望予季"

左宗棠出生的地方，是湖南湘阴县左家塅，一个平坦而宁静的小山村。那里，是左家祖先约在六百年前因为避战乱匆匆逃离江西祖地，来到湖南最终选择安定下来的居所。左家祖上并未曾出过名震一时的大人物，为官者亦在少数，比如在宋朝出过一位进士左大明，曾在浙江做过小官，而在明朝又有一位左天眷当了某直隶县的知县。近几代之中，从其曾祖父开始，左家累世在此耕读，都希望通过科举考试走上辉达的仕途。但是，除了左宗棠，左家也未曾有过什么功名。曾祖左逢圣是县学生员，祖父左人锦是国子监生，父亲左观澜是县学廪生。即在兄弟中，早夭的大哥左宗棫也是县学廪生，而二哥左宗植也仅为举人。

左家的仕途不如意带给家庭的直接影响就是清贫，没有卓越声名。不过，左家并未因此而垂头丧气或放弃了耕读的传统，相反一直传承着书香之气，备受村中老幼敬爱。1812年，相传那是一个祥和的夜晚，左宗棠"哇"的一声哭叫惊喜了左家上下。

左家上下九口人都很为此欢喜为此忧愁。欢喜的是已38岁的余氏作为高龄产妇成功顺产，母子平安，为左家再次添丁加喜，忧愁的是作为一个贫寒之家，多一张嘴就意味着多一份艰难。平日里左家就常吃不起米面，终日以糠饼作食，这时的余氏便因营养跟不上而缺少奶水。无奈之下，爱子心切的余氏只能把平时都舍不得吃的米饭嚼成米汁，一点一点小口送入左宗棠的嘴里。缺乏奶水补充，米汁营养不够，左宗棠经常饿肚子，渐渐地肚皮鼓胀起来，以致成为他后来个人形象比较突出的一点。

食物的贫乏导致他营养不良，所以左宗棠从小就体弱多病，但精神上的充盈丰裕却让他自幼便聪颖过人。父亲左观澜整天忙于在外授徒，左宗棠在5岁之前一直由母亲余氏和祖父左人锦培育。左家向来重读重教，祖父是和蔼又严肃的儒士，余氏是性情淳朴、知书达理的本分人，在他们的循循善诱下，左宗棠打小也以读书为乐。4岁时，左宗棠就在祖父的膝下开启自己的读书时代。他常常在"梧塘书屋"端坐，由祖父一字一句传授《三字经》，并开始习练毛笔字。

"梧塘书屋"其实就是左家的两间简陋的房屋，因为屋前种有茂盛挺拔的梧桐树，并有一个小池塘而得名。我们不能得知左家在屋前挖一口池塘和种几株梧桐的确切意义，但可推想，作为书香之家并素有仕途之意的左氏家族，除了增加住所雅观和趣味之外，更重要的是教导和激励家人要冲破贫穷和环境的束缚，勿做"池中物"，应为梧桐材，不仅为左家添光，更为国家效力。也许，在教书休憩之余，祖父就曾多次向左宗棠传达过这种期许，给左宗棠幼小的心灵以远大的志向萌芽。

左宗棠出生时，祖父已近80高龄，年迈体弱，不能长久照顾孙子，因此左宗棠随祖父读书识字一年便随着父亲来到长沙，由父亲带往授课的学堂旁听。因为左宗棠此时虚年5岁，还不到正式入学的年龄。一次，其父教授左宗棫、左宗植《井上有李》一文，里边有"昔之勇士亡于二桃，今之廉士生于二李"一句。父亲便出题考问长子和次子"二李"的出处。没想到父亲话音刚落，左宗棠便抢在两位兄长之前，朗声应答："出于《梁父吟》一诗。"

左观澜不禁暗喜，他事前并没有给左宗棠讲过这个典故和这首诗，想必是左宗棠随兄长读书时用心记下的。而彼时左宗棫 17 岁，左宗植 13 岁，但左宗棠年仅 5 岁。随后的教学中，左观澜便有意留心左宗棠，发现他天生聪明而好学善思，并且有着惊人的记忆力，对于许多读过的诗文几乎能做到过目不忘，偶尔还是工整对对。比起兄长，他更多几分灵性和天才。

其实早在家里随祖父读书时，左宗棠就懂得学以致用，把书上讲授的文明礼节学到了。比如有一次他跟着祖父上山采摘栗子，回家后"不自取食"，而是和哥哥姐姐共享，一起分了吃。祖父左人锦因此便称赞他少小无私，日后必成大才。

跟着父亲正式读书，左宗棠是从《论语》和《孟子》开始的，虚年 6 岁。而到八九岁，左宗棠就开始学做八股文，很会引经据典，扣题作文，表现出与同龄人非同一般的才力。家里都很欢喜，余氏更是因此寄予厚望，以为他将来可成侯相。对此，左宗植在日后曾有书信寄给左宗棠，便再次提到母亲的这一期望："青毡长物付诸儿，燕颔封侯望予季。"果不其然，大器晚成的左宗棠便于晚年以收复新疆之功封得一等恪靖伯晋二等侯，在其死后更追封为一等侯，成为左氏家族第一个也是最后一个侯相。

左宗棠的封侯不仅仅是一项虚名，而是因为收复新疆的大功。而他之所以取得如此大成就，归根结底还是与小时候读书分不开的。除了祖父和父亲传授的正统儒学之外，左宗棠还遍读史书，立下大志。《左文襄公全集·答吴桐云》便有如此记载："自童儿时，即知慕古人大节，稍长，工为壮语，视天下事若无不可为。"这就是说，左宗棠在幼年时期就从史书中得知了许许多多高风亮节的古人逸事，并因此对其性格和志向产生潜移默化的深远影响。后来年纪稍微大了些，他在他人眼中就成了整天说豪言壮语的人，说得难听点就是"大话精"。他以为"天下无难事，只怕有心人"。也就是从那时起，他坚信事在人为，并自此志存高远，清高自傲，心想非成就一番大业不可。

读史让幼小的左宗棠树立了远大的志向，也开拓了其视野和眼光。他知道，想成就一番伟业，死读四书五经这类圣贤书籍是行不通的，必须要有更广博的知识面。因此，在学习儒、理之学和以史励志之外，他更注重经世之学的吸收。顾炎武的《天下郡国利病书》等评论天下政治、经济、民生和顾祖禹的《方舆纪要》等研究地理、民俗的实用书籍后来便成了他的最爱。在学习八股文之余，他常常研读这类实用之学，并不理会他人对此的冷嘲热讽。这项志趣，从开始的学习到后来的研究、绘图，他持之不懈，为后来入府为僚辅治一方和日后的行军打仗打下了政治、经济、地理等各项坚实的基础。此外，十一二岁时，他开始学习书法，并在行书和隶书上取得一定成就。

作为一介清贫书生，科举考试是取得功名利禄的敲门砖。虽然左宗棠心知八股文不能代替致用之学，但是他更明白，想完成大业，在毫无关系的情况下，也只能通过传统的仕途之路一步一步爬上去。然而，科举考试即如现代的高考，是万人挤独木桥的游戏，除了真凭实学和满腔抱负之外，在那个已经风雨飘摇的朝代，还有更多其他左宗棠当时未能想到的因素，而这一切，都注定使他的科考之路艰险难进。也许，他的天才，只能通过其他途径显现，而非老态死板的科举考试。

只是，此时的左宗棠并未知，"燕颔封侯望予季"，心怀家人的厚望和自己的远大志向，踌躇满志的左宗棠，还需要在学识上更上一层楼。

第六节
贺氏兄弟——人生第一恩师

第一次与科举考试产生联系,是在他十四五岁的时候,也就是1826年,时值道光六年了,左宗棠在家乡湘阴县参加了童试。所谓童试,就是童子考试,有县试、府试和院试三级,左宗棠参加的就是县试一级,这有点像现代的中考一样。考试那一天,估计是许久以来湘阴县最热闹的一天。左宗棠自信满满,很淡定地坐下,拿着卷子看了看,略微思索,便奋笔疾书,很快就提前交卷了,让大家都惊羡不已。更让考官满意的是,左宗棠的考卷作文,文符其制而观点新颖。毫无疑问,左宗棠凭此勇夺榜首。

一试成名,左宗棠在县里第一次公开显名。而第二年,他以头名的身份参加府试。府试过了院试,院试合格即为秀才。左宗棠一如去年,在府试中没有失利,作文如行云流水,一气呵成,看得主考官张锡谦暗生惊奇。左宗棠考毕,他第一时间拿过卷子过来查阅,称赞不已,建议把左宗棠作为头榜。不过,为了照顾那位考了不知道多少次的已近花甲的考生,经考官们商议,最后还是把左宗棠降为第二名,把第一名给了那个年龄最大的考生。

虽然降了一名,但也是很不错的成绩。如此下去,不用多久,左宗棠的仕途美梦就可以开始实现了。然而古人云，"天将降大任于斯人也，必先苦其心志"，对于左宗棠，似乎便应了这句古语。前两次考试的顺利，并没有给他带来预期的功名，因为在第二次考试结束不久，即同年十月，母亲病逝，年终53岁。

按照惯例，他要回去守孝两年多。他因此错过了人生的第一次秀才之试。此时，左宗棠年仅十五六岁，虽然父亲身体欠安，但起码还能照顾他，无须他为家庭负担想得太多。因此，在为母亲守孝的这两年多时间里，他除了备考和练习八股文之外，更多的心思是放在经世致用之学上。比如顾炎武的《天下郡国利病书》、顾祖禹的《方舆纪要》等书籍。这些书籍基本无助于八股取士，因此他人以为无用，哂笑左宗棠浪费时间和精力。左宗棠不以为然，也不解释，反而更加勤勉钻研此类书籍，这为开拓他的视野，壮大他的抱负和日后的戎马生活提供了受益终身的帮助。

而正当他守孝期将满，准备再度应试的时候，厄运再次降临。1830年，贫病交加让他的父亲也不堪折磨，在母亲死后两年也去世了。左宗棠只得再次守孝而不得参加考试。这一年是1830年，左宗植刚满19岁。父亲追随母亲离去之后，左宗棠知道，剩下孤嫂和孤侄之外，他只能和二哥左宗植相依为命了。但是左宗植自有其人生目标和计划，况且自己也已长大成人，不能再依赖于他，于是便不得不和二哥分开，各自探索人生的意义，做自己该做的事情，他选择了继续求学深造。

在左宗棠求学的人生路中，我们可以很清晰地看到，幼时的启蒙老师是祖父左人锦，而少年时期的教师则是教书育人二十多年的父亲左观澜。也就是说，在父亲左观澜去世之前，左宗棠一直都是依靠渊博的家学，加上自身天才般的聪颖和勤奋好学获得现有学识和对世界、人生形成自己的一套价值观的。父亲去世后，谁来引领这位天才少年继续开启宦游书海的重任呢？

正当左宗棠站在人生十字路口，有点茫然不知何去何从的时候，贺氏兄弟犹如一股源远流长的智慧之流，闯入了他的生活，为他点亮了继续前进的道路。贺氏兄弟者，乃当时闻名已久的贺长龄、贺熙龄两位大学者和显宦。贺长龄时任江苏布政使，而贺熙龄则为湖北学政、长沙城南学院主持。因为母亲去世，两兄弟回原籍丁忧一年。

左宗棠仰慕贺氏兄弟已久，借此机会，他当然不会错过上门拜访的机会。第一次上门拜访贺长龄，还未交谈多久，贺长龄就深为眼前这位非一般人可比的少年所折服，并因其渊博的学识、独特的见解以"国士"之礼相待。这让左宗棠更加亲近贺长龄，一番交谈之后，便提出借阅其家中藏书的请求。贺长龄为其虽家贫并守孝在身而仍不忘勤奋好学的精神所感动，毫不犹豫地答应了他，每次借阅还亲自搭梯子为其取换，不厌其烦。

一次良好的拜访促成了一次佳话，更成就了一对忘年之交。虽然一位是进士出身，并已功成名就的学者和显宦，而一位却是还未取得任何功名的少年，但悬殊的身份地位更让两人惺惺相惜。在左宗棠看来，贺长龄"诱掖末学，与人为善之诚"是世间难得的；而在贺长龄看来，左宗棠更是一位世间少有的天才。一位有才好学，是难能可贵的千里马；而一位重才惜才，无疑便是善导善诱的伯乐。伯乐遇见千里马，自然其他外力都无所能阻了。

在与贺长龄长达一年的借阅书籍和互相考订、交换思想的过程中，双方都深为对方的渊博学识、独到见解和豁达人品所折服。眼看贺长龄丁忧期满，要重回江苏任职，左宗棠满是不舍。贺长龄也是对眼前的少年颇有寄望，因此他善劝左宗棠，要戒骄戒傲，不要因为目前的小成而甘愿屈才做些小官小职，要保持大志，潜心修炼，看准时机干出一番大事业。左宗棠牢记此番告诚，这在他今后20余年的时间里甘心躬耕田间、潜心教学育人之际，仍不忘孜孜不倦潜心研习所学之中可见一斑。

一年后，贺长龄丁忧期满复职，临行前把左宗棠推荐给其弟贺熙龄。贺熙龄原为湖北学政，也回长沙丁忧，长沙城南书院得知便诚邀其主持讲学。左宗棠同样倾慕贺熙龄的渊博学识和去名求学的精神，更为了得到一些膏火费维持生计，因此便欣然前往城南书院，拜在贺熙龄名下为徒。除却父亲左观澜，贺熙龄便是左宗棠唯一的老师。虽然在贺熙龄名下只是从读一年，但左宗棠却自称从师十年。左宗棠之所以这么说，并不是因为"一日为师，终身为父"的观念所作的虚情假意，而是因为在其离开城南学院之后的九年时间里，他始终保持经常与贺熙龄通信，并在信中汇报和探讨所学心得体会。贺熙龄也和贺长龄一样，于他是亦师亦友，注重经世致用之学的传授。这对他后来自己做山长授业，以及潜心钻研所学影响深远。

除了良师的指导和帮助之外，益友也是左宗棠在城南书院学习最为宝贵的情谊。如罗泽南、邓显鹤等人，便是此时结交的道友。罗泽南，后人谓之咸同中兴名将之首，"湘军之母"，并善教书育人，他的学生多为湘军将领，成为书生领兵的一大奇观。而早在19岁，罗泽南便已开始授业，在长沙小有名声。邓显鹤少有文名，8岁能诗，18岁编诗集，可谓少年有小成。这些人无论在学识还是在人品上，都和此时的左宗棠不相伯仲。而大家更因为有着对经世致用学问的共同爱好而走得尤为密切。在一起谈诗论道，针砭时弊，互相督促，左宗棠的思想和学业都因此而又向前推进一步。

正是贺氏兄弟丁忧这两年时间里，贺氏兄弟前后悉心辅导和传授学业于他，使他在经世之学的道路上打下了更加坚实的基础，为他后来独自一人研习地理、水利、农事等学问时总能有所收获。一年的时间很短，但左宗棠很好地把握住了与贺长龄以书为媒、互论学问的一年,更很好地把握住了跟随贺熙龄研究汉宋儒学并经世实学的一年。同时,在城南书院一年里结交的几位道友,更在今后的戎马生涯中助其一臂之力。

良师益友,都让左宗棠在这守孝的两年时间里一一遇到,让原本年少就博学远志的他更加才学精进,大志坚定。而这一年,正是左宗棠弱冠之岁,古时的男子成年之期。人已成年,则意味着要与少年相告别,那么未来的路,又该如何往下走,左宗棠一时未得远虑,仍旧想通过科考之路实现他的远大志向。

第七节
三番未第，终是无缘于科举

从长沙城南书院出来，左宗棠刚过了弱冠，也就是古时候男子的成年之期。王勃曾做名留青史的《滕王阁序》，自言："勃，三尺微命，一介书生。无路请缨，等终军之弱冠；有怀投笔，慕宗悫之长风。"意思是说，在弱冠之期，古人多以身负重任或心怀远志，如终军请缨、宗悫长风，而王勃作为一介弱书生，只能徒羡古人高风亮节，终究无所作为。这当然是王勃的自谦，也表明他的志向远大。那么，同处弱冠时岁，已然走出书院需要自谋生路的左宗棠，此时此刻在想些什么呢？

家中留下的田地，他无心管理，又怜惜自己的寡嫂和孤侄，于是便将自己那份田地全部相赠。他想出人头地，他还要走科举取士的道路。因此，他想办法筹到一笔钱，捐了个监生，直接取得了乡试的资格，并中了第十八名举人头衔。然而，在乡试尚未发榜之前，左宗棠便被二兄左宗植带回湖南湘潭周家完婚，这一年，左宗棠21岁。

说到周家，这一个富贵人家，周家小姐也是颇能诗文的妙女子。古时候从来都讲究门当户对，可为什么这周家会甘心把自己的女儿下嫁给一个穷书生呢？这里还有一段小故事呢。

左家与周家的这段姻缘，是左宗棠父亲定下的。我们知道，左宗棠早在少年时期就已经颇有声名，湘潭周家也是喜文善墨的书香人家，自然对他是早有耳闻。周家的王太夫人，也就是左宗棠的岳母据说懂一些相面术，一天她见过左宗棠后，认为他是难得的人才，迟早会成就一番大事业的，因此便立马决定与左家定亲。王太夫人确实善相，后来她认为女儿不宜多生，而随嫁婢女张氏体格健壮，善生养，便主张女婿娶其为副室，后果一一应验。话说回来，对于周家的提姻，左家也有自己的想法。左观澜看周家家学渊博，府上人品也不错，不同于一般的大户人家，心想左家贫穷，也自信左宗棠将是大有作为者，周家恰好可以为左宗棠未来的发展提供比较大的帮助。于是，周家与左家两相合计之后，便定下了这门贫富不对等的婚姻。

而当左宗棠与周家小姐完婚的时候，可谓是身无分文，一穷二白，剩下的就只是一身的才华和满腔抱负了。借照现在离婚"净身出户"（指离婚一方不带走任何财产）的说法，左宗棠结婚就是"净身入户"。因此，他是入赘周家的，连婚礼举办都是周家掏的银子。

左宗棠的新婚妻子名诒端，字均心，和左宗棠同岁。父亲为衡在先生，适时已逝，周诒端和其妹妹周诒繁都是在她们的母亲王太夫人教读下长大的。王太夫人本家家学渊博，自身能文善墨，诗书精通，因此两姐妹也能文能诗，性情一如其母淑静慧智。自王太夫人相中左宗棠以来，王太夫人和周诒端便对左宗棠信心满怀，虽然招赘左宗棠来周家，但是在礼节感情上并没有一些傲慢。

虽然如此，但是作为一个男人，尤其是在封建社会，入赘本是一件让所有男人都引以为耻的事情，这不关乎女家的态度如何。左宗棠也不能避免有这种思想，因此左宗棠自言"居妇家，耻不能自食"。不过先父之命难为，他也只好把一门心思都放在读书和志向上，以此稍稍削减入赘这件事带给他的自尊之伤。

幸好，在婚前参加的那一场乡试，在婚后被告知中了举人，而且，夫人知书达理，性情淑静，两人婚后诗文相交，甜蜜幸福，这些都冲淡了他心中的那一抹伤痛。是年冬，刚结婚才几个月，左宗棠便又要离家参加会试了。

这是他第一次参加会试，身无分文的他连旅资都要夫人周诒端资助。可当他得知姐姐贫不能自食时，却慨然相赠夫人相助的百金。亲友得知，感慨于他的大义，纷纷解囊重新筹齐百金助其上京赶考。

第二年发榜，左宗棠第一次会试未中，乃返湘潭周家。此时的他，心情不免低落，进士未中，既没有官职，又在周家白吃白住，这让他十分难耐。用他后来的诗句说就是"九年寄眷住湘潭，庑下栖迟赘客惭"。于是，入赘周家不久后，他请求自立门户，但仍旧住在周家，不过是作为租客，租住在周家西院的几间屋子里。

这一年，左宗棠在失意之余，却迎来了他生命中第一个亲骨肉。八月，长女出世，左宗棠命名为孝瑜。"孝"为祖宗排班，正如左宗棠的"宗"字，意取"忠孝"，在家孝顺父母长辈，在外忠君护国，做个忠孝之人。这是儒家的重要的传统道义之一，也是左氏家一奉行的不变准则。我们看左宗棠后半生戎马生涯，对国家寸土从不言弃，对内乱外侵从不言败便知其忠君效国的意志之强大。而"瑜"字，指玉的光泽，也暗指美玉和喻为优点，用在女子名上，则体现了一种寄托，既希望女子长得美貌如玉，也指其品行端淑，如美玉般完美没有瑕疵。

左宗棠一共娶妻二人，一为正室周诒端，二为副室周氏，两人为其共育有四子四女，分别为长女左孝瑜、次女左孝琪、三女左孝琳、四女左孝瑸、长子左孝威、次子左孝宽、三子左孝勋、四子左孝同。四女名中全部有"玉"，皆有美玉无瑕，品行贤淑的寓意，而四子威、宽、勋、同，则寄寓了争取功名光宗耀祖的功名心和英勇阳刚但却宽厚仁义的男子气概。左宗棠的用心和在子女身上的寄托，可见一斑。

再说回左宗棠自己，自21岁参加第一次会试未中之后，三年内一边做两个女儿的父亲，一边仍旧温习，于1835年再次进京赶考。这一次，左宗棠的际遇有些戏剧性，也许对于多数人而言，早就烧香拜佛致谢，欢天喜地了。但是左宗棠没有，他照旧回到周家，干脆把更多时间放在了地理、水利等实学研究上。

原来，左宗棠这一次本已中了第十五名进士的，但因为会试选才根据区域分配制来执行，湖南名额溢满，而湖北还欠缺一个名额，这么恰巧左宗棠是多出的一个，只好踢出局外，另取其为国史誊录员。虽然做个誊录员以后还是很有可能补为知县，但左宗棠不屑一顾，毅然返程。他始终记得贺长龄教导他的"幸无苟且小就，自限其成"，意思是天才不应该局限于小成就，满足于小职位，从而限制了自己的学识和志向。鸿鹄远志，自应有其展翅高飞的样子。

这一次南归，更坚定了他的实务之心，他曾给乡试的主考官徐法绩写信表明心志，说道，此番旨在研习"荒政及盐漕河诸务"。他说到做到，虽然穷困潦倒，一贫如洗，完全没有一个成功男子的模样，但他懂得暂时放下这些苦闷，钻研实学。周诒端很欣赏他的魄力，与他一起在周家西楼上共事。左宗棠画图，研习地理、水利、盐务等，她就帮忙誊抄整理。而他这些年所做的努力，后来全都应用到实务中去。从不惑之年开始帮办军务，一直到老去,他都不忘操练军队,兴办船政、纺织、枪弹等各类实学和洋务,更不忘兴修水利、改制盐务、抵制鸦片烟务等。可以说,从18岁接触顾炎武的《天下郡国利病书》等经世致用之学开始,此后50多年,他从未改变实学强国的梦想。

这样度过了两年多,1837年,他第三次北上应会试,同样也是落第。自此,他决意专心耕读,一边继续在醴陵渌江书院做山长教书育人,一边继续研习实学。这个时期他的主要任务,用他在25岁时所作的对联来说就是"身无半亩,心忧天下;读破万卷,神交古人"。心忧天下,神交古人,他研习地学、军事和农学,更智谋远虑,在二十出头的年纪就有了将来收复新疆的大志,着实让人敬佩。

三次会试未第,共历时六年,从21到27岁,左宗棠也算是心灰意冷了,并曾决意不再参加会试。然而,时隔20多年后,左宗棠以近知天命之期仍第四次参加会试,只是中途因故未能如愿。而到了晚年,早已功成名就的他,却依然暂时放下总督的身份赴京会试,可见左宗棠其实心中一直有个未解之结,那就是他的出身问题。以举人出身,憾而未能成为进士,虽已封一等功,终不能了其心愿。慈禧最后只好特封其为"大学士",赐"同进士出身"。一生戎马,功成名就,却执着于出身,我们不得不感叹,被许多人视为奇才和伟人的左宗棠,也同样有其思想局限的一面。

这暂且不深入探究,值得一提的是,在会试过程中,左宗棠也有着其他影响他一生的一些收获。冰心曾说过,"此生得一知己足矣",这对于左宗棠来说,一生的知己非胡林翼莫属。胡林翼,著名的晚清中兴名臣之一,是胡达源的儿子,与左宗棠为同学。胡家和左家是世交,胡达源和左宗棠父亲左观澜也是同学,曾共同就读于长沙岳麓书院。胡林翼大左宗棠四个月,亦少小聪颖，8岁就被陶澍相为女婿，颇受陶澍喜爱。而左宗棠同样是陶澍相中的千里马，更在早前一见左宗棠时就约下了儿女亲家。左宗棠对此伯乐感恩在心，不仅在陶澍去世后尊贺熙龄师命教陶桄，后来亦如约把自己的长女左孝瑜许配于陶桄。看来，陶澍也很会相人术，同样是见面未久，一次定了8岁女婿，一次定下贫穷亲家。这样一来，左宗棠和胡林翼不仅是同乡、同学、世交，更是亲戚和知交。左宗棠后来入湘幕为宾，以及再后来官场中的许多事情，都曾受胡林翼的大力帮助。

此外，左宗棠三次会试途中的所见所闻，贪官污吏的贪腐无能和沿途百姓的凄惨对比，让他在感慨之余，更坚定了自己的志向，这也是他在第三次会试后决意丢弃八股文，专供实用之学的一大动力。那么，放弃了科举之路，人生已度过三分之一有余，左宗棠该如何继续后面的人生路呢？他仍在摸索。

第二章 首战告捷

初显身手解长沙之围

司马迁宫刑而成《史记》，左宗棠三番会试落第却以湘幕宾僚出仕，曲折人生似乎是历史人物成功的必经之道。左宗棠落第后长期以教书为务，以专研实学为要，终于在男人40岁迎来了初显身手的大好时机，首战告捷，一解长沙第一次太平军之围，声名初震清廷。然而，从弱冠到不惑，左宗棠是如何完成他的青壮年时期的沉淀与转折的呢？这一切，还得从他与陶澍、林则徐等人的会谈说起。

第一节
与陶澍的第一次见面

　　三番会试未第之后的左宗棠，不再痴迷于科场，决心要靠自己的学识养活自己和家人。对于古时候的读书人来说，不能入朝为官，则退而为师，做个清贫教师。左宗棠此时，便接受旧时的老师巡抚吴荣光的盛情邀请，到醴陵渌江书院做山长。所谓山长，即当今称之为老师者，只不过，因为书院薪酬菲薄，教师难招，左宗棠还兼任书院负责人。

　　对于这份工作，在别人而言可能就是苦差事，而在左宗棠而言就是一份神圣的职业。薪酬低，左宗棠不在乎，他知道，国泰民安不是单靠自己就能达成的，要完成大愿，必须有更多源源不断的有志之士，因此最要紧的还是要把下一代教育好。学院的生源主要是少年，相当于现在的中小学生，但是左宗棠对他们的要求并不因为年龄幼小而放松。他给每个学生都发了一本日记簿，要求他们把每天的学习所得和疑问都写在上面，并且经常检查学生学习进度，对于懒惰者扣以膏火奖励勤勉者。这样一来，大家都知道这位左山长的严格，轻易不敢懈怠。

　　这一年，闻名遐迩的两江总督陶澍回湖南安化扫墓，途经醴陵。说到陶澍，时人无不景仰备至，因为他为官清廉护疆卫国，生活作风正派，知人善用爱才惜才，学识颇有主见，为人更刚正不阿、谦谨有礼。当地知县为了招待好这位省部级官员，特地投其所好，在其投宿的公馆门前请左宗棠书写了一副楹联：

春殿语从容，廿载家山，印心石在；
大江流日夜，八州子弟，翘首公归。

而且，在公馆厅堂，知县也挂上一幅山水画，请左宗棠挥笔而就又一副对联：

一县好山为公立，
两度绿水俟君清。

陶澍看到这两副对联，连连赞赏，忙问何人是作联者。原来，门前的楹联是有典故的，而厅堂的对联不仅配合山水画的画境，更隐喻了陶澍的功绩和清廉。如此好文采，又深得陶澍之心，自然让本就爱才惜才的陶澍激动不已。所谓"印心石在"，是指陶澍家门前有一口绿潭，潭中稳当当藏着一枚印心石，现在这枚印心石还静静地坐落潭中。而在一年多前，道光皇帝在一年间连续十余次召见陶澍于皇殿之上，并亲自为他书写了"印心石屋"的牌匾。印心石屋，是陶澍小时候读书的地方。这段典故，让许多人为之艳羡，也成为他家乡的美谈和他自己的荣耀。如今，左宗棠这一句"印心石在"，则不仅实写了印心石和老宅仍在的事情，亦让陶澍不必过忧，更暗赞了陶澍数十年如一日，作为官员一心为民请命，不负众望的丰功伟绩。而下联，则表达了家乡人对陶澍回乡的激动和欢喜。厅堂的对联，也同样赞其清廉，实事为民的功德。

　　陶澍看后，越发觉得写这副对联的人是个难得的人才，于是便问知县是何人写就，得知是左宗棠所写，更迫不及待要左宗棠前来见他。左宗棠虽然尚未取得功名，也还未做得什么大事件，但是他的名声，陶澍还是略有所闻的。这也难怪，胡林翼是他的女婿，贺长龄是他的下属，他们都与左宗棠相交甚好，早就在陶澍面前时常提起左宗棠，激赏其才识和志向。陶澍听闻左宗棠现在渌江学院做山长，便急想见上他一面，好看看他到底是如何地了得，也好为朝廷再献上一个难得的人才。

　　说到这儿，我们不得不提一下他对人才的爱惜，那是一个竭心尽力难言的。他历经嘉庆、道光年间，两江总督做了十几年，不仅自己为国家和民族做了许多有益的实事，更为朝廷输送了诸如林则徐、胡林翼、贺长龄、魏源、包世臣等后来名倾一时和改革历史的人物。他不因自己位及人权就踩踏同僚，反而轻视官阶和权力，只要有合适的人才，必定力荐，让他发挥所能，为民尽力。他不在乎自己提拔的人名气和官位高于自己，甚至可以把自己的两江总督的位置拱手相让，只为了让有才之人适得其职。因此，此时的陶澍，已经在心里思虑着如何发掘和培养这位光耀四野的人才了。

　　不过，他没想到的是，左宗棠竟然无视自己的召见，还说"总督要见我，自然是他来见我，凭什么要我去见他"之类的话。为此，他更视之为奇才，以为凡奇才都有其倨傲的一面，因此不但不为左宗棠的傲慢而生气，反而更加敬佩，听闻左宗棠的回复后欣然前往，意欲一睹奇才的真容。

　　左宗棠并非只是摆谱，他同时也是真忙。当陶澍来到渌江书院时，左宗棠正在批阅学生的课业。见是陶澍果然屈尊前来见他，左宗棠很受感动，但表面上仍不动声色，从容起身作揖。但因为心情激动，两人靠得太近，作揖时左宗棠还是碰着陶澍的朝珠，一时用力过大把朝珠弄散落地，惊得知县暗自抹了一把汗。相反，左宗棠反而很泰然，不慌不忙俯身拾起朝珠。陶澍把一切都看在眼里，对于左宗棠的举止反应暗暗惊叹，心想应对突发事件能够如此泰然自若，此人必定非凡。那么他的才识如何？是否只是一个书呆子，而不像外界传说的那样了得呢？通过进一步与左宗棠交谈，陶澍越发感觉左宗棠不简单，"目为奇才，纵论古今，为留一宿"。第二天，陶澍还特地推迟了出行计划，与左宗棠游历醴陵，交谈甚欢。这一次见面，左宗棠给陶澍留下了很好的印象，以至于他临别时还特意嘱咐左宗棠，明年会试无论中与否，一定要去他府上一聚。

一个是名满天下，时任两江总督并封疆大吏的年近花甲的高官，一个只是穷教书匠，却把手同游，交情甚深，一时间传为美谈。在与陶澍进行两天交谈之后，左宗棠依然勤勤恳恳做他的山长，依然井然有序研习他的地理、河漕盐务，并不因此沾沾自喜。

1838年，左宗棠第三次上京会试，未第，遂意绝科场，决心回家务农，全副精力放在实学上。虽然如此，但三次会试未第仍对他造成巨大的心理阴影，以至于20余年后，乃至晚年，他已功成名就了都还想再次参加会考。也许，在读书人心中，科场非常神圣，没有通过科场的认可，即便成就再大功名，心理依然存在巨大落差。左宗棠后半生就一直在心里藏着这个隐痛。

不过，相比于得到陶澍的赏识，他稍可宽慰许多，而这也为他后来要走的路提供了便利，后来他在32岁能够回家乡购置田地建造真正属于自己的房屋，也是得益于在陶家教书的报酬。陶澍对他而言，就是一次重要的中转际遇。

第二节
在安化育婿的八年

  1838年，左宗棠第三次上京会试落第后，他如约来到南京拜谒陶澍。这一次，陶澍一点都不在乎左宗棠的落第，反而对他更加热情和打自内心地喜欢。他留左宗棠在府上住了几天，并且在公务暇余即来和左宗棠交谈阔论，那几天，左宗棠过得好不快活，以致可以暂时消解他落第的失落情绪。

  临别时，陶澍提议和左宗棠结为亲家，想让自己的儿子陶桄做左宗棠的女婿，他看中了左宗棠的长女左孝瑜。陶桄虚岁只比左孝瑜年长一岁，两人相配甚好。不过，左宗棠一口婉拒了，认为不敢高攀。倒是陶澍听后哈哈一笑，他说，假以时日，你的功名成就定高于我，到那时就是我高攀你了呢。此外，陶澍想到自己年事已老，将入花甲之年，拟将儿子陶桄和家务都全盘托付于左宗棠。左宗棠心中一惊，这断不能应允啊，陶澍是名满天下的大功臣，自己只是一介穷教书匠，这样一来岂不是让人说笑话？于是，左宗棠更坚定地以门不当户不对为由，再次拒绝了陶澍的提议。陶澍只好作罢，毕竟强扭的瓜不甜。但一年后，陶澍果然病重，并不久于世，他把左宗棠叫到病床前，再次提出这门亲事和托管家务，教养自己儿子的事情。这样左宗棠很难为情。左宗棠的老师贺熙龄知道后，还特地为此写信劝告左宗棠，希望他不要辜负陶澎的期望，不要让陶家孤儿寡母在家乡受人欺凌。为此，左宗棠再也不坚持所谓的门第之见，而应允了这门亲事，并于1840年开始了他长达8年的育婿和沉潜读书的年岁。

有趣的是，与陶澎选媳妇一样，贺长龄临终前也要选左宗棠为亲家，希望自己的女儿嫁给他的长子左孝威。左宗棠原本都并不答应这两桩婚事的，不是因为亲家不好，反而是因为太好了，自觉高攀不上，心中愧疚。然而，他又是一个知恩图报的人，更不愿违抗师命，因此，面对自己的知己和恩师的临终托命，他哪还能推辞呢？当然，从现实的角度看，尚且身无半点功名的左宗棠定下了这两家大亲家，对他而言，是百利而无一害的。陶、贺两家争做左宗棠的亲家，正如周家王太夫人挑选穷女婿左宗棠一样，都成为历史的一段段佳话。而周家、陶家和贺家，都成为左宗棠人生前进道路的助力器，让他渡过一次次难关。贺氏兄弟的忘年之交和师恩，让他不管在学识还是志向上，都有了非凡的进步；陶澎一面订交，临终托孤，更让他有了更大的声名和脱离周家自购田宅的能力。从此，顶天立地做一个真正的男子汉、丈夫和父亲，他感到从未有过的惬意。

左宗棠是从1840年开始受陶澎遗命到其老家安化小淹教育女婿陶桄的。而在出发前一年，他辞去了醴陵渌江书院山长的职务，来到长沙二兄家，专研农事。虽然自己名下已无一寸土地，但在会试落第返乡途中，他购置了许多农学的书籍，心想通过对他们的研究，可以自己写一部关于农学的书，让自己的亲友能够更好地耕种，获得更大的收成。而这一想法和这一年的努力，也让他三年后到柳庄购田宅实验打下了理论基础。

在二兄左宗植家，他大概住了一年，除了专心农事之外，更在二兄空暇之余与之辩论时事，常常兄弟各持己见，辩至天明亦未自知。后来接到恩师贺熙龄的书信和劝告，他才动身前往安化小淹，历时8年专心教书育人和研习陶澍毕生所藏书籍要典。

其实，左宗棠在陶家的身份，不仅是教师，更是陶桄的未来岳父，同时还是陶家孤儿寡母的管家。而这，都是陶澍对于只有几面之交的左宗棠临终重托的使命。虽则仅见过几面，也不过三五日时间，但是两人"一见倾心"，互相敬仰，已至神交的境地，胜似数十年友谊。因此，陶澍可以很放心地把家业和遗孀、儿子交给左宗棠照顾，左宗棠也很信任陶澍的良苦用心，并没有辜负他的遗命。

陶澍亡故后，遗孀和遗孤从任所返回安化小淹老家。初回，乡里人欺他们是孤儿寡母，以为有利可图，想瓜分陶家的财产。幸好有贺熙龄和左宗棠的倾心相助，陶家才自此和邻里相安无事。原来，贺熙龄和左宗棠认为乡邻本非大恶之辈，只是因为贫穷，一时鬼迷心窍，遂想到欺负他们孤寡。两人两相合计之下，劝慰陶夫人散发一些家财给穷乡里，并为乡里做些善事，多行资助之举。这样一来，众人受其惠，又感其恩，便不再起歪念。而在处理了这一次危机之后，左宗棠便能在安心教育未来女婿陶桄的空暇，到陶家的藏书阁中一览所藏。

陶澍曾语重心长地叮嘱左宗棠，千万不要为名利所累，从而白白浪费了自己的大好才华，应该发挥自己所能为江山社稷做些更实际的事情。陶澍的叮嘱，和贺长龄的意思一样，他们都看到了左宗棠的无量前途和掩藏不住的光耀才华。左宗棠自己也明白，鸿鹄之志，焉是麻雀之窝能够安置得下的！

因此，虽然已年近而立之年，即将步入男人此生事业的开创期，但是左宗棠似乎停下了追逐功名利禄的脚步，一面安心教书育婿，一面翻阅陶澍的书信、奏章和其他书籍。这其中，比如《皇朝经世文编》，是魏源编撰的关于财务、军事和公共工程的专著，里边涉及最新的当朝资讯和一些议论，左宗棠研习后深感担忧。史称魏源是中国近代"开眼看世界第一人"，他的思想充分吸收了西方先进思想有益之处，又结合国情刊发议论和提出可行性建议，这对左宗棠的思想完善又进一步供给了养分。

从十七八岁结识贺长龄，在他家藏书阁借阅书籍一年，而后又从师贺熙龄于长沙城南书院，再到后来遇乡试主考官徐法绩，到最后神交陶澍，8年大量阅读研究关乎军事、地理、外交、清朝律法等著作，在这10余年间，左宗棠完成了人生的第一次大的知识储备和定志阶段。虽然科场坎坷不顺，功名未得，但是忧国忧民、收复边疆等想法，早已深入其心。在许多道友都已登上官途或者仍旧不懈于失意科场中时，左宗棠已经跨出踏实而非凡的一步。厚积薄发，以俟良机，他深谙此道。

一路坎坷，又一路遇贵人相助，左宗棠十分感恩周家、贺氏兄弟以及陶澍等人的相助相扶，让他在最失意的考取功名的道路上还能奋发向前，不忘大志。8年里，他似乎暂别了外面的世界，专心抚养、教育自己的几个孩子以及幼小的女婿。看着陶桄一天天长大，更一天天增长学识逐渐成才，左宗棠觉得自己终于还算是对得起知交陶澍的嘱托。而这一切，陶夫人也都看在眼里，放在心里。1847年，陶桄已经16岁，而左孝瑜也已15，陶夫人便再次提起9年前陶澍的遗愿，希望快点让两人成亲，毕竟这在旧时是最好的完婚年龄。左宗棠仍想推脱，但碍于贺熙龄老师的劝告和知交陶澍的遗命，加上他自身又十分喜爱陶桄这个孩子，最终还是高高兴兴为两个孩子举办了婚礼。

8年的沉潜和艰辛，如今终于开花结果，完成了陶澎的遗愿，左宗棠内心很是开心。在两个孩子结婚之后第二年，陶家就搬到了长沙，而左宗棠此时也不便再坐馆陶家，于是找了长沙徽国朱文公祠设馆授业，女婿陶桄依然跟随他学习。

第三节
"和戎自昔非长算"

到陶家坐馆以来，左宗棠的生活渐渐没有以前那么拮据难堪了。也可以说，左宗棠从此时开始，才真正地独立起来，逐渐能够负担起一个家庭的责任。而他的经济来源，就靠陶家给的每年两百金的酬金。这是一笔丰厚的酬劳。它让左宗棠除了一家大小正常开销外，可以在短短的三四年间便买到乡下70亩的田地。可见，对于左宗棠，陶澍也是有意"曲线"扶助的。

陶澍做总督十几年，每年俸禄便达两万两银以上，可是当后来因为太平军起义，清军需要向大户人家募捐军资的时候，才发现陶家最后留下的资产仅有五万两银，核算起来就是两年的俸禄，这让大家都唏嘘不已。虽然五万两银也算是一个富户，但那是留给孤儿寡母几十年赖以生存的资本。而且，当时也有语云"三年清知府，十万雪花银"，那么陶澍做了十几年总督，怎么也有数十上百万银两才对。原来，陶澍的大部分资产，早已在为官的数十年间捐出去了。他是一个清官。这件事，给左宗棠很深的感受，他效法陶澍，当坐上高官之位时，也把除去日常开销之外的钱财捐出去大部分，还下遗书说四个儿子每人最后只能继承不超过五千两银子。因此，当左宗棠去世后清算其遗产时，发现他留下的财产还远比陶澍少。

这是一段闲话，但却反映了左宗棠和陶澍的为官处世之道，证明他们为官不是仅为个人的功名利禄，而是真心为国，诚心为民。而这一份心意，早在他坐馆陶家之时、移居柳庄之前有更生动的表现。

1840年，众所周知英国对我国发动了鸦片战争，这也是我国近代的开端。左宗棠虽然本职教书，但是对于窗外的事情，他也不能两耳不闻。相反，因为早年已经开始关注时事，并且通晓国家地理、军事诸事，还研习了外交，因此，当鸦片战争到来之时，左宗棠就为此在与贺熙龄的通信中提出自己详尽的看法。他认为，对于英国的侵略性行为不能退让，认为"和戎自昔非长算"。更何况，英国近年来大量向中国输入鸦片，毒害的不仅是中国人的身体，更是他们的精神和思想，鸦片之毒不除，则祸国殃民之日不远。左宗棠为此深深担忧。

本来，林则徐于1839年虎门销烟之时，大家都兴奋不已，以为转机将要到来了。谁不料，英国却借此机会为进攻的借口，派了几条军舰自南北上，抵达天津，直挟京畿，把道光皇帝和满朝权贵都吓傻了。道光皇帝马上命令大臣琦善前往和谈，英国同意撤出军舰，但却要清廷查办林则徐和邓廷桢。清廷碍于英国的坚船利炮，天真地以为只要查办几名官员就可以平息这一场战争，于是把林则徐和邓廷桢扣以"误国病民"的罪状发配边疆，而琦善接任两广总督，继续与英国人交谈。这样一来，英方成功扫清了强敌，把琦善和道光皇帝玩弄于股掌之间。不久后，英方索要中国香港，还占领了一些沿海地方，由此开创了列强瓜分中国的序幕。

左宗棠听闻这些事态后焦急万分，他连连写信给老师贺熙龄，道出了自己的抗战之法，分别为六篇策略——《料敌》《定策》《海屯》《器械》《用间》和《善后》。从策略的题目我们就已经很清晰地看到，左宗棠的对策十分详尽，从一开始的了解敌方，力求做到"知己知彼"，到根据所掌握情况制定策略，然后根据敌方的中坚力量所在，发展海军，准备先进器械，使用探子刺探消息、离间敌人，最后再布置万无一失的后备、陈善工作。具体措施还有，建设碉堡，以俟观察、抵御和攻击；勤练精兵，制造枪炮，以彼之道还治彼身；团结海民，严阵以待，用民心和时间去消耗敌军斗志和粮草补给，等等。左宗棠以满腔的热情和激愤挥舞下这一条条策略，仿佛这笔墨就是他的武器，纸张就是战场，他写得大汗淋漓，以期老师能够想办法把这些策略传达给道光皇帝或者仅是如林则徐这样的有为官吏也行。可是，他的热情和激愤终将只能化为乌有，贺熙龄作为一个退休的老者，也只能看着良策无以为助。连林则徐这样的有能之士都被发配边疆了，朝廷又怎会听信一个乡村教师和退休老人的善劝呢？

此路不通，左宗棠还不死心。他还给其他几位比较有主见的官员写去类似的信件，希望他们能够有所为，比如他写给一位监察御史，警示如果任由英军掠取国土一寸，则将来必有无穷后患。可是，很快，便传来了香港已经沦陷，英军逼近广州的消息，左宗棠痛心疾首，大骂琦善卖国当诛。可是，琦善因为是清朝贵族只是被革职，而没有像左宗棠希望的那样"斩首军前"。后来，又传来朝廷已经与英国签订《南京条约》的事，左宗棠努力至此，却没有获得一丝预期的效果，也总算是心灰意冷了。

《南京条约》的签订，可谓是震惊了海内外。对于国人而言，这就是一份丧权辱国的条约，它使英国获得广州、厦门、福州、宁波、上海等五大城市的通商权，英国船舰可以在此随便出入，这就给他们进一步侵略中国打开了一个巨大的窗口。另外，清朝政府还要赔偿英国2100万银两，并割让香港岛给英国，英商进出口税收还要共同协定，这就不仅加重了中国人民的赋税，还减少了财政收入，并丧失了国土。自此以后，自主贸易权、关税自主权、司法所有权等等，都受到严重的损害。而且，五口通商，准许英国人自由出入和居住，还给他们内外呼应伺机进一步吞噬中国制造了机会。而英国凭着几艘军舰就取得如此丰厚的战果，不仅让英国人自身始料未及，掩口偷笑，更让西方其他列强纷纷把坚船利炮对准中国，仿效英国向中国打出瓜分的大牌。比如第二次鸦片战争，就多了法国、俄国和美国的干预和从中获利，而其中俄国独自便侵占了中国黑龙江以北、乌苏里江以东100多万平方公里的国土，让人悲痛不已。

为此，左宗棠还特地写了《感事》诗四首，以示其愤：

其一

爱水昏波尘大化，积时污俗企还淳。兴周有诰拘朋饮，策汉无谋徒厝新。一怒永维矢下祐，三年终靖鬼方人。和戎自昔非长算，为尔豺狼不可驯。

其二

司马忧边白发生，岭南千里此长城。英雄驾驭归神武，时事艰辛仗老成。龙户舟横宵步水，虎关潮落晓归营。书生岂有封侯想，为播天威佐太平。

其三

王土孰容营狡窟，岩疆何意失雄台。痴儿盍亦看蛙怒，愚鬼翻看导虎来。借剑愿先卿子贵，请缨长盼侍中才。群公自有安攘略，漫说忧时到草莱。

其四

海邦形势略能言，巨浸浮天界汉蕃。西舶远逾师子国，南溟雄倚虎头门。纵无墨守终凭险，况幸羊来自触藩。欲效边筹裨庙略，一尊山馆共谁论？

在这四首《感事》诗中，我们体会到左宗棠深深的忧愤和期冀，以及无奈、失望等复杂情绪。第一首诗表明了他对外侵的态度，绝不讲和，这也是后来他戎马沙场的做法，不管他人如何求和、求降，他都力主一战到底，把外侵赶出国土，不使其得到一丝一毫的利处。只可惜，他一个人和他的部众力量太薄弱，最终还是免不了国土削减的局面。第二首极力赞扬了林则徐、邓廷桢的爱国行为，并表明他的心迹，也要做一个像林则徐这样的书生武将，不为封侯，但为国泰民安而已。第三、四首诗感叹奸臣当道，庸才误国，像自己这样有才华和抱负的爱国者却只能旁观痛恨，无人听取他的意见。

因此，就在《南京条约》签订后，左宗棠便决心"买山而隐"，耕读著书以度余生。果然，1843年，他靠着在陶家教书几年积攒的银子在湘阴买了70亩田，自命"柳庄"，开始了教书之余躬耕读书的生活。

柳为报春树，给人祥和、春意盎然的感觉。左宗棠取名所买地为"柳庄"，大概是寄寓了美好的愿望，希望美好的春天早点降临，让国泰民安早日实现吧。来到柳庄，左宗棠感叹，这才终于有了一个真正的家。是的，他再也不用寄人篱下，为邻里乡人耻笑了。而在柳庄这几年里，除了教书之余经常回来享受到合家团聚的欢乐之外，左宗棠更开始学习耕种，专门研究农事。那时第三次会试失败后，他就在返家途中购买了好些农书，并在研习地理、军事、外交的暇余翻看这些农书，只是苦于一直没有时间试验。这次恰好如愿，他在自家的田地里种桑、养蚕、缫丝，另外，水稻、茶叶、树木、竹子、蔬菜、花朵等等，他一样也不落下，俨然数十年的农事老手，以至于后来回忆起柳庄的这些年，左宗棠欣然觉得，他最擅长的并不是什么地理和军事，而是农艺。

左宗棠对自己的农艺如此自信和欣慰不无道理。他与一般的农夫不同，正如他批评其他农夫"目光短浅"一样，他在农艺上有自己的一套。首先，他对于农艺有着浓厚的兴趣，而不仅是将其作为谋生的手段；其次，他有着丰富的理论支撑，不仅是从书中获得知识，更经常请教有经验的老农，汲取所长，避其所短；再次，他敢于创新，不管是在管理模式还是耕种试验上；最后，柳庄耕种虽然有着"拟长为农夫没世"的想法，但其实他心底隐约有着以此为试验，以推广先进经营和耕种方法，为更多人从中获利求富的念头。而他后来为官、行军所到之处，无不重视农耕，大力兴修水利，便与此相关。1845年，他还将自己这两三年来的试验成效和经营理念等汇集成书，名曰《朴存阁农书》。按左宗棠自身的意思，这本书一改往昔许多农书大话漫谈的弊端，以实际试验成效说事，书中所述均有理有据。

从1843年移居柳庄，左家暂时过上了一段类似世外桃源般的生活，幸福而安康。然而，不久接连几年的干旱，旱灾之后又是洪流又是疾疫，让左家着实度过了几年最艰难的时日。那时，左家可谓家徒四壁，又因疾疫全家病倒，吃不饱、睡不暖、行不安，病吟声每日不断从家中传出，左宗棠因此自嘲为"男呻女吟四壁空"。这对于一个家庭主心骨的男人而言，其中压力可想而知。

然而，左宗棠更看到和他们家一样，甚至比他们家更悲惨的广大乡邻的苦难，于是他自告奋勇走出来，和一些志同道合者来往于有钱人家为赈灾募捐，在族里积粮备荒，适时开仓赈济。他自己更是把家中值钱的东西典卖掉，和夫人一道经营自建的"仁风团义仓",救活了好多邻里乡亲。"吾不欲见一饿殍之人",左宗棠如是说道。

左宗棠是一介儒士,他的祖上便早已传承此济贫救灾的儒风,而对于左宗棠本人,在柳庄这几年救灾所做的一切,也不过是仁义作风的延续罢了。比如此前他拿着妻子给的百金上京赶考,结果却将百金馈赠给贫而无以为生的姐姐一家,后来途中又遇到四五壮汉逼一老者还债的事情,他也毫不犹豫为之代还。而后,待他高升为官,年奉万两以上的时候,他依然保持清贫的生活作风,将自己的大部分俸禄无偿捐赠出去。这自小至终的善行,和陶澍的作风如出一辙。他们,也正是中国一代儒士的典型代表。

切勿漫说儒士济贫的事情,自英军在中国打开一道巨大的窗口之后,左宗棠在八九年间一直未有出山为官的打算。他自号"湘上农人",似乎有意要做一个标准农夫。其实,这只不过是一时受挫的儒士暂取道学避世的做法而已,正如他夫人所言"书生报国心常在,未应渔樵了此生",左宗棠是不甘心于渔樵之间而没世的。在这期间,他的好友胡林翼仕途比较顺畅,曾与他在安化小淹陶家相聚,彻夜畅谈国事。可见,他明为农事,暗操国事。也就是说,左宗棠,他还在等待一个最佳的出道时机。

第四节
与林则徐湘江夜谈

经历了 1848 年到 1849 年的旱水两灾，左宗棠早已疏尽家财，陶家任教的职务也已经圆满功成，他因此不得不另谋生计。1849 年，他再次来到长沙，开馆授业。尽管学生寥寥无几，他也不为此马虎应付。恰在此时，早年因为英方的挑拨离间而被流放到新疆管理伊犁的林则徐告病还乡，途经长沙，想见一见左宗棠。其实，林则徐在 1847 年被召回担任云贵总督之时就已经去信告知左宗棠，希望他能够到云贵做他的幕僚，只是当时左宗棠要教育女婿陶桄脱不开身，两人才迟迟未能见面。左宗棠还为此遗憾叹恨许久，心想不知道何年何月才能够一见歆慕已久的民族英雄。

也不知是好事还是坏事，林则徐到任不久便染病，于 1849 年就卸任云贵总督，告病假回乡休养。这一次，林则徐途经长沙，专门请人致信左宗棠，请他务必要到长沙一见。那天，左宗棠接到邀请信，露出了开心颜。他没想到，自己与林则徐素未谋面，也不像遇见陶澍一样因为有楹联为媒，但林则徐却痴痴不忘他这个山野村夫。其实他不是没想到，只是一时兴奋，忘了他和林则徐之间是有着千丝万缕的联系的。

首先左宗棠对林则徐有印象，最早是从恩师贺氏兄弟、忘年知交陶澍和八辈至交胡林翼口中得知，他们口中的林则徐是一个处世有道、为官清廉、刚正不阿，同时又很有思想见地的爱国者。后来，从陶澍的书信往来中，他又接触到林则徐作为一个学者和先进思想者的身份。再后来虎门销烟、鸦片战争的爆发及其因此遭遇的不公，更让左宗棠意识到这是一个百折不屈的民族英雄，他就是自己学习和效仿的榜样。因此，当林则徐被贬斥新疆时，他心都碎了，写信告诉好友至交胡林翼说道，他左宗棠的心随着林则徐的左右，跟随他东西飘荡。这番话，说与情人之间都嫌肉麻，但左宗棠出自对林则徐的尊崇，却是真情流露。与其说是追随林则徐左右，倒不如说是追随他的志向左右。因为在林则徐身上，左宗棠看到了自己的影子，心里将之视为神交的又一个对象。对林则徐的认可，甚至可能比对陶澍更甚，因为林则徐作为一个民族斗士的形象出现在中外历史上，而且他的许多抗敌思想和策略往往与左宗棠不谋而合，这让左宗棠心里多了那么几分感动和信心。似乎，在林则徐身上，他看到了自己的未来。

此外，林则徐也是左宗棠的忘年之交陶澍重点提拔和看好的下属，而林则徐任云贵总督期间的属下胡林翼又是左宗棠的密友。这两人时常在林则徐面前提起左宗棠，其中胡林翼称赞左宗棠为"异才，品学为湘中士类第一"。林则徐当时就深信不疑，命胡林翼请左宗棠来帮忙。只是左宗棠方面不方便，因此错过了第一次会晤和共事的机会。但双方彼此间的仰慕，却成了这次会见的最大助力。

因此，当收到林则徐请人送来的邀请信时，左宗棠是激动不已的。他高兴地告诉夫人周诒端，说要立马收拾行囊到长沙会见林则徐，完全没有了与陶澍见面时的那种傲气和沉稳。也许，是年龄的洗礼让他逐渐受到磨炼，但更重要的是，他对林则徐的爱戴和追慕，远远超过其他人。他的自傲远没有收敛，因为，林则徐在某种意义上来说，那就是另一个他自己。

从柳庄赶到长沙码头，左宗棠远远就看到码头前排着长长的队伍，而码头的那端河面上轻浮着一艘官船。左宗棠急忙小跑到码头前呈上名柬，上面端端正正写着"湖南举人左宗棠"字样。其他头顶花翎，身着官服和那些名流绅贵们瞧见了，无不嗤之以鼻，认为他一介穷举人，要什么没什么，林则徐怎么会接见他呢？出乎那些绅贵高官的意料，林则徐此经长沙，最想见的却正是这个名不见经传的穷举人。一声林大人请见左举人，让许多人大跌眼镜。左宗棠高傲着头，大踏步走过这些诧异的眼光面前，一不留神踩了个空子，跌落水中，惹得大家哄堂大笑，最后还是林则徐请人把他捞上了官船。林则徐笑戏之，"怎么这就是你的见面礼呀？"只见左宗棠并没有因此慌张失措，而是无视刚才的失态，恭恭敬敬地向林则徐敬礼。随后，两人把手进入船舱，彻夜长谈，不甚其欢。其他等候多时的大小官员与绅贵们，只好被拦阻在外，逐一遗憾而去。

左、林的这一次会见，对于左宗棠而言是极其重要的一次人生经历，他后来自叙道：

是晚乱流而西，维舟岳麓山下，同贤昆季侍公饮，抗谭今昔。江风吹浪，柁楼竟夕有声，与船窗人语互相响答。曙鼓欲严，始各别去。

在这一次夜谈之中，左宗棠把满腹的学问和看法都全盘托出，据他后来回忆，这次把酒夜谈的内容涉及面很广，从天下大势、新疆建行省等国要大事到臧否人物、治吏反贪等诸多政弊，他们都各倾所想。林则徐带病在身，本来应该早点休息的，但是难得一见左宗棠这样的"绝世奇才"，他深感欣慰，并在临别时把自己被贬新疆时所搜集的全部关乎边疆、地理和俄国动态的资料都赠予左宗棠，并手书对联一副相赠，寄予左宗棠收复新疆，抗击外侵的远大期望。

"此地有崇山峻岭，茂林修竹；是能读三坟五典，八索九丘。"林则徐盛赞左宗棠才绝当世，相信他可以以多年所学经世致用。并且，林则徐还以自己多年的信念"苟利国家生死以，岂因祸福避趋之"相激励，希望左宗棠能走上和自己，已经如贺氏兄弟、陶澍、胡林翼等诸多长辈、好友相同的道路，匡世救国。对于此番种种厚望，左宗棠都铭记于心，后来他建造坚船利炮，收复新疆，驱除俄军，等等，都是在完成林则徐未竟的心愿。而这一次左、林会见，也被左宗棠视为"第一荣幸"之事。后来听闻林则徐在平定广西天地会造反途中不幸染病身亡之时，左宗棠失声痛哭，以无比悲痛的心情写了一副挽联：

附公者不皆君子，间公者必是小人，忧国如家，二百余年遗直在；
庙堂倚之为长城，草野望之若时雨，出师未捷，八千里路大星颓。

长城既倒，大星已颓，但是内乱外侵正是纷扰，其中尤以太平军起义甚为严重，一两年间闹得举国风雨飘摇。左宗棠虽则忧国忧民，但还未打算出山相助，而是想寻找一避难之所，领全家老少于彼躲一时之难。他没有忘记林则徐等众多师友的寄托和期望，只是他更对于当世感到心碎。在没有遇到最好的时机之时，他还打算观望观望再作良策。

可是，他没有想到，太平军的势头之猛，让人震惊。似乎顷刻之间，清朝的天空就要变了大半。变天了，皇帝的宝座将要不稳了，这是人们心中隐约能够感受得到的。而在太平军起义之前，同样是在广西的天地会起义，一样闹得火热。其实从19世纪以来，造反起义之声就此起彼伏，而自鸦片战争以来，天灾人祸骤增，外侵不断，更加剧了穷苦人民的强烈不满。忍无可忍之际，一些民众便揭竿而起，打着某种旗号，率众造反，试图通过自己的努力来构建一个平等和谐的社会。广西天地会的故事，就此衍发，后来成为许多戏说的素材。在这一起事件中，林则徐被委以钦差大臣镇压天地会，奈何病况严重，亡于道途。临终遗命，他还上折力荐左宗棠。

就在天地会的事情还未解决之际，紧接着1850年年底，洪秀全便在广西金田村发动太平军起义，并将战火一下子拉到全国范围内，可谓震惊宇内。而此时广西之所以成为农民起义的集中地，与当时广西农民的生活、经济状况有着直接的联系，而与国内的政吏腐败、经济衰退、人口暴增等也有着间接的联系。天灾人祸、腐政苛吏、外敌入侵，人民难以维生，特别是广西，土地兼并和赋税沉重让人们几无立锥之地，心中早就对统治者充满了怨恨，因此，只要一有人牵头起义，则群起呼应，星星之火，便迅速得以燎原。因此，天平军起，便让原本就不安宁的天下更加动乱起来。

而这把火，很快就烧到了湖南来。但此时的左宗棠，却只想着率家属避难，而不愿出山帮助清廷。缘何？一来他同情起义者，因为官逼民反，满清政府已经腐朽没落，天下动荡势在必行，况且汉人受清廷压制了两百多年，这把反清的大火，迟早会把现在的朝廷赶下台来。左宗棠口中不说，但心中甚是明了，虽然他也并不看好太平军能够把政权夺取到手。而另一方面，此时帮助清廷，他也未必得到心中所期望的职权和达成所愿。再者，动荡之际，他很珍惜自己的家庭，还是希望先保全家庭，等看清形势再做定夺。他不像好友胡林翼那样忠主，他忠心的，是国家和民族。那么，为国家和民族，他真的只愿做一介农夫没世、暂避于山洞中吗？他在思考度量中。

第五节
第一次化解长沙之围

按说左宗棠多次考场失利之后,应该便无意于功名才选择回到乡野之间教书务农的。然而,腹有诗书气自华,怀才不用待何年?天才总是"无处藏身"的,他的光芒即便还没有全然散发出去,却也早已才气远扬,博得官场一干人众倾慕久仰。

恰逢时世动荡,即便左宗棠真有心要做那湘上农人、山野匹夫,恐怕那一干求贤若渴且急等着军事奇才前去搭救的官场人物也由不得他了。又虽然早在此前几年,他也曾几番拒绝了清朝大员邀他做幕宾的机会。比如时任云贵总督的林则徐邀之,左宗棠便以教陶桄读书、无意官场功名为由相拒。后来天地会风云骤起,"反清复明"一时闹得人心惶惶,受朝廷任命为钦差大臣的李星沅亦诚邀左宗棠"参戎机",也被其以醉心农事而拒。再到后来,湖广总督程矞采受胡林翼的推荐邀其入幕为宾,却被其以程矞采诚意不足而再次打消了出山的念头。

可见,从左宗棠的三番五次拒邀不肯出山入幕为宾的理由来看,其实他并非真的满足于"湘上农人"的山野闲趣,而是想学诸葛孔明,在等待一个最佳的出山之机。而此时的左宗棠，早已过了而立之年，并且拖家带口，家境窘困。那么他究竟在等待一个怎样的时机，又要等到何时呢？

时势造英雄，每一次的历史动乱，都是奇才辈出的时候。三国的诸葛孔明如是，刘备如是，曹操亦如是（虽为枭雄）。而这一次，就是他左宗棠无疑。弃科考于不顾，数年如一日教书务农，只不过是他在草庐之中养精蓄锐，待有朝一日风雷变动便伺机而出，布衣摇身一变，幕府师爷相称，仕途戎马从此展开。

他终于等来了这个静候已久的良机。错过了建功立业的而立之期，他知道，决不能再让不惑之年埋没在农事铁锄之中。人生只有一次，前半生饱读诗书，不就等着有朝一日经世致用吗？太平军进军湖南，正是他名扬朝廷之时。因为在当时，湖南甚至国内，再也没有谁能比得上这自称"今亮"的举人更加满腹才华，尤其是满腹的地理和军事才略。

不过他很沉得住气，一如之前多次拒绝入幕府一样，他并没有马上就答应了张亮基的邀请。而那时候，湖南正遭遇太平天国的猛烈攻击。也早在两年前，左宗棠就凭着敏锐的政治嗅觉，察觉到近年来清朝必有一场经久的大动乱，因此举家迁入山野秘处——东山白水洞避难。

这次依然是左宗棠的挚友胡林翼把他推荐给了张亮基。鉴于湖南此时的水深火热，朝廷命令张亮基火速赶往湖南就任巡抚一职，负责为长沙督战解围。而就在赶往湖南的途中，张亮基接到胡林翼的推荐信，便马上写信给左宗棠，表示其求贤若渴，想请他到常德会面，不料依然遭拒。遭拒后的张亮基仍坚持写信派专人送往白水洞。等张亮基赶到长沙之时，长沙正遭受太平军的猛烈围攻。张亮基一时无策，又想起胡林翼说左宗棠是天下奇才，只有他才能解得了这次长沙之围，于是又一次修书一封，派专人"备礼走请"，再次诚邀左宗棠出山辅助。这期间，胡林翼也不断给张亮基说好话，督促左宗棠不要再犹豫不决。加上林则徐此前亦说张亮基是个爽直精干之才，更见其多次修书字里行间情真意切，左宗棠也感到长沙之围已不可再隔岸观火，这才终于下定决心答应出山相助。

清咸丰二年（1852），这一年正是左宗棠不惑之期，也是太平天国举事起义的第二年。而在这一年多的时间里，太平天国所到之处，多是势如破竹，锐不可当。

讲到这里，就不得不说一下此间的国运大势。道光三十年正月十四（1850年2月25日），道光皇帝去世。而在他死后不到一年的时间里，道光三十年十二月十日（1851年1月11日），太平军便在广西桂平县金田村正式起义。洪秀全率众在广西境内同清军对战，此间历时一年半。此后，经过蓑衣渡之战，洪秀全率领的太平军终于冲出广西，迅速进入湖南，连克道州、郴州等重镇，并于咸丰二年七月进攻长沙。一时之间，朝廷大为震惊，连番改任多省巡抚，想借此安定内线。又基于原湖广总督程裔采和广西钦差大臣赛尚阿相互推诿责任，致使不能解长沙之困，于是朝廷方才改命云南巡抚张亮基为湖南巡抚，督其立马赶往长沙解围。

因为这一缘故，才有了在贵州任命的胡林翼极力推荐、张亮基多次诚邀、左宗棠最终答应出山辅助一事。结束了长年农耕教书的岁月，于咸丰二年八月二十五日（1852年10月8日）晚，左宗棠来到长沙北城墙下，顺着梯子爬上城墙，进入长沙成为张亮基的师爷。从此，在长达三个月的时间内，左宗棠便成为这次长沙解围事件的中心人物。不单是长沙境内，连湖南，甚至朝廷上下，从此都知道有这么一个军事奇才左宗棠。而且，他一如三国时的诸葛孔明，有过和林则徐促膝长谈"草庐论剑"，运筹帷幄于沙场之外的美谈，更有过受张亮基多次"书顾草庐"的经历。此番种种，不管是前言后话，此时都暂且搁置，我们先来看看左宗棠进入长沙之后是如何解了受困之围的。

虽然被邀请来解长沙之围，做了巡抚军师，但其实左宗棠并没有获得实权，他不能调兵遣将，也不能沙场驰骋。他所能做的和所需要做的，就是日夜观察、揣摩和分析敌情，并根据自己的观察分析所得，结合守军的利弊，给张亮基提供建议和指导。幸好张亮基很是信任左宗棠，往往对他言听计从。左宗棠也不负众望，一来到府衙便展开工作，运用他的沉着冷静和超群的观察力、分析能力，为张亮基进言献策。

而此时，太平军早已围城月余，并在九月中下旬开始了最为猛烈的全方位围攻。对此，左宗棠日夜侦察，并手绘稿图，指出双方在地势、攻略、兵力等各方面的布局和优劣，由此经过推算分析，他向张亮基提出了最主要的一条建议。

左宗棠认为，太平军面对着城墙，背面是水路，而清军的援兵掐断了他们在东北方向的退路，太平军这般作战无疑是把自己逐渐逼入了绝境之中。就如处在一个葫芦口，相较之下，只有西面方向是太平军的生命线和唯一进退之路。所以，左宗棠建议巧布一队军马守候在西边，给到时候溃败西窜的敌军来个突袭，让其受到重创，真正溃不成军。自然，长沙之围也就自此瓦解。

左宗棠的分析让在场的官兵将士都大为敬服。而只有张亮基知道，这是一条多么狠的招，他想让进攻长沙的太平军困死于此。但是……果然不出张亮基所虑，援助的清军哪里是精兵悍将呀，全是贪生畏死的乌合之众。多路兵马都畏惧不敢前来援助，这让张亮基又犯愁了。此时，左宗棠又提议，调徐广缙的部将提督福兴疾出河西，扼住龙回潭。龙回潭为太平军西进和获得湘江西岸晚稻的唯一路线，扼住龙回潭，即扼住其生命线，把太平军逼回老巢，清军由此可一举歼灭。但福兴却按兵不动，张亮基也无可奈何，只好亲自动身前往龙回潭扼住敌军。

但此时太平军正加强爆破攻城之势，张亮基和左宗棠等人出不去，唯有拼力死守。十月十九日（11月30日）深夜，因为80多天的攻克未果，洪秀全大军受损，又值寒冬即来不宜久留，遂撤军西进，冲出湖南，往湖北方向去。长沙之围，自此总算告一段落。只是可惜，徐广缙的军队在敌军撤退11天之后才敢前来支援。

不过，左宗棠在这次长沙解围一事中突出的军事才能，却令清军和朝廷大为敬服和赏识。对此，左宗棠自己也颇为得意，他在写给友人的信中便提到，徐广缙太过老实，不敢冒险，不是一个好的将才，这言下便有自诩良将之意。

虽然这一次长沙之围的破解总体上来讲是靠死守，但左宗棠的谋略和临危不惊的泰然却也给了守军很大的精神鼓舞。因此，左宗棠在这次长沙之战中，着实立下了不可磨灭的功劳。这在一个仅充军事顾问身份的师爷来说，是如此难能可贵了。清政府为此嘉奖左宗棠为知县用，并加同知衔。

第一次出山，便显露了一把好身手，还得到了官衔。这一切看来，似乎仕进之道已有了清晰的眉目，该值得好好庆祝一番。不过，在左宗棠看来，这一切，目前还论之尚早。

第三章 大展身手

清四境援五省定湖南

官场，入门难，退出更难。左宗棠自为长沙顺利解围之后，不管是清廷还是太平军方面都有意拉拢他，逼他再次出山。两相对比之下，左宗棠选择服膺清廷，再入湘幕运筹帷幄，大展身手，辅助湖南巡抚骆秉章清四境援五省，一定湖南安稳局面。左宗棠何以最终选择清廷，又是如何成为湖南府衙的"第一把手"，而后又将遭遇怎样的机变，这其间的秘密，尽在此文之中。

第一节
第二次化解长沙之围

左宗棠并没有接受清廷给予的官衔，他出山帮助张亮基的直接目的就是保卫桑梓，也就是家乡湖南。对于左宗棠而言，年过40，又中举多年，不宜一出山便索取高官，而如知县这类小官，他亦看不上。他深知自己已经错过一级一级往上升任的年纪，便只好另辟蹊径，以期一举大获成功。因此，在太平军弃长沙而北上的时候，左宗棠还想回到白水洞，张亮基死活不肯，于是便有强携左宗棠随其至武昌继续为幕宾的史趣。

是时，太平军一路北上，迅速攻占武昌却又在几天内弃武昌而去，最后于南京定都。因为张亮基在湖南抗击太平军有功，遂升任湖广总督，前往武昌整顿。张亮基十分敬服左宗棠的文治武功，因此百般劝说终于打动了左宗棠随其北上。但左宗棠说起这一段往事，却称之为是被迫强行的。在武昌，张亮基依然全凭左宗棠代其整顿所有军政事务，甚至由其亲自率兵平定当地土寇。不过这种状况持续不久，因为张亮基生性耿直，得罪了当地权贵，很快就被清廷调往山东任巡抚。左宗棠趁此机会借说路途遥远，便与其中一位幕友王柏心一道乘船返家。

左宗棠返家不久，太平军即又再次进攻湖南，一路从岳州打到湘阴，直逼长沙。此时骆秉章为湖南巡抚，多次力邀左宗棠为幕宾，共同抗击太平军，然而左宗棠还在犹豫。识时务者为俊杰，左宗棠眼看着太平军发展如此迅猛，而且对清廷官僚的作风有所了解，已对一年的幕僚生活感到心累，于是婉拒骆秉章的邀请。清廷请之不去，他不知道，经过上次帮忙解围长沙之困，太平军也风闻此人，誓要"入山追索"，于是派轻骑30余人搜拿，左宗棠闻风忙把家眷接出山洞安置在湘潭周家，而他自己和女婿陶桄居于长沙。这样一来，左宗棠心中的天平略微倾斜了一下，况且骆秉章一直妙用办法催逼其出山相助，最后权衡利弊之后，还是选择再次入湘幕为僚。这里，还有一个小故事。

听闻左宗棠被太平军逼出了山洞，陶桄回到了长沙，于是骆秉章等人想出了一招妙计，以陶桄这个女婿引出左宗棠这个岳父。骆秉章派人请来了陶桄，好生礼待，就是不让他回去，要求他捐资10万以助军饷才放他回家。前面已说，陶家虽则在家乡也算富甲一方，但是所有家产也不过5万两，根本不可能拿出10万两。这个，骆秉章当然知道，看陶桄为难，便教其写信告知左宗棠，要左宗棠前来营救。果不其然，左宗棠一接到陶桄遭新任巡抚软禁的消息后暴跳起来，即刻骑马赶往衙门。这是他最心爱的女婿，也是故人相托的遗孤，他怎么能让他受到伤害呢？

聪明一世的他却没想到，骆秉章怎么可能真的拿他的好女婿开刀呢？等左宗棠骑马急匆匆赶到府衙，早见骆秉章率众迎在衙前，恭候他来。进入衙门后院，左宗棠见女婿安然无恙，还受到款宴，遂感骆秉章请他出山相助的诚意，加上好友又一再相劝，便应允再入湘幕相助。骆秉章高兴至极，随即向陶桄和左宗棠赔礼道歉，以礼送陶桄返家。至此，从1854年再入湘幕，左宗棠开始了长达6年的骆秉章幕宾生活，而他一生功名的开端，也在乎此。

骆秉章募得奇才，开始专以军务相托，后来见其才略勇谋果在其上，效果非凡，便逐渐府上大小事件，都由他一手操办，而骆秉章只负责最后签字盖章即可，由是当时遂有"左都御史"的说法（骆秉章当时只是右副都御史），话讽湖南是"幕友当权，捐班用命"。对此，左宗棠毫不以为意，他只管运用才学尽心竭力帮助骆秉章管理好湖南诸事，尤其是军务大事。而骆秉章，更是宽宏大量，凡事放任左宗棠自处，属下禀告询问，骆秉章总是让他去找"左师爷"。久而久之，骆秉章的下属办事都不再询问骆秉章，而是直接找左宗棠决定，骆秉章也不在意，只是有时他巡视所到，随口问问，知是经过左宗棠同意的事情，他便不再过问。甚至，有一次左宗棠越权放炮发重大军报，骆秉章也由之而不追究。要知道，当时发送重要军报折子，还是需要巡抚本人亲为才行的。骆秉章虽然不追究，但诸如此类的事情，却成为一些人后来弹劾左宗棠的资材。

这些暂且不论，我们重点来看看左宗棠再入湘幕，为骆秉章和湖南都做了哪些事情。镇乱、治吏、理财，概括起来，这即是左宗棠这6年所做的努力。说来容易做来难，左宗棠这6年是可谓鞠躬尽瘁，一心一意付身于此。

当左宗棠再次出山时，长沙又正处于太平军的重重包围之中，而此时与太平军作战的主力，即为曾国藩领导的团练湘军。靖港大败，湘潭大胜，正成为湘军战史上重要的转折点，主角是曾国藩，但左宗棠在此却也有着不小的功绩。

是时，曾国藩也是初出茅庐首次带兵，他在衡阳练成陆军和水师共万余人，分由塔齐布和罗泽南率领陆军，彭玉麟、杨载福率领水师急赴长沙助战。战前，他们商讨主站的焦点在于靖港还是湘潭。大多数人认为先攻打靖港，因为是太平军的重兵大营所在，也可充分发挥水师的力量。但是左宗棠却不认同这种看法。他认为，湘潭是自家后营，若取保后营，则即便最后长沙不保，也可由此退守衡阳，再图长沙。如果进攻靖港，倘若太平军从湘潭夹击，那么就是前后受敌，自乱阵脚。左宗棠的分析当即获得大家认同，因而敲定了先取湘潭的战略计谋。

可是，曾国藩因为首次出战，在团练湘军的时候又多方受气，心里颇有点急功近利。是夜，当听到长沙乡团急来报告靖港只有500兵力，而自己早已搭建浮桥以供渡河奇袭时，曾国藩动心了，于是临时改变主意，率水师5000前往突袭。孰料，靖港乃太平军营地重镇，怎可能只留500兵勇守城呢。很显然，湘军收到了假情报，被太平军设下埋伏专门引诱他们来攻打。这一打，曾国藩的新练水师就显出他的弊端，散兵散勇，全都没有实战经验，根本比拼不过太平军的攻击。浮桥断裂，湘军落水者百余众，溃逃者不计其数，无论曾国藩如何威胁，再也没有兵勇敢于和太平军相战。曾国藩气急败坏，恼羞不已，两次想跳河自杀，都被身边人救起，勉强回到长沙。经过人生如此狼狈的第一战，曾国藩损兵折将，还为自己留下了莫大的笑柄，因此心里万念俱灰，只想以一死谢罪。

而另一边，塔齐布率领的陆军来到湘潭，面对战斗力不强的太平军，突袭的湘军很快顺利攻克湘潭，向长沙发来捷报。左宗棠看到曾国藩如此狼狈之相，切要他不可因一时之失而丧失斗志，鼓励他湘潭既胜，事尚可为，当前唯一要做的就是重新部署，趁着湘潭大捷，一鼓士气，再接再厉，以望一举把太平军赶出湖南。在这次湘潭大战中，太平军十战十败，损失兵士万余人，不敢再贸然前进，转而退守岳州。而湘军却从此声名大振，湘潭大捷掩盖了靖港之败，鼓舞了士气。两个月后，由左宗棠、骆秉章和曾国藩精心部署,湘军乘胜追击,进攻岳州,三路分攻,不用一个月就占领岳州,逼得太平军一个月后完全退出湖南,不再打湖南主意。

再入湘幕运筹帷幄,左宗棠拔得漂亮的湘潭首功,挥军收复岳州,驱除太平军退出湖南,不仅拯救曾国藩于绝望之中,为他和湘军都树立了不小的威名,更为他以后在骆府中代骆主事赢得了威信。然而,太平军退出湖南,却仅是湘军与太平军战役的开始。太平军而后迅速侵占、扰乱赣、鄂等省份,太平军的使命仍旧任重道远,而左宗棠既入虎山,又焉有不平虎事半途而退之理?运筹帷幄,左宗棠正欲大展身手。

第二节
辅助骆秉章清理四境

在湘潭大战中取得大捷,并顺势收复岳州,左宗棠把太平军赶出了湖南。然而,太平军起义风卷全国,引起本已四起的盗匪、难民都借势扰民,不仅湖南周边省份大受太平军的困扰,湖南境内一时也匪类肆虐,人心不稳。左宗棠于是与骆秉章商议,定下了"内清四境,外援五省"的方针。如何外援五省,后面陆续讲,现在就先说说左宗棠如何内清四境。

欲除患,先部署;要部署,必察情。当时的湖南,本来经济就处于全国中等水平以下,又遭受全国性的战争非难,人们生活贫苦,一些人不堪其苦,于是和太平军一样揭竿而起,比如广东的红巾军、广西的会党、贵州苗民起义等。清廷称之为寇贼,我们暂且统称为起义军。这些起义军,不断盘桓在湖南边境,并伺机入侵湖南,欲与湖南各地的起义军联合抗击清廷。左宗棠分清形势,既要防止北境起义军入侵,又要防止南境连州、韶关等地起义军滋事,还要防止与永州、宝庆等地接壤的广西起义军犯边。因此,左宗棠一面派兵驻守各境,比如留胡林翼驻军岳州,以防北境起义军;募集湘勇500人会同游击周云耀军屯于江华,以防广西起义军;命李辅朝领900楚勇联合知府兵屯宜章，以防广东起义军。而另一面，在会城设立绅局，专造船炮，作为各军队御敌的武器支持。

说时迟，那时快，左宗棠的布防刚做好，四境之外便各有起义军犯边。桂阳，有广东仁化起义军至，桂阳知县吴清鹓率众抗击；宜章，有乳源起义军犯，宜章知县王宏谟与李辅朝一同击之；临武，有连州起义军犯，南勇参将赵永年诱敌而破之……

一时之间，四境几无清宁之日。而这其中，尤其两广起义军犯境最多，并且最难破除。比如，道州遭到广西起义军进犯，王鑫会同周云耀合力击逐之，使其转攻江华。王鑫又率部赶往与之大战，后追到广西恭城。逗留同时，江华、道州的起义军又联合广东连州起义军一共万余人攻打宁远。王鑫大惊，马上赶回湖南和周云耀合力痛击，歼敌 2000 多人。宁远总算保住。然而惊魂甫定之际，又有另一支广东起义军进犯蓝山等地。如此来回往复的你追我赶，左宗棠自再入湘幕的这一年来，都在为清除境内外的反抗势力而作努力。只不过，走走合合，零散的起义军此起彼伏，并有走私烟、盐的烟枭、盐枭等，湖南境内动荡已非一时，而镇压更是从未间断。左宗棠在湖南的这几年，镇乱便成了他日常军务的重点工作。依靠王鑫、周云耀、李辅朝等湘楚勇将，左宗棠虽然不能在短时间内完全平定所谓的流寇土匪，然而也不曾丢失一城一墙，在保卫湖南境内平稳上仍有不可磨灭的一份功劳。

此间更值得一提的是，两次被左宗棠用兵击退的太平军，在几年之后又再次卷土重来。与之前围攻长沙不同，这次太平军的主要目的不是攻占湖南，而是想取道湖南，转而进入湖北、四川等地。此时是 1859 年，咸丰九年间，左宗棠在湘幕的最后一年。因为太平天国内讧，天王洪秀全猜疑翼王石达开，于是石达开被迫离开天京，脱离洪秀全的领导，率众 30 万南下，于咸丰九年二月进入湖南境内,一路上连克宜章、兴宁、郴州、桂阳等地,最后于五六月间围攻宝庆。宝庆是湖南重镇,得知石达开30万大军围攻,湖南上下为之一震,不仅省内的湘军勇将刘坤一、田兴恕、刘长佑等人出兵围堵,胡林翼更调在湖北作战的湘军5000人返湘支援。湖南再次打响保卫家乡的战役,而对手仍然是前两次的手下败将太平军。

与此同时,对于作战方略的问题,左宗棠和骆秉章以及湘勇诸将经过多天的研究和商讨决定,依照左宗棠的计谋调兵作战。大多数将领都以为应该从宝庆东面配置重兵把守,以保护省城的安全,并从东往西打击敌人。而左宗棠则主要从敌方兵力布置的强弱着手,提出攻其薄弱之软肋以制敌的战略,由北进兵。将领们为此又争论了两天,最终同意左宗棠的北面进军战略。果不其然,左宗棠等人调重兵攻打太平军力量最薄弱的北面,令其溃不成军,无暇多想便退兵宝庆。湘军乘胜追击,太平军兵退东安,转而由此进入广西境内。湖南第三次解了太平军进犯之围。

太平军三次进犯湖南,却三次遇到左宗棠这个老对手,于是三次都以败兵退走而匆匆结束战争。三次进军,三次都败在左宗棠手下,这或许是太平军所未能料的。此后,太平军再也不敢打湖南主意,因为他们知道,湖南有一位用兵如神的再世诸葛左宗棠。不过,太平军不敢再惹左宗棠,左宗棠后来却不得不遵清廷之命与曾国藩、李鸿章、胡林翼等湘军将领一同剿灭太平军。依靠剿灭太平军的功绩,左宗棠才有了后来平剿捻军、乱回,收复新疆的大功。

而除此之外,他的功绩也在于整顿吏治和管理财务。在吏治方面,对于贪、庸、懒吏,他依情处理,该革职问罪的一概不含糊,该奖赏的也必有赏。奖廉罚贪,廉俭为先,湖南衙风一时好转,贪靡之风几无。整顿好原有的问题，左宗棠还着意添加新鲜血液，起用地方绅士为官，扩充其权责，激发其保护家乡的责任心，由是官绅结合一改前制，稳固了地方政权和官风，为湘军提供了有力的后防。如委派绅士劝捐，设立厘金总局等，确保了湘军每月10万两左右的军饷。

在财务赋税管理方面，增加厘税，抽取盐税和茶税，罢大钱，除漕弊等，一来增加军饷，确保湘军战事，二来减轻民众徭赋，稳定民心和经济。大钱的出现是因为清廷军饷不够，便放任各地自行铸造面值大而含铜量少的钱币，其实是劣币，有损民众利益和扰乱经济秩序。为此，左宗棠和骆秉章商议，收回大钱，稳定市场秩序。而所谓漕弊，与漕粮有关。适时北方一直缺粮，需要从南方经大运河运粮到北方，清廷借机多征收粮食，此为漕粮，这就又给许多不良官吏有了搜刮的机会。湖南向来滥征严重，浮收甚多，民众苦于粮税太重，宁愿退佃。这样一来，清廷更加无粮可收，而民愤也同时增长。此时有位湘潭举人周焕南提议可以略微增加漕粮与地丁税（土地、人口税），但罢免浮收部分。左宗棠建议骆秉章采取这个意见，骆秉章照办，湖南自此每年减少数百万两赋税，但清廷却增加了数十万两的税收。

上述左宗棠在骆府的所为仅是6年里的个案，凡此种种，左宗棠为骆秉章献谋献策、亲力亲为不计其数，以至于后来有"骆秉章之功，皆左宗棠之功"的说法。相比第一次短暂的入湘幕为宾，左宗棠这6年里，可谓才用适处，声名远播，也为他今后的仕途奠下后基。不过，福兮祸之所伏，左宗棠的仕途之路一如前半生那样，并不是一帆风顺的。接下来，他会遇到什么样的阻碍又如何化解呢？我们只有随着左宗棠的生命轨迹一直探寻下去。

第三节
湘、赣、鄂成唇齿之势

左宗棠定下"内清四境,外援五省"的方针战略,所援五省分别为江西、湖北、广东、广西和贵州,而其中,先期尤以赣、鄂为要。在湘潭大捷以及克服岳州之后,太平军退守赣、鄂等地,清廷便急命曾国藩和胡林翼率湘军东征。此为湘军首度出省作战,在出战前,左宗棠几乎每天都和曾国藩商议密谈。

"无一日不见,无一事不商",左宗棠曾这样形容那段时间与曾国藩的相处。对于曾国藩,他是很敬佩的,不仅因其博学多才,知人善用,更因其与自己志趣相投。对于左宗棠而言,曾国藩是密友、是同僚,更是亲如兄弟的手足。此番曾国藩要率军东征,左宗棠有许多行军策略和忠告要告诉他,并商讨好自己在湖南给他补给军火和饷银等事宜。这样亲密相处一阵后,曾国藩于咸丰四年八月正式东征湖北,一路攻克武昌、汉阳、黄州、兴国、武汉、田家镇等地,直抵江西九江,湘军由是暂时获得了东征的首捷。于是,曾国藩颇为得意,以为太平军不过尔尔,而自己所率的湘军战无不克、克无不胜,想必很快就可以尽逐太平军,一建功业。作为湘军主帅,曾国藩的骄满之情溢于脸上,跃然纸上。见主帅如是,湘军将士也有了轻敌之心。

与曾国藩驻江西相偎辅助,胡林翼驻守湖北,先任湖北按察使,很快则升为湖北布政使,转而又升为湖北巡抚。这样一来,湖北的军务便全部由胡林翼统筹。曾国藩在江西,胡林翼在湖北,而左宗棠守住湖南大本营。湖南三杰,开始了唇齿相依的剿灭太平军行动。

不过,与胡林翼的谨慎冷静不同,曾国藩的骄满让左宗棠极为担心。他连连修书给曾国藩,对其晓之以理:"东征大局为天下所仰望,自复岳州以后,直捣浔阳,节节得手,军威大振,然将士之气渐骄,主帅之谋渐乱,弟尝贻书戒之,而不我察也。"此话所言,就是曾国藩对左宗棠的劝说不以为然,以为他过虑了,因此对左宗棠的书信不予回复。

左宗棠见状,连忙又给罗泽南写信,让其戒骄戒躁,并善劝主帅曾国藩谨慎缓进。罗泽南很感激左宗棠的提醒,在给左宗棠的回信中以诗明志:"事业极伊吕,浮云过太虚;兹一战绩,已出二年余。"罗泽南认为即使事业做到超过了伊尹、吕尚等人辅佐王业的功绩,也不过浮生掠影,并没有什么值得骄傲的。更何况,湘军出战都有两年多了,尚未取得一省的全然平复,又有什么可值得骄傲的呢?

作为一名将领,罗泽南把功名看到得如此淡泊,并对目前取得的成绩有如此深刻的认识,左宗棠很是欣慰和敬服。但是曾国藩作为一军主帅,却如此浮躁骄满,并不听善劝,左宗棠只有叹气和担忧的分。

不出所料,很快曾国藩及其所率湘军就因为骄纵之气而受到了惨重的教训。曾国藩因为迅速攻克武汉,直抵九江,因此意气风发,以为"长江之险,我已扼其上游……东南大局,似有转机……臣等一军以肃清江面,直捣金陵为主"。在急功近利的情绪支配下,曾国藩并不严察敌情,兵分多路想多地并收。于是,是年十二月,在事先没有对敌情摸清底细,并进行详细部署战略方针的时候，曾国藩就领着部分充满骄气的湘军贸然进攻湖口。而此时，太平军方面，翼王石达开等援军早已来到湖口，他看到前来的湘军"将士皆骄，兵分势单"，便想到分歼湘军，逐个击破。于是，他在湘军将要来到湖口之际，撤兵隐藏附近，专等一半湘军水师进入了鄱阳湖之后便立马封锁湖口，把湘军水师分成孑然两半，一半在鄱阳湖内，一半在长江面上。一军两分，前后不得呼应和救援，军心由是略有动摇。此时，石达开派出许多小船抵达九江，火攻湘军船舰，曾国藩坐船也被烧毁，而他本人则狼狈逃出围困。湘军在湖口一役，几乎可谓全军覆灭。是此，曾国藩才明白左宗棠的三番五次劝勉是多么正确。可惜已经晚了，湘军受此重创和侮辱，曾国藩羞愧难耐，又想一死以谢死去的将士，最终被罗泽南拦住。

这只是曾国藩与石达开较量的开端，却也是两军形势急转直下的开端。自此开始，太平军在江西战场上便节节取胜，一步一步把曾国藩逼向绝望的境地。而在这期间，石达开一边布置兵力在江西钳制曾国藩的湘军，一边命令秦日纲、陈玉成率军进军湖北。太平军首先遇到的是不懂兵法的庸碌之辈杨沛，他把所有兵力都安置在前方，致使腹背虚空，武昌很快就被太平军攻克，湖北巡抚和武昌知府遂畏罪自杀。清廷不久后就提升胡林翼为湖北巡抚，着他全力抵御太平军的入侵。胡林翼和新上任的湖广总督官文通力合作，积极整顿军务，准备夺回武昌。而与此同时，曾国藩和罗泽南闻讯率军前来支援，左宗棠也在与骆秉章商议后，由骆秉章派遣鲍超、王明山诸将率领湘军水师前去救援。太平军见此也调兵支援，双方就此激战并僵持了一个多月的时间，湖北军事始终不能获得进展。石达开在湖北没有取得什么战绩，却忽然调转战向，急下江西，连克瑞州、临江、袁州等城镇，在半年内取7府47县的胜利，江西战事岌岌可危。眼看江西即为太平军所占，左宗棠、骆秉章等人都极为忧虑。

"吾为涤公危，亦为吾乡危。"左宗棠寝食难安。经过一番思考，左宗棠向骆秉章提出再次派兵援助江西的建议。他说："贼不得志西北，欲且逞于东南。江西一有蹉跎，则江、浙、闽、广皆为贼有，而湖南亦危，东南大局不可不问矣。以时局论，固无有急于援江西者。"江西刚好位于安徽、浙江、福建、广东、湖北、湖南等省份的中心，对于这些省份而言，江西无疑就是核心，如果江西沦落，那么太平军必然要清除周边省份的清军势力，因此江西一失，则周边省份尽危；周边省份若危，则南方不保；南方不保，则国家亦险。江西一省的战况，可谓牵一发而动全身。为了民众和家乡，左宗棠不得不对江西战事用尽心力。

不过，就在左宗棠和骆秉章招兵买马援助江西战事时，江西战局又开始有了戏剧性变化。源头来自太平军内部。咸丰六年初，当时太平天国发生内讧，东王杨秀清要逼天王洪秀全禅让。洪秀全一方面与杨秀清周旋，一方面下密令紧急诏令翼王石达开、北王韦昌辉等人赶回天京勤王。就在石达开回京途中，韦昌辉早已回到天京，并且奉了洪秀全的密令屠杀东王及其家属、部下两万余人，惹得天京城内人神共愤。韦昌辉知道，自己的暴行必然会遭到石达开的反对，于是先下手为强，暗中布兵深夜冲进翼王府，把一家人口牲畜全部杀害。石达开因为提早收到讯息得以逃脱。石达开逃回自己的大军，必然会兴师天京讨伐韦昌辉，洪秀全只好下令全众把韦昌辉捉拿，并对其五马分尸，把首级送到石达开军中。于是，石达开才回到天京，和洪秀全了此太平天国惨案。

石达开率部一走，驻守江西的太平军不仅兵力减弱，而且因为受到天京内讧的影响，战斗力明显降低。而与之相反，湘军因为得王鑫、刘长佑等部队的补充支援，兵力提升了不少，总兵力逾1.6万人。此时，曾国藩戴孝在身，回乡丁忧，左宗棠便开始对入赣湘军进行遥控指挥。先部署，定方针，后作战，这是左宗棠一贯的用兵作战之道。精简慎用，而非单靠人多，兵力才能发挥其最大的威力。左宗棠把攻克并收稳江西腹地作为逆转战局的关键，"以江西大局论，非临、瑞速得不能望转机也"。因此，速得临江、瑞州，便是扭转逆局的突破口。左宗棠重点布兵于此，自己一方面在湖南定大方针对进攻线路等遥加指控，一方面又叮嘱在赣湘军将领相机行事，不可过于拘泥。在左宗棠与众在赣将士同心协力之下，从咸丰七年到咸丰八年初，历经一年半的时间，湘军陆续收复江西临江、瑞州、袁州、吉安、抚州、建昌等六府，并与湖北巡抚胡林翼合力攻下九江，一稳江西大局。左宗棠由是完成了支援江西战事的大任。而与此同时，湖北因为有了智多星胡林翼，左宗棠并不需太过费心，只在战局十分紧张时派调兵力过去支援，平时与他互通信息，共同分析和部署战局。

自咸丰四年入湘幕以来，得遇骆秉章、曾国藩、胡林翼等当时官阶远在他之上的友人的支持和敬重，左宗棠满心感激。尤其是与曾国藩、胡林翼一起，三人在湖南、江西、湖北形成三角扶助之势，唇齿相依，互相支援，为三省平灭太平军做出了极大的努力，并取得不错的战绩。湖南三杰，由此开创了曾、左、胡湘军联盟的序幕。

第四节
为抗击英法联军建言献策

  战争从来都不是易事，也并不值得鼓吹褒扬，只是源于阶级的利益，一方压迫而一方兴起反抗，压迫者又要镇压反抗者，反抗者重又反镇压，如此来回反复，战事鼎盛，而民生萧条。很有趣而无趣的是，作战双方谁都想尽快平息战争，恢复和平，但谁又都想铲除对方，维护自己的政权。因此，说来说去，战争的本质是权、利二字。为维护清廷统治和保卫家乡，左宗棠义无反顾帮助清廷剿灭太平军；而为了推翻清廷统治，建立自己的政权，太平天国毫不手软闯荡南北抢占城镇抗击清军。清廷与太平天国，在权、利二字上使军士和人民血流成河，死伤千万，令人痛心。

  于两者斗争之中，不管是有心还是无意，左宗棠都借战争而登上仕途，从此荣誉加身，以致不可复加，完成他的千秋功业。世人褒扬他的多为其收复新疆之举，而对其镇压太平军、捻军和回民却多有贬斥，甚而痛骂。然而，若没有前面平定内乱之举，又何来后面收复壮举呢？历史的真实和残酷告诉我们，如果是太平军或者捻、回战胜了清廷，那么中国必将沦落列强的殖民统治之中。因为这几支农民起义军，并不具备一统中华大好江山的能力。不用多说，且看其中最强大的太平军即可知。他们的首领天王，发动战争的本初并不是真为了全民解放，还利于民，而是为了满足内心的私欲。他要推翻清廷的统治，并不是推翻封建主义，而是腾笼换鸟，想要自己做封建主，一享皇帝的奢华威严。他做到了，在人们还处于战火的水深火热之中就提前享受了。并且，后来为了维护自己的封建统治，他发动了轰动中外的天京内讧，迫使与他共同起事的诸王死的死、走的走，天京不过剩下一个虚妄的政权而已。有着相对稳固政权的太平天国都已这样，何况并无统一政权的捻军呢？其他的各少数民族或地方起义就更不可能有此能力担当驱除外侮的重任了。

因此，于当时而言，清廷的稳固，对于驱除外侮有着毋庸置疑的关键性作用。而晚清在百年中受尽欺辱，很大一方面就是因为列强趁中国内乱无暇多顾，遂群起而攻之，从中攫利。弱肉强食，不自强，必受侮，落后就要挨打，就源于自身的动荡虚弱。左宗棠青少年时期就对列强的狼子野心有所警惕，适时又经历两次鸦片战争，因此对于这番道理，是再明白不过的了。他此时，也就想尽快平复内乱，实现辅助帝王已达国强民富的政治抱负。

再入湘幕的这6年，镇乱、治吏、理财，便让他声震四海，清廷也多番打听这一湘潭人杰，希望他能够出来为清廷尽心效力。而清廷所以急求左宗棠辅助，就因为他在湖南清四境、援五省中功绩非凡。此前我们已经讲述了，湖北由胡林翼掌控，江西也由曾国藩把持，那么与湖南接壤的五省之中，就还有广东、广西和贵州。在与曾国藩、胡林翼唇齿相依的同时，左宗棠也密切关注另外三省的军情，随时出兵援助。因为太平军除了集中火力在赣、鄂两省之外，也有流窜的势力分布在另外三省，与当地义民一起抗击清军。比如广东的红巾军、广西的会党和贵州的苗民起义等，他们不仅在省内起义占城，更时常犯边会同省内的义民和商枭，与太平军一道抵抗清军的镇压。于是，左宗棠援助粤、桂、黔三省抗击义民总是与内清四境以及追剿太平军残部连在一起的。

在这几年，境内境外，此起彼伏，混战一片，经常是东边才平息了一阵，西边又起事，南边助阵，北边谋动。左宗棠和骆秉章在湖南，运筹帷幄，东征西遣，左调右派，也仅是能够大致平息混乱局面而已，而不能彻底平灭起事义民。或许，左宗棠本义也并不想对义民痛下杀手，只以兵力将他们镇压下去，令其暂时失去起义能力。左宗棠援助外省用意很显然，对于邻省而言，湖南处于被包围的地位，若邻省陷落，湖南无疑成为太平军的腹中餐。因此，即使困难重重，镇压反复往来，左宗棠都要坚持到底。这其中，最困难的就是粮饷问题。左宗棠靠着他治吏、理财的杰出才能，虽不能说从容给予，但也总算勉强应付过去，以使援外湘军解决了温饱之忧。

而就在左宗棠竭尽心力内清四境、外援五省的同时，列强都盯紧中国这块肥肉不放，伺机侵略。鸦片战争后，英国的胜利让他们都看到了清廷的空虚懦弱，便纷纷借机开动战争再获肥利。左宗棠此时虽然尚未获得实际的官职，人微言轻，但他依然选择建言献策，而不愿袖手旁观。

1856年，英国凭借"亚罗船事件"，对广州发动战争，而后就衍生出第二次鸦片战争，吸引了法国、美国、俄国等资本主义帝国参与其间，最终迫使中国与他们分别签订了不平等条约，割地、赔款、通商等等，国家尊严一次次遭受凌辱。

所谓"亚罗船事件"，原本该属中国内政，而无关英国。亚罗船是一艘中国海盗船，它聘请了英国人做船长，并悬挂英国国旗为掩护在海上劫持客船。清廷于是把它拿下，抓了船上12名中国水手。英国就借此诬陷中国有意针对英国，对英国造成损害，于是对华发动战争。而法国对中国觊觎已久，就差出师无名，这时终于让它逮住了英国发动战争这个时机，于是也赶忙找了个"马神甫事件"参与其中。后来，遂有了英法联军侵华，美俄以调停为名共同逼迫清廷与它们分别签订通商条约的耻辱。

当英法联军攻占了广州时，抓住昏臣两广总督叶名琛，马上成立了个伪政府，以叶名琛的名义继续向清廷发送假报，让清廷信以为广东无恙，大局尚稳。但时刻关注邻省动向的左宗棠却从商民口中察觉异象，随后通过侦察发现广州已经沦陷的事实。他把事实禀告骆秉章，骆秉章立刻上疏清廷言明真相，清廷方才觉醒。而在上呈的奏折中，另附有左宗棠抵御外侮的建议。

"主要经理得宜，民心团结，士气弘扬，敌人亦何能为患？"左宗棠对于抵抗英法联军是抱着满满的希望的。接着，对于如何驱逐广州英法联军、护卫京畿，他都呈上建议。左宗棠认为，广东地区，以香山、东莞、新安三地的民气最为强大，如果能够团结他们，让他们在暗中部署，趁英法联军出兵北上的时候偷袭他们在香港的大本营，夺取他们的辎重武器，那么他们必然不能继续北上侵略。而与此同时首尾相连，上下一气，"以一支劲旅护天津，而后与之决死战"，那么英法联军的侵华美梦则会就地破碎。想到清廷中有许多投降派，左宗棠还借骆秉章的奏折提醒统治者莫听昏臣谗言。

左宗棠一以奇袭，一以拦阻，把英法联军困在途中，使其前后没有支援便知难而退的想法可行性极高，或许便能改变历史格局。然而，清廷投降派占据上风，咸丰皇帝也畏首畏尾，既不想打败仗，又担忧打胜仗反而引起英法两国增派大批后援攻打中国。因此，对于左宗棠的计策，清廷并不采纳。也就是说，清廷既不派兵捣毁英法联军在中国香港的老巢，也不设兵舰于天津拦截敌舰，反而让他们如入无人之境，顺利抵达天津，直逼京畿，迫使清廷再次以屈辱条约结束战争，圆了侵略者发动战争的本心。

让人痛心！国内以重兵全力剿灭义民，然而对于外国侵略者却不以为然，轻易求和，左宗棠此时心里五味俱翻。而同时，他又遇上人生第一次对他影响甚大的官樊构陷事件，更是心力交瘁。对于镇压内乱，他感到有些厌恶了。

第五节
突遇官樊构陷事件

左宗棠在骆秉章幕府里如鱼得水，行事雷厉风行，虽然颇显专权，但文治武功成效卓越，几年时间里，周围几个省份都被太平军搅得天翻地覆，唯独湖南不受其害，并且吏治、经济、民生等都有了较大改善。左宗棠为此乐此不疲，而骆秉章不大用自己操心就能有所收获，也同样乐享其成。但是，总有一些人对此忌妒不平，抓住一丝把柄就大做文章。左宗棠向来言行骄傲，而且不大注重打交际牌，因此最受人们非议和攻击。1859年，左宗棠突遇樊燮之变，便逼得他离开骆府，结束6年的湘幕生活。一切，又回到会试赶考的路途。

樊燮之变，不是樊燮策反，而是因为樊燮事件给左宗棠的人生带来了一次较大的变动，也是一次因祸得福的关键转折点。虽然最终左宗棠避开了官樊构陷，但是这其中还是颇费许多周章，左宗棠的许多道友动用了无数的关系才使这次事件转危为安的。

事情，还得从太平天国的内讧说起。1856年，太平天国建都南京，随后天王洪秀全便深居内宫，以为可尽享其成，不再外出，更勿论领兵打仗。天王如此，其属下众将亦多自慵懒懈怠，急寻嘉赏封爵。从太平天国自天王到诸将领在国未定民未安的情况下就寻求安逸的情状可见，太平天国主要将领的见地和初衷，原只为自己谋求福利，而并非真的为了天下百姓着想。这其中，尤以东王杨秀清狂妄骄横，竟意欲封万岁，逼退洪秀全。洪秀全加以应允，实则密令此时分别在湖北和江西督战的石达开与韦昌辉火速赶回天京，他要除掉杨秀清。但是令大家都没有想到的是，韦昌辉首先回到天京，旋即便大开杀戒，不仅毒死杨秀清及其眷属，更在天京城内大开杀戒，屠杀杨秀清部下和党羽两万多人。一时城里腥风血雨，惹得广大将士和石达开义愤填膺。石达开大责韦昌辉滥杀，洪秀全力辩之，两人矛盾由此公开化。但是禁受不住大众的愤懑与石达开的进逼，洪秀全最后还是处死了韦昌辉及其心腹200余人。韦昌辉本是洪秀全比较信任的人，有人说韦昌辉屠杀杨秀清也是奉了洪秀全的密令执行的。石达开逼洪秀全处死韦昌辉，这无疑就是逼洪秀全砍断了自己的手脚，于是洪秀全也怀疑石达开怀有二心。石达开自知已不为洪秀全所能容忍，于是率自己的属部离开天京，独立转战于湖南、广西、湖北、云贵一带，直入四川，成为太平军顽强抗清独秀的一支。

天平军内乱，这样的机会清廷自然不会错过，于是便下旨命令湖广总督摆平石达开部队。湖广总督官文接到圣旨，则令他的心腹湖南永州镇总兵樊燮入川平定石达开部队。本来樊燮和左宗棠并没有直接联系，关键就在于骆秉章此时为湖南巡抚，而樊燮入川经过长沙需要拜访骆秉章，以此顺通道途。而巧在此时骆府湘幕实际的把权者为左宗棠。左宗棠这几年权重一方，又颇有建树，加上自身傲气凛然，加上早已暗中调查樊燮种种罪状，对樊燮心中厌烦。奈何樊燮也是一个自傲自大之人，拜访骆秉章的时候连正眼都没有看一下左宗棠。左宗棠大怒，呵斥他："所有人来到骆府都要拜见我，你为何如此无礼？"谁知樊燮讥语相讽，说他只是一个穷举人，做一个师爷无官无职，他堂堂一个总兵为何要拜见他！左宗棠闻言，大怒，出拳便要击打樊燮。其实樊燮说的都是实话，但举人的身份是他一直比较隐晦的事情，左宗棠不容他人以此讥讽他，因此做出过激反应。

　　本来这是官场上常发生的事情，但是双方都对对方恨之入骨。樊燮所恨，是忌妒左宗棠如此受重用和恣意狂妄，而左宗棠所恨，更多的就是他为官不检，滥职徇私，贪赃枉法。早在樊燮和左宗棠见面许久之前，左宗棠已经留意和收集樊燮的罪状，并要参他一个"私役兵弁乘坐肩舆"，并私挪公款做零用的罪责。其中，私役兵弁是指他私调两百多名兵士做他家的奴役，脏活累活甚至洗衣做饭都要士兵去做，大大浪费了兵力。清廷规定武职出要乘马，但樊燮偏要坐轿，还是八人大轿，仅此一条足以治重罪。另外，樊燮不顾军饷吃紧的情况，私挪没有发下的大部分军饷做零用，使得士兵吃不饱、穿不暖，战斗力丧失大半，弄得兵士怨言四起。如此种种劣迹，早在骆秉章和左宗棠参奏之前就有永州知府黄文琛等有志之士弹劾过，只是因为有着湖广总督官文从中作梗，樊燮一直未被定罪革职，知法犯法逍遥自在。

　　左宗棠和骆秉章查实他的种种劣迹之后愤而上书，清廷也只是按他个停职查办，而没有收监问罪。反而，樊燮受人唆使，反告左宗棠和黄文琛诬陷他，湖南布政使文格暗中帮助樊燮，参告左宗棠莫须有罪名。湖广总督官文更是弹劾左宗棠为湖南"劣幕"，越权与骆秉章共同行使巡抚大印。官文明里是状告左宗棠，实则想扳倒当时南方迅速崛起的汉族官僚势力，而这，也是清廷所不愿意看到的事情。一个师爷可以越级使用一省巡抚大印，独揽专权，这在清廷权贵和统治者看来，无疑是一大威胁。巧用汉人和文人而不使其失去控制，这是清廷一直都在明里暗里做着的事情。因此，当官文的奏折一到，本来就对曾国藩、左宗棠等汉族势力心怀疑虑的咸丰皇帝立刻心头一震，觉得此事非同小可，因此授权官文，若查证此事属实，便可将左宗棠就地正法。

这就是著名的樊燮构陷事件。此事件一出，皇帝的密旨一下，仇视左宗棠等汉族势力的清朝权贵欢呼雀跃，而左宗棠等人则义愤填膺，左宗棠本人自然是大骂不休，愤而离职，以准备参加会试为由离开湘幕返家避难。左宗棠虽然离开了骆府，但是骆秉章、曾国藩、胡林翼等人知道，此时左宗棠正命悬一线。但是官文接到皇帝密旨，就是代皇帝执行权力，因此是时无人敢直面官文，都是私下秘密行动，一面上密折密保，一面托关系斡旋。这其中，以胡林翼、曾国藩、骆秉章、郭嵩焘等人尤为焦急。诸公上奏左宗棠实在是难得人才，官文、樊燮所述视为构害诬陷。骆秉章更针对一个印章两人使用作出解释，奏明皇帝左宗棠行事全部都是经过他批准的，并没有越权的行为。

在诸公所托关系中，到最后都走到了皇帝较为器重的满人大臣肃顺这里。满人向来对汉人多有猜忌，不敢重用，而肃顺则是满人中比较开明、唯贤是用的一个，并首倡重用汉人为官，因此找他说话，会比汉人官僚自身说话要有力得多。不过，骆秉章、胡林翼、郭嵩焘等人和肃顺都没有直接的联系，他们只好写信给肃顺儿子的家庭教师高心夔，希望他代言疏通。高心夔当然找到肃顺，肃顺对左宗棠有些了解，知道此人性耿直中正，颇有才能，在湖南平定太平军一事上出力最多。因此，他也愿意给左宗棠说话，但作为朝廷内臣，必须要有人在他之前疏保左宗棠，他才好开口说话。高心夔把这番话告诉郭嵩焘，但郭嵩焘作为左宗棠同乡也不好直说，于是郭嵩焘又找到同事少詹潘祖荫上奏密保。潘祖荫和郭嵩焘同在南书房共事，是皇帝的侍读，自然皇帝会把他的意见放在心上。

郭嵩焘对潘祖荫说道，如果湖南没有了左宗棠，那么必然沦陷，湖南已沦陷，南方不保，朝廷危难在即。同时，郭嵩焘还给潘祖荫讲了左宗棠的所作所为和为人处世。潘祖荫听闻热血沸腾，详加思考便洋洋洒洒上奏皇帝，表明实情：

骆秉章调度有方，实由左宗棠运筹决胜，此天下所共见。而久在我圣明洞见之中也。……是国家不可一日无湖南，而湖南不可一日无宗棠也。宗棠为人，负性刚直，疾恶如仇。湖南不肖之员，不遂其私，思有以中伤之，久矣。湖广总督官文惑于浮言，未免有引绳批根之处，宗棠一在幕举人，去留无足轻重。而楚南事势关系尤大，不得不为国家惜此才。

此奏折一出，皇帝大为感动，一句"是国家不可一日无湖南，而湖南不可一日无宗棠也"和"宗棠一在幕举人，去留无足轻重。而楚南事势关系尤大，不得不为国家惜此才"，让他意识到左宗棠对于湖南的地位之重以及湖南对于国家的重要性，但仍然有所担忧，于是果然前去询问肃顺的意见。至此，胡林翼、骆秉章、曾国藩、郭嵩焘等人兜兜转转才把解救左宗棠的事情落到了实处。肃顺借此机会，盛赞左宗棠"赞画军谋，迭著成效"，"人才难得，自当爱惜"。这与胡林翼所奏"精熟方舆，晓畅兵略"，"名满天下，谤亦随之"，曾国藩所奏"左宗棠刚明耐苦，晓畅兵机。当此需才孔丞之时，无论何项差使，唯求明降谕旨，俾得安心任事，必能感激图报，有裨时局"等是一样的意思。肃顺建议皇上密奏官文，征询他的看法，其实就是下达撤销前密令。官文深知皇帝意思，加上因为参奏左宗棠一事，弄得两湖大小官员霎时奏折如雪花般飞往朝廷，官文也知道不可因为左宗棠一人而得罪了大多数同僚，因此他也自主上奏"与僚属别商，具奏结案"，愿意结案不究。

至此，一场表面看似围绕左宗棠一人，实则围绕满官与汉僚的明争暗斗总算告一段落。咸丰皇帝从诸臣的奏折中也看到左宗棠是民心所向，声望极高，而且具有杰出才能，因此特不究此事，并以四品京唐候补，协同曾国藩办理军务。对此，左宗棠只能应允。因为在他上京赶考途中接到胡林翼急送的信，得知许多攻讦他的人正在他上京的路上等着他，此去凶多吉少。是时，左宗棠才深感官场险恶，自己深陷其中却不自知，一时徒增"侧身天地，四顾苍茫"的颓丧感与无助感。胡林翼建议他去英山暂留，他接受了这番好意。恰这时曾国藩驻军于安徽宿松，便派人接他到自己营下暂避。不久，胡林翼也特地赶来一叙，三人彻夜长谈，遂成曾、左、胡联盟，对未来他们自身和清廷的命运都起着至关重大的影响。

左宗棠经过这一次震动朝野的官樊构陷事件后，终于不再坚持退隐的念想。既入虎穴，又怎能安然退隐呢？况且，朝廷让他协办湘军，在湖南自己襄办团练，这正是左宗棠所愿看到的事情，也是他的长处所在。而也正是从返湘襄办团练开始，他的后半生就注定了要戎马沙场。

第四章 势如破竹

出省作战平灭太平军

福兮祸之所伏，左宗棠因遇官樊构陷事件而因祸得福，最终脱离湘幕自建楚军，配合曾国藩的部署出省作战，一路势如破竹，克定太平军，三年连升浙江巡抚、闽浙总督，并爵加一等伯。左宗棠何以能如此迅速走上官爵晋升之路，又与太平军、曾国藩各自有着怎样复杂的关系？凡此种种疑惑，本章节都一一进行深入探讨。

第一节
第一次出省作战

话说左宗棠在接到皇上要其协助曾国藩襄办军务的旨令之后，不禁感慨"恩遇优渥，实非梦想所期"。因为在前不久，他还是清廷的"要犯"，正要担心脑袋搬家，不料转眼间就被告知委以重任，要其自办团练协助曾国藩平定太平军。在湘幕为宾6年的沉潜，终于有了让他真正大展身手的机会。

左宗棠回到湖南，"招所知湘楚旧将弁，以勇敢朴实为宗"，用了一个多月的时间，就招得湘勇近5000人，其中1400人是王鑫"老湘营"的旧部，而剩余的3000多人则由崔大光、戴国泰、黄少春、黄有功、李世颜、罗近秋、张志超、张声恒、朱明亮等9名旧将四处招募所得。王鑫的旧部由其弟王开琳统领，而新募得的3000多湘勇则分为4营、4总哨和8队亲兵，分别由9名旧将分管。新军既成，左宗棠名之曰"楚军"，自为主帅，而令王鑫堂弟王开化总领全军营务处，刘典、杨昌浚全力辅助。

楚军实为湘军的一部分，但左宗棠为与之有所区别，并表明自己独立领导、自成一军的特色，而名之曰楚军。湖南本古楚之地，与湘无碍，但名之曰楚，则更贴近古人之意。楚人的渊源传统，就是以屈原为代表的忠君爱国精神，因此是为楚军，也就昭明左宗棠建立这支军队的意图在于保家卫国，维护清廷君统。左宗棠对于军队很注重思想政治教育，以为"忠义"当头，团结一心才能所向无敌。我们从这取名即可看他的军事思想之一端。

左宗棠募得新兵并做好安排部署后，即率部来到长沙城外的金盆岭进行基本而快速有效的军事训练。此时，太平军在蜀川、赣、皖等地的活动正盛。待左宗棠短短练兵仅两个月的时候，因为石达开大军开进四川，四川告急，清廷一改初衷，要左宗棠入蜀督办军务。曾国藩得知马上奏请仍留左宗棠助其襄办军务，以免分散兵力而使太平军在江皖等地得利。胡林翼也写信给左宗棠，告诉他"公人蜀则恐气类孤而功不成"。左宗棠自己则表明"我志在平吴，不在入蜀矣"。是时，太平军很快就攻占了广德、宁国等地，清廷于是从其意，改委骆秉章入蜀督军。左宗棠楚军由是和曾国藩、胡林翼所率湘军强强联手，形成威震朝野的湘军集团，在平定太平军的过程中一直处于中流砥柱的地位。

在太平军定都南京之后，清廷原本建有由清朝贵族统领的江南、江北两大营作为攻克太平军的主要力量，名为绿营兵。奈何这两营兵力十分不济，先于1856年两军覆灭，后重组又分别于1858年和1860年被围歼。自此，清廷再无能力重组绿营兵，只好重用汉人自建的湘军。从曾国藩组建湘军，坐实两江总督之位，又命左宗棠自建楚军襄办军务开始，湘军集团很快就在这次与太平军的较量中脱颖而出，扶摇直上。左宗棠也借此风势，依靠自己杰出的军事、经济、政治等才能实现他人所不能企及的快速升迁之道，以短短四五年时间从一个乡绅转而为闽浙总督，跻身清廷要员之列。

既得仍旧襄办江皖军务的命令，左宗棠便于是年八月从长沙取道醴陵，直往江西。本来曾国藩是要他先往安徽助力的，但是左宗棠以为"先将江西兵事饷事逐为经画，亦当务之急也"，因此赶往祁门与曾国藩会合。曾国藩之所以在祁门，是想扼住此时正欲在皖南和赣北展开攻势的太平军，以免他们借此由浙、赣援助安庆。此时，湘军正全力欲图安庆。左宗棠在急进军途中听闻太平军已经占领徽州，于是便改道经由南昌过乐平，进驻江西景德镇，以此为阵地出击歼敌。左宗棠精熟兵法，认准景德镇为"江省前门，涤公祁门后户，倪有疏失，不堪设想"，因此死守不让。左宗棠果然占有先机，在他刚进驻景德镇不久，太平军就赶到赣南，窥伺攻取景德镇，欲断曾国藩兵粮后路。左宗棠料准其诡计，一边派王开琳率旧部正面攻打这支太平军部队，一边派王开化、杨昌浚率队在他们逃往景德镇南边小城德兴的路上进行拦截。这样，前有拦截，后有追兵，这支太平军在楚军的前后夹攻下终于溃不成兵，四下逃散。一鼓作气势如虎，得胜楚军借势顺带攻下德兴，直取婺源，稳固了湘军在江西的脚跟，赢得楚军出省作战的第一次实战。

太平军在江西吃了这一败仗之后，知道又遇上左宗棠这位老对手，于是又班师回击景德镇。只要景德镇一破，曾国藩的后路既断，曾国藩设在南昌的粮台、军需物资等就不能顺利运往祁门。祁门断后，则湘军断不能攻取安庆，太平天国首都南京的屏障就得以保障。因此，景德镇的攻与守，得与失，是牵一发而动全身，直接关系两军甚至两个政权生死存亡利益的。曾国藩、左宗棠和太平军都深知景德镇的重要性，因此一方力取，一方死守。

左宗棠立马回师景德镇，加强军防部署，于太平军在此一带展开了激战。此时，双方的大本营都在对方的包围之中，旨在争得景德镇的胜败。曾国藩和曾国荃、胡林翼的军队三面围攻安庆，而太平军也派杨辅清、黄文金、李世贤诸将率太平军攻占建德、彭泽、休宁三地，分别切断了祁门大营的北面、西面和东面，只剩下景德镇这南面门户。黄文金知道左宗棠不易对付，特率5万兵力来战左宗棠的5000人马。左宗棠知道不可硬拼，只能智取，于是要了个计谋，命令黄少春从太平军的后面突袭，成功逼退太平军。

太平军吃了这个亏之后，再次部署军队猛烈进攻。曾国藩为此命令勇将鲍超率部支援左宗棠。左宗棠有了支援，便又一次实施前后夹击的计谋，只不过这次后路来袭的部队既不是左宗棠的楚军，也不是鲍超部队，而是另外派任的。楚军守住大本营，鲍超部队正面击敌，另一支军队后路突袭，黄文金又一次中了左宗棠的埋伏，悻悻而退。楚军和鲍超部队于是顺利收复被太平军侵占的彭泽、建德，打通了祁门西面门户，保障了祁门后路的通畅。左宗棠两番用计出兵，即便诸葛亮再世，料也不过如此。曾国藩为此欣然上书，为左宗棠和鲍超奏功，左宗棠因此由四品京唐候补升为三品京唐候补。

黄文金经过这一番景德镇激战败退之后不久，太平军李世贤又率大部队来攻。从休宁到婺源、鄱阳等地，太平军很快就分兵攻取浮梁和景德镇。左宗棠派王开琳、罗近秋率部从景德镇出兵击敌，不料中计败退，损失惨重。曾国藩闻此急调在建德屯守的皖南镇总兵陈大富率部支援，陈大富不敌，投水自尽，景德镇遂失。此时，左宗棠正攻打鄱阳，怕楚军被歼，于是退守乐平。而曾国藩率部也在攻取徽州一役中败北，退回祁门。景德镇一失，另外三面门户又已被封死，祁门无疑成为绝地，曾国藩陷入绝望之中，再次手书遗书正等着太平军攻进来。就在以为决然无望之际，却传来左宗棠乐平大捷的消息。

原来，左宗棠迫于无奈退守乐平，但他并未因此和曾国藩一样消极绝望，而是积极整顿军队，鼓励士气，在乐平的桃岭、塔前成功击退太平军，引得正在攻打祁门的李世贤率军前来救援。李世贤一走，曾国藩就有了喘息的机会。李世贤派三路大军猛攻，左宗棠坚壁死守不出，命令将士养足精神俟时而动。果然，等到日落西山太平军士气衰落放松警惕之时，左宗棠大鼓一震，将士犹如猛虎出山，把太平军直逼出20里外。古书《曹刿论战》有云，"一鼓作气，再而衰，三而竭，彼竭我盈，故克之"，左宗棠此番用兵，正谙此道。

良法百用不赖，当敌我悬殊之时，士气便是最强大的武器。李世贤见太平军竟然败北20里，大怒之下，调集10万大军全力歼击乐平楚军。要是换作他人，以5000兵力抵御20倍之劲敌，恐怕早就吓得腿软了。但是左宗棠不怕，他的楚军更不畏惧。前面已说，左宗棠练兵，重在强化忠义与胆气，以及毫无畏惧之心。左宗棠挑兵选将，以勇武为要，个个视死如归，忠于将帅，因此面对十数倍的强敌，楚军也岿然不动。况且，有左宗棠这位"赛诸葛"，将士们更是临危不惧，信心百倍。左宗棠深知自己身系5000弟兄性命，轻易不敢硬拼，于是在围墙前临时挖出一条战壕，引城外河水入壕，以绝太平军。太平军在壕外叫嚣，重重包围，多面进攻，而壕内楚军拼死相抵到翌日。就在壕内楚军快相持不住的时候，左宗棠利用太平军攻城两天一夜不下的涣散与颓丧，激起楚军守城自卫的英勇，猛然击鼓，命令全军分三路同时急速反攻。一时间，楚军将士如泄闸的洪水般汹涌冲撞过来，太平军在毫无准备之下斗志顿失，纷纷弃械逃亡，李世贤也在乱兵溃勇中只身逃离。左宗棠趁势疾攻景德镇，景德镇失而复得，曾国藩祁门后路之围再次得以开解。

太平军经此一役，兵撤浙西，李世贤被迫向东撤退，由赣北进入浙西，直取龙游、金华、义务、严州等地，几乎侵占了整个浙西地带。而曾国藩虽然在徽州败仗退回休宁，但是左宗棠这漂亮的反击让他喜出望外，"凡祁门之后路，一律肃清，余方欣欣有喜色，以为可安枕而卧"。不仅于此，左宗棠还在不久后再次收复婺源，曾国藩亦于一个多月后取得安庆，使得太平军首都南京失去了天然的屏障。为此，太平军大部退出江西地区，而回旋于浙江一带。

　　楚军东征不到一年的时间，屡屡获胜，最终克定江西一省军务，曾国藩特为此上奏，表明"以数千新集之众，破十倍凶悍之贼，因地利以审敌情，蓄机势以作士气，实属深明将略，度越时贤"的功绩。清廷大为激赏，升任左宗棠为大常寺卿，官至正三品，命其援助浙江军务。至此，左宗棠达成"尽平生之心，轰烈做一场"的心愿，不仅让自己的楚军和所属湘军在江西立稳了脚跟，更开启了他一路建立丰功伟业的非凡仕途。

第二节
全力督统浙江军务

就在左宗棠平复婺源，曾国藩攻克安庆的前后，清廷宫内发生了几起变故。首先是咸丰皇帝于是年七月十五日病死于承德行宫，皇位由年仅6岁的载淳即位，慈禧、慈安两宫太后垂帘听政。不久后，由于以肃顺为首的八大臣反对太后垂帘听政，慈禧便加害他们，把他们免职、流放乃至处死。而后，清廷宫内就再也没有权势敢于反对太后干政了。说是两宫临政，其实都是慈禧一人把政，慈安是不大理会朝政的，也没有慈禧那么会计谋、懂权术。而载淳，只不过做一个傀儡皇帝。

慈禧擅权之后，太平天国仍然是清廷的一大内患，而绿营兵无能除之，目前就只有曾国藩等人领导的湘军能与之抗衡。因此，慈禧把平定太平军的希望大部分都寄托在湘军身上，便对曾国藩大加信赖，江西战事的捷报传来，慈禧委任其督领南方苏、皖、赣、浙四省的军务。曾国藩一人担当四省军务重任是不能分身，于是疏请左宗棠为其分担。清廷由是下诏左宗棠督办浙江军务，并因曾国藩的密保而随后升任浙江巡抚。从组建楚军到东征江西前后不过一年多时间，左宗棠多次升任，从襄办军务的乡绅转而为清廷督抚之列，升迁之快，既让人感叹时势造英雄，也让人敬服其志勇谋略之非凡。是年十二月，左宗棠领命前往浙江。

左宗棠督统浙江军务，是曾国藩全面歼灭太平军的战略方向之一，曾国藩还安排了曾国荃率湘军主力自安庆进攻天京，而李鸿章则领新建淮军经沪攻苏南。李鸿章的新建淮军，后来成为与湘军势均力敌的一股军事集团。此时，李鸿章、左宗棠等人都是曾国藩的属下，后来两人的功绩或官阶职权都在曾国藩之上，可见曾国藩用人眼光十分精到。

此时还有一人，湘军领袖之一、湖北巡抚胡林翼在是年八月二十六日于武昌去世，湖北军务由此稍有延误，而曾、左、胡联盟也开始瓦解，湘军的力量相较从前略有衰势。左宗棠与胡林翼是世交，胡林翼的去世让左宗棠十分悲痛，祭文以悼，其中写道："自公云无，无与为善，孰拯我穷？孰救我偏？我忧何诉？我喜何告？我苦何怜？我死何吊？"胡林翼于左宗棠，就是一生唯一的知己。左宗棠本性自负，然而对于至交知己胡林翼的建议往往能够听取，因为左宗棠的性格、志向，没有谁比胡林翼更清楚了。左宗棠不善与人交往，但却与胡林翼无话不谈，从未红脸过，这样一生难求的知己，相交相知30年，而今正是壮年展翅的年纪，没想到就此阴阳两隔。从此，左宗棠的苦闷情愁、喜怒哀乐就再也没有一个这么好的倾听者和劝慰者了。左宗棠此去浙江一人统领全省军务，也没有人和他排忧解难、共图大计了。

胡林翼去世前曾写信劝勉左宗棠，要把他们未竟的事业一直坚持下去，在他看来，左宗棠的大业将会比他和曾国藩做得都要远大。胡林翼是智多星，他对左宗棠的预测很准，在他去世后20年，左宗棠果然成就千秋伟业，为国家和子孙后代收复了广袤的新疆大地。而这一切，都离不开胡林翼从一开始千方百计说服他加入平灭太平军的行动。

左宗棠于同治元年，亦即1862年一月进入浙江，开始了收复浙江的计划。首先他壮实了自己的军队力量，不仅增兵，从楚军成立起初的5000人增加到后来的万余人，更增加精将，奏请调任原广西臬司蒋溢澧为浙江布政使，原湖南总兵刘培元为衢州总兵，并令刘培元建立水师。这样一来，面对太平军的数十万大军，左宗棠更有取胜的信心了。

接着，左宗棠要对眼前浙江的烂摊子做一个全面考察，然后寻找突破口。在左宗棠到来之前，浙江除了衢州等仅有的零星之地外，其余大部分地区基本为太平军所占有。具体来讲，目前的形势不容乐观，浙江作为天国后期的主要基地之一，主要由李世贤负责统率此处的20多万重兵。李世贤以金华为中心，重兵主要设于浙西、浙中地区，而在宁波、绍兴等地分兵驻守，目的是不让左宗棠有机会自西而东攻进浙江。而在李世贤之外，还有王海洋和李秀成的军队驻守于杭州、湖州一带。皖浙边界也是太平军的势力范围。内外的重重包围，似乎无孔以入。清廷命令左宗棠直捣黄龙，以速取杭州。左宗棠经过审度形势以为要先进行迂回战术，从敌人兵势最薄弱的地方入手，为自己留有后路，不能陷入敌人的包围之中，作困兽斗。他向清廷上疏奏曰：

逆贼每遇坚城，必取远势包围，待其自困而后陷之，频年东南贼踪验之，历历不爽。办贼之法，必避长围、防后路，先为自固之计，然后可以制贼而不为贼所制。臣若先入衢城，无论不能固江、皖边围，亦且不能壮衢城声援，一堕逆贼长围诡谋，又成粮尽援绝之局。故决计率亲兵由婺入浙，先剿开化之贼，以清徽郡后路，饬所部老湘营由白沙关渐进，扼华埠要冲，以保广信而固衢城。

于是,左宗棠以开化县为突破口,缓进速战,迅速克定开化、遂安一带,意欲下一步采取"依傍徽郡,取道严州"的策略,先清后路,再取新地。不过,李世贤这时却大军进犯清军在浙西唯一的留守地衢州,左宗棠只好放弃这个策略,班师援助衢州,于清湖大败李世贤军队,六月抵达衢州城下,会同刘典、杨昌濬、刘培元、王德榜诸将部队取下衢州。太平军退至金华,左宗棠严守衢州。左宗棠因为与太平军敌我力量太悬殊,此后相当长一段时间都与太平军在金华一带展开拉锯战。

而在此时,清廷正议论借师助剿。在左宗棠无暇顾及和并不知情的情况下,失守宁波的原宁绍台道张景渠与当时驻宁波的英国领事夏福礼和英国舰队司令刁乐德克密谋,联合英法海军以坚船利炮攻占宁波。太平军受重创。而后,英法联军又帮助清军攻占慈溪、余姚、奉化等地。英法联军的坚船利炮让清廷尝到了甜头,于是特颁令法国海军军官勒伯勒东为浙江总兵,"听浙江巡抚及宁波道节制","由该省巡抚给付札凭,以一事权"。曾国藩、李鸿章等人对此极为赞同。曾国藩以为宁波等地"洋人与我同其利害,自当共争而共守之",而李鸿章更觉得和洋人"断不与之失和",连慈禧也认为上海等地"自宜中外共同保卫"。不过,他们都忘了咸丰皇帝对于借师助剿的事情曾多次表态,"藉夷剿逆,流弊滋多,自不可贪目前之利,而贻无穷之患"。左宗棠的想法和咸丰帝相同,只是他此时虽然统领浙江全省军务,却也执拗不过他的上司和主政者,只有照命遵办的份儿。然而,对于洋军,他仍"稍加裁禁,予以限制"。

而与此同时,由浙江开了借洋师灭太平军的先例,受太平军侵占而久攻不下的各地官员皆奉行清廷借师助剿的政策。左宗棠后来迫于形势，也借德克碑的常捷军一同进攻富阳。此后，左宗棠便再也没有借洋师助剿，而且奏请遣散洋军。可见，在对待洋军方面，左宗棠一直非常谨慎。后人对此诟病左宗棠，也未免有些失之公允。

第三节
升任闽浙总督

　　左宗棠与李世贤部队在金华一带较量许久，终于在是年七月获得转机。原来，在左宗棠投入万余兵力准备正面进攻金华，要与李世贤一较高下的同时，福建方面的记名提督秦如虎率先攻下了位于金华南边的城市处州府，也就是现在的丽水市。这样一来，金华赖以为保护和退路的屏障就没有了，反而更多了一面来自敌方的压力。形势开始扭转。

　　蒋溢澧与广西左江镇总兵高连升率兵8000经湘、赣入浙会合左宗棠部队。左宗棠先令高连升攻取寿昌，而后从外围重重包围金华，意图通过攻取汤溪解除金华的最后一处屏障。不料汤溪太平军死守不齐，蒋溢澧、刘典、高连升分北、西、东三面猛攻都猛攻不下，左宗棠于是放弃攻打汤溪，另寻他法。恰此时，太平军在天京方面军事告急，李世贤率兵7万赶往救援。李世贤7万大军一走，金华一带兵力骤减，左宗棠立马部署多面分头同时进攻龙游、汤溪、兰溪、严州等地，以扰乱太平军的方阵。其中，以严州为重点，左宗棠布大军得以攻下。严州一失，太平军在金华一带"恃严州为犄角"的部署就被打破，同时金华失去了北面的保障，左宗棠傲然笑曰："严郡既克，金华右臂已断，如能速克兰溪，则严州之水运通，金华孤而杭州亦震，龙、汤两城之克亦当不远。"于是，左宗棠下一步的计划就是速取汤溪、龙游两地，以孤立金华，解救浙西一带。

不过事情并没有像左宗棠设想的那样进行下去。严州一失，接下来就发生了戏剧性的变化，让左宗棠等人都意想不到。李世贤一走，严州既失，太平军另一猛将李尚扬即赴汤溪指挥作战，让左宗棠轻易不可取得汤溪。而就在此时，汤溪城中却有太平军守将彭禹兰变节欲降，将李尚扬等多名战将骗到城外为蒋溢澧伏军虏获。多名得力战将被俘，彭禹兰又从汤溪西面接应楚军，汤溪城内守兵终不敌楚军，败下阵来。汤溪就此被左宗棠轻松拿下。龙游、兰溪两城太平军将士一看严州、汤溪都被拿下，楚军攻势凶猛，自己又没有了援军和主将，于是纷纷弃城而逃。左宗棠又意外取得此前久攻不下的两城。

此时，金华赖以为屏障的诸城尽然落入左宗棠的手里，太平军在浙西、浙中一带的势力已然锐减。金华守军和前来救援的太平军黄呈忠见状，心中胆怯，以为与楚军死战必然败北，于是连夜悄悄撤兵逃走。此时正在与诸将部署全力攻克金华的左宗棠为之一震，不想与金华守军进行了大半年的拉锯战，此时却不费一兵一卒即可取之。"金华府城最得地势，城垣坚固异常，考历代浙中兵事，均以此为关键，攻取之难，十倍他郡。此次乘胜而克，实非愚臣意料所到……浙事转机或在于此"。

左宗棠迅速驻兵金华。金华东面的武义、永康、东阳、义乌、浦江、诸暨六县太平军守军闻讯纷纷溃逃。同时，浙东沿海宁波、绍兴陆续传来捷报。至此，太平军在浙西至浙东一带的兵势尽失，只剩下浙北的杭州一带仍旧坚守。从统领浙江全省军务以来，到现在收复浙东、浙中、浙西大片地区，左宗棠仅用时一年余。接下来，就剩下浙江省城杭州一带。杭州若克，浙江全境即可平复。而太平军至此已经失去湘、赣、浙大部分地区，都城南京又面临湘、淮两军的猛烈进攻，政权已岌岌可危。

左宗棠趁势北上，一路攻克桐庐，逼近富阳，移师严州，杭州俨然囊中之物。

左宗棠将现状如实禀告清廷："绍郡既克，浙东郡县已一律肃清，桐庐复克，杭郡上游全为我有。刘典一军追贼已抵富阳县境，当杭州之西南，距省城仅八十里。蒋溢澧所部高连升、熊建益等，已饬由临浦、义桥、萧山而前，当杭州之南，距省城亦不过百余里。"清廷大为欢喜，马上于1863年三月升任左宗棠为闽浙总督，仍兼浙江巡抚。为清廷效力至此，自在曾国藩部下襄办军务，到而今升为闽浙总督，与曾国藩两江总督平起平坐，用时不过3年有余的时间。晚清文官武将之中升任之快，左宗棠恐是极少数人中的佼佼者。而他的军事才能，也是极少人所能匹敌的。

此时，左宗棠兵力骤增，已由入浙时的万余人扩为现在的3万多人。左宗棠兵分三路，1万兵力由刘典、王文瑞统领入皖堵截太平军，以保障楚军在浙江所取功绩；另1万兵力由蒋溢澧率部主攻富阳，为楚军全力攻取杭州肃清后路；最后1万兵力均衡分布在浙西、浙中、浙东一带，直接守护已取得的战绩。左宗棠率大本营驻守严州，指挥全局。

攻富阳，取杭州，新任闽浙总督踌躇满志在浙江布下最后一大战役。然而，太平军在浙江损失如此惨重，只剩下杭州最后一道防线，必然会调大部队严守。富阳、杭州之战，势必比先前战役都要严峻、残酷。如若失去杭州，太平军便失去浙江全省，而浙江是都城南京的南面屏障，可见浙江对于太平天国的意义之重大。为此，太平军调遣杭州守将汪海洋驻兵富阳退敌，并派任陈炳文率部赶往富阳坚守。左宗棠为此与太平军在此相持近半年时间，久攻不下。无奈之际，眼见李鸿章所率淮军借洋师助剿节节取胜，取江苏，下嘉兴，逼近杭州，也只好一改初衷，遵照清廷旨令，派遣"法国总兵德克碑酌带洋炮并熟习洋枪队勇丁前赴富阳，为轰攻城垒之计"。是年八月，洋兵攻下城墙，楚军进军城内，拿下富阳。紧接着，左宗棠调回皖南黄少春部队，与蒋溢澧共同出力，全力进击杭州、余杭，并仍借德克碑的常捷军的火炮助攻城墙。终于，在翌年二月攻下杭州，太平军援部陈炳文与守将王海洋等退守湖州、德清一带。浙江军务由是大局已定。清廷喜闻杭州之既克，便给予攻城将士加恩行赏，左宗棠为此受赏太子少保衔，赏穿黄马褂。

年逾50岁，前半生受尽清贫之苦，左宗棠近几年来因为平灭太平军战事连连荣耀加身，他不禁慨然长叹。所谓"一朝功成万骨枯"，连年征战，左宗棠等人因此加功晋爵，然而那些在战争中伤亡的将士却再也看不到这人世的衰荣胜败，他们的家属也因此生活在长痛和贫苦之中。不管是敌我哪一方的将士，无不如是。左宗棠本来对太平军就深表同情，知道他们都是为生活和清廷所迫才会加入策反大军，然而他既然选择了维护清廷，也只好与之为敌。两军交战，死伤无数，左宗棠心中不免惆怅痛心。而更痛心的，是那些在战争中无辜受牵连的百姓。因此，杭州城门一破，左宗棠入城所做的第一件事就是赈抚民众。

经过多年的战乱，杭州早已不是古来有之的烟雨古镇，到处都呈现出民不聊生的凄惨景象。原本数十万人的省城，如今只剩下七八万人，杭州街头随处可见无人掩埋的尸体。战火的硝烟涂炭生灵，情状惨不忍睹。左宗棠为此设赈局，抚难民，清理掩埋尸体，以图尽量恢复民生。对于入驻军队，左宗棠严令禁止他们扰民，违者重罚，并且从军粮中节省下一部分钱粮发放给难民。对于为富不仁的浙江富绅们，左宗棠责令他们捐资输粮赈灾。此外，以工赈济也是左宗棠恢复民生的一大举措，男则令其修城墙、做工程，女则教其纺织女工。

在积极赈灾济民的同时，左宗棠还为杭州及至浙江百姓做了几件利民除弊的政务，以保持久发展生产，恢复民生经济。

首先，倡农桑，鼓励开荒耕种。左宗棠以为农桑是养民之本，而浙江气候和水利等条件刚好适合农桑诸务。于是，他教人种桑、养蚕、植棉以纺布织麻，并修复因为战事等缘故而坍坏的水利工程，诸如仁和、钱塘、海宁等水利。与此同时，左宗棠招来邻省农民种地，免费发放作物种子和农具给他们耕种。人手尚且不够，左宗棠就命驻地官兵重新开垦久未耕种的田地，播种管理，等到秋收季节归还给前来认领的原主，无人认领的田地所产粮食，则部分充公做军粮，部分发送给难民。经过左宗棠对田地的一番修整，浙江很快就恢复了农事，基本解决了战乱带来的人民流离失所、吃行无定的乱象。

其次，农为本，商为辅，整饬商道，也是左宗棠兴复浙江经济的一大举措。招商开市，减赋停税，改革盐制，这就是左宗棠开商兴市的三个方向。在减免粮税方面，漕粮浮收是一大弊端，左宗棠曾在湘幕为宾时处理过此事，这时就更加熟悉了。对浙东地丁和南米浮收，左宗棠准予减征，并缓征是年浙江全省的额赋，革除摊捐和陋规。而对于盐制一项，依然和在湖南改革一样，实行票盐制，防止不良商民与贪官污吏勾结，以损民利。

民生为第一要事，左宗棠几大务农开市措施很快缓解了"人物凋耗，田土荒芜"的物质经济惨状，而接下来，就要进行人文整治。左宗棠首先从吏治开始，惩贪罚劣，清明政治。其次，广举人才，左宗棠不仅奏调了周开锡、吴大廷、夏献纶等他省人才到浙主事，更注重本地人才的招募。抢救文澜阁藏书的丁丙、候补知县陈其元、"深明战略"的吴观礼等当地著名文士都被左宗棠重用，纷纷投身浙江兴复大业中。而其中陈其元在江苏直隶州任知州时，曾作《庸闲斋笔记》，里边有对左宗棠在浙行事的记载，说他"自奉甚俭，所得养廉银，除寄家用二百金外，悉以赈民"。当时总督一年正当俸禄达两万两银，左宗棠以九成捐赈，并且自始至终十年如一日坚持，这份廉洁为民的真情，比之史上以廉洁著名的任何官吏都有过之而无不及。不仅如此，左宗棠对于官场循例给予的照顾银两，也就是现在所说政府津贴，他也分文不取，全部用于兴修民利诸务上。而在招待来宾时，他也不办盛宴，如同平日所食，"白肉数片，鸡子汤一盆而已"。

对待自己的生活质朴节俭，而在民利上却一点也不含糊。据陈其元笔记记载，左宗棠在严州时，用省下的1万养廉金作为以商代赈的本钱，鼓励人们采茶、献废铁等，他以优厚的价格收购，然后运往宁波等沿海地区销售，所赚银两再作为公用振兴浙江民生。

此外，设书局，复兴教育等文化事宜，左宗棠一件也不落下。恢复民生、复苏经济、整顿吏治、人才治乱、文化教育等，诸如此务，左宗棠克服万难，以身作则，在战后乱象频出的浙江逐一践行，赢得当地民众的感恩拜谢。《清史稿》对此亦有记载，谓之曰："百废俱兴，东南诸省善后之政，以浙江为最。"此语可谓是对左宗棠在浙政绩的最高赞许。

第四节
肃清闽赣粤等地残敌

1864年，这是太平天国与清廷的最后较量，清廷明显早已尽占上风，太平天国灭亡将在眼前。左宗棠率楚军攻入杭州之后，马上命令杨昌濬、蒋溢澧诸将率部攻武康、石门、德清三城，以破其屏障，堵其后路。太平军兵分两路，迅速从三城退出，一部分由李世贤、陈炳文、王海洋等战将率领由德清进入皖南，转战江西，一部分则继续坚守湖州，由黄文金、杨辅清等战将督统。浙江全境复归指日可待。

就在此时，天京传来讯息，曾国荃于是年六月攻破太平天国都城天京，天王洪秀全于都城沦陷前两个月自杀身亡，幼子洪福瑱出逃，李秀成被俘并被曾国藩处死。这对于湘楚与太平两军而言，胜负大局已定。左宗棠闻讯趁此良机，与李鸿章所率淮军部将郭松林、潘鼎新、张树声等人合力围攻湖州，逼退黄文金诸部，湖州遂拿下。至此，浙江全境全部收回。以收复浙江之功，左宗棠受封一等伯爵，赐爵"恪靖"。这是左宗棠第一次加爵，是年53岁。

天京和浙江都已沦陷，但尚有数十万太平军残部分布在天京临近各省。以南北相分，北部太平军以遵王赖文光部为主，在皖北一带活动，后来加入张总愚的捻军，成为太平军之后又一主要叛乱势力。而南部太平军，则以李世贤、王海洋诸部为主，他们率众十余万流窜于福建、江西、广东和安徽等地，其中尤以福建为要。清廷以福建军事告急，即命左宗棠南下福建督战，收拾闽、赣、粤诸省太平军遗部。

左宗棠受令后移交浙江巡抚一职于蒋溢澧，并命杨昌濬为布政使，自己于十月率刘典、黄少春、王德榜诸部南下福建任职福州总督。包括留任浙江的蒋溢澧、杨昌濬以及随左宗棠南下的王德榜诸将，从征战太平军开始，一直到后来与法军激战，他们都忠勇追随左宗棠左右，成为楚军最得力的一批战将。左宗棠正是有了这一批精勇战将，才能领导出令太平军闻之色变而令清廷为之动容的楚军，长久作战节节胜出。

先是，在赴任福建以前数月，李世贤、王海洋诸部汇集于江西、皖南一带，左宗棠遣部进攻，他们遂往福建而去。追随敌向，左宗棠快马加鞭来到福州，所到之处无不乌烟瘴气，军政败坏，人民苦不堪言。而流窜至此的太平军，占据了漳州、长汀、连城、上杭、龙岩、汀州诸城，危害极大。左宗棠兵分多路，命刘典、黄少春、王德榜、康国器诸将主攻漳州、连城、龙岩诸城，迫使李世贤败走上杭，据永定，王海洋守镇平。后来李世贤连连败退于山中，投奔王海洋反遭其害，东南太平军余部则以王海洋率部为主。左宗棠合力击之，一部分太平军仍然镇守广东镇平，而一部分则逃往平远、嘉应、兴宁诸城，以及复又流窜江西。左宗棠在全力攻取闽境守城残敌之余，更分兵前往广东和江西诸地驱敌。此间战役，来回往复，令人头痛。于是，左宗棠联合粤军、赣军诸部将，先围镇平，后攻嘉应，以图取最后的胜利。王海洋率部死守嘉应，与左宗棠各路大军激战十余天，死伤数万，血流成河，终于不敌而城破。王海洋中枪身亡，左宗棠收抚降兵数万。至此，太平军基本已经平灭，太平天国起义全然覆灭。

左宗棠参与镇压太平天国运动就此结束。在这过程中，自湖南保卫桑梓出道，到后来出省镇压平灭，历经江西、浙江、福建以及追至安徽、广东部分地区，左宗棠在四五年间率楚军力战太平军数十万，其间所杀甚重。于清廷方面，左宗棠功高劳苦，清廷为此对其一路赏赐，封官晋爵，最后赏其带双眼花翎。但于农民起义军方面而言，历史学家多以之为左宗棠之罪过。然而战争实难详论对错是非，身在江湖各为其主，孰能无过？比之曾国藩、李鸿章所率湘军、淮军而言，左宗棠严肃军纪，勤以善后，恢复民生，已然难能可贵。

自赴粤顺利攻下最后一战，左宗棠班师回闽，立马开始着手福建善后工作。改革盐制、整饬吏治和兵治、开书局、建书院，以及兴办福州船政局、经营中国台湾等，左宗棠一一落实，一扫多年来的混乱局面。

与湖南、浙江所办盐制改革一样，左宗棠上疏奏请在福建实行票盐制。然而与湖南、浙江不同，福建历来所积欠的盐税高达400百多万两，清廷怕改革会使积欠更甚，因此深有顾虑。而且，福建所产高于湘、浙两省，其间可供贪官污吏捞取油水的地方更多，改革盐制也遭到一些官吏的阻挠。清廷批示左宗棠，一定要保证盐制改革毫无阻碍地进行下去，而且必须要有盈利，否则若导致比以往更多亏损就要对他降罪问责。这无疑是给左宗棠施加压力，好让他知难而退。不过，左宗棠性本倔强，别人越是以为难以完成的事情，他越要勇往直前。对于清廷的警告和官吏的阻挠，左宗棠不为所动，反而再次历陈福建盐务之弊，认为只有把滋生腐败、奸弊的腥膻场所恢复本源，才能真正使盐务利民以供清廷课税。"兴利不如除弊，弊尽而利自生"，这是左宗棠对待盐务的一贯态度。免除在盐务上的许多陋规、杂捐，实行票盐制，让盐商有所得，自然就乐意奉上税款。左宗棠表明此番道理后，又严明自己的态度，愿意和巡抚、盐道一同承担后果。看到左宗棠态度如此坚定，又已经做出全权负责的态度，清廷于是再次放手让他改革盐务，试行票盐制。果不其然，仅用一年时间，福建盐务收入大有所成，非但没有赔本，反而增加了三倍收入。这让清廷对左宗棠的票盐制大为叹赏。

不仅于此，左宗棠在改革盐制的同时，其实就在对吏治进行改革。除了在盐务上剔除陋规，不使贪污受贿得以滋养之外，对于盐务以外的各项陋规旧俗，左宗棠一律清算、整治。这其中最大的弊端旧俗即为摊捐一项。所谓摊捐，是对于下级官吏而言。上级官员过境、到任等，车马费、招待费、节日礼金、生日贺礼等，凡此种种名目众多，往往令地方下级官吏无力应付。为此，下级官吏就只好搜刮民脂民膏供奉上司。这样一来，最终遭罪的还是平民百姓。

左宗棠看到这项弊端的根源在于陋规，便决心对其进行改革。该减少的则减少，该免除的则免除。对于实在不能削掉的部分则以公费支付，对于养廉金太少的地方小吏给予津贴补助。减免了陋规，公费代替部分常规开销，又增加了地方官吏的家庭收入，地方官吏也没有借口再取之于民，于是民众的负担也得到极大的释放。为了更好地增加民众收入，左宗棠还开设了蚕棉馆，督促各县积粮备荒，一时民生好转，人们争相称颂左总督的功绩。

吏治之下，则到兵治。左宗棠深感福建军纪、兵治涣散至极，虽号称有60万兵力，然多是老弱、流民之辈，直叹福建无一可用之兵。"陆军不知刺击，不能乘骑；水师不习驾驶，不熟炮舰"，兵士多为挂名，实则只是为了多获得一点兵饷补贴家用，这样的兵力，怎么能够上沙场打仗呢？为此，左宗棠以为兵治之弊在于兵饷不足、军纪涣散，他奏请增加兵饷、裁减兵力。对于老弱、吸烟、挂名、零星之兵，一律裁减不用，所剩只有原来不到五成的兵力。而这五成的兵力，所得兵饷比之原来更厚，每人每月可得足够日用的3两多银子。裁剩精兵，发足兵饷，左宗棠便督促他们每日勤加操练，专心一致各司其职。由是，福建兵力足以供海上防事所用。

说到海防，这是左宗棠尚自青少年时候就已经注意的事情。如今身为闽浙总督，刚好就在南方海防的重要位置，左宗棠自然轻易不敢放松。他考察福建沿海地利，以为中国台湾是南方海防要道，失之危害甚大，因此刻意经营中国台湾。中国台湾，是时为福建的一个道。左宗棠调查得知台湾目前完全没有兵力镇守，水师也荡然无存，情状十分堪忧。平时，一有紧急军务衙门则把游民聚合而成乌合之众以之为兵，否则遣散之而成匪类。兵匪不分，民众不堪其虐。左宗棠于是下令募练新兵，新设道标，恢复水师，去除庸官贪官，换上一批勤政为民的良吏。如此整饬之后，不仅台湾官场清明透彻了，而且台湾海防也得到了保障。

是此，福建全省的吏治、兵治和经济都得以步入正轨，左宗棠得以把重心逐渐转向教育文化和洋务运动中去。左宗棠作为洋务运动的主将之一，先期最大的功绩就是创办了福州船政局，自制轮船和开设船政学堂。而此项政绩，即为此时所办。关于福州船政局的始末，后面将有专文论述，此不为赘言。

则来讲讲左宗棠开书局、立书院的事情。福州早前曾有一个"正谊堂书局"，左宗棠在湖南读书时就多次读到此数据刊印的古籍。后来因为战乱等各种原因，民生潦倒，书局也倒业了。此时来到福州，左宗棠重开书局，首轮便刊印古籍55种，其中包括《三字经》《千字文》等幼儿启蒙读物。鉴于没有教师，左宗棠发文公开招聘教师，给予教师膏火费以助其教学。又察无学堂，就在被太平军烧毁的开元寺原址重建芝山书院，并在正谊堂书局重办之后另开正谊书院。福建教育文化由是重又兴盛。

原来的芝山书院有一副对联，相传为朱熹所作，内容为：

五百年逃墨归儒，跨开元之顶上；
十二峰送青排闼，自天宝以飞来。

左宗棠以为联意正合今时，而芝山书院又被他修复，于是高兴提联：

经始问何年，果然逃墨归儒，天使梵王归土；
筹边曾此地，大好修文偃武，我从漳海班师。

正谊书院也留有他的赠联：

青眼高歌，异日应多天下士；
华阴回首，当年共读古人书。

如果说在芝山书院所提楹联更多是赞赏自己的功绩，那么正谊书院的楹联更多的就是鼓励此地学子发扬他"深抱古人情"的读书情怀和志向，寄予他们成才报国的厚望。后来，在福州船政局建设同时，他又奏请开始船政学堂，专司西学，为"师夷长技以制夷"提供知识和技术支撑。

太平军平复之后，鄂、豫等地以原捻军和残留太平军组成的新捻军正大肆扰民，陕甘宁地区回民与汉民亦互相残杀，清廷特此又委任左宗棠为除捻抚回骨干，命他西去督办除捻抚回军务。至此，左宗棠在福建短暂的逗留便已结束，准备整装再次踏上戎马征途。闽中百姓闻讯，皆为挽留，并一路相送。官民鱼水，可见情深。未免福建百姓失去希望，左宗棠留下话，他日定然再来福建一会。由是，率军西去。

第五节
三子联盟却现曾左失和之谜

在十多年对抗太平军的道途上，清军后来一直倚重曾国藩和左宗棠的湘军集团。依靠曾国藩统领节制的湘军集团，包括罗泽南和王鑫的老湘军、曾国藩的湘军、左宗棠的楚军以及胡林翼所领鄂军、李鸿章所统淮军等，清廷最终打败太平军，赢得这一次孔耶之战的胜利。湘军集团的诸多将领，也因此加官晋爵，飞黄腾达，在晚清战争史上留下浓重的一笔。然而，湘军与太平军的战役结束了，但是对于他们两军的争论和疑问却一直不休，历史学家纷纷想一解其惑，特别是对于湘楚三子曾国藩、左宗棠、胡林翼组成的湘军联盟一事，以及后来曾左失和的谜团。到底三子联盟和曾左失和的前因后果是怎样的，本节就结合当时他们的言行以及一些史家言论，大致分析一下。

有人说湘军和太平军之间的战争发展到后其实不是清廷与太平天国之战，而是孔耶之战。何以然？所谓孔耶之战，是因为湘军忠奉孔儒学说，而太平军信仰耶稣之教，因此人们对于此次湘军与太平军的交战称之为"孔耶之战"。曾国藩在发布剿匪檄文中就正式提出，出战太平军是为了捍卫儒释道，而不说是保卫清皇室。那么，为何曾、左、胡的湘军集团没有在打败太平军之后一举打倒清朝权贵而建立汉人政权呢？依照湘军的实力，这并非不无可能，而且胜算很大。

首先，湘军的几位首领在思想上并不能接受"造反"一事。他们都是传统的儒士，忠君是传统儒学一大要义。不管是清朝贵族当权，还是一如从前汉人为政，只要是以儒学治国，他们就要竭力维护。洪秀全发动以耶稣教为信条的太平天国起义，公然反对儒学，自然是不得当时诸多儒士的支持，更何况一代大儒曾国藩？他们都希望安安生生过日子，即使清廷有再多不是，顶多也只是提倡改革政务，针砭时弊，而决不心存二心。因此，曾国藩、胡林翼在太平天国"造反"一事上，并不给予同情，而是坚决镇压，做清廷的镇压能手。那么，左宗棠呢？

左宗棠因为自身经历问题，在对待太平军起义上先期是饱含同情的。当时胡林翼已经在曾国藩幕下为官，而左宗棠只是一介穷苦教师。对于清廷的腐败无能，以及太平军对儒学的践踏，他们都同样极为不满与愤懑。然而，胡林翼既为朝官，则义无反顾平定叛乱；又与左宗棠是世交挚友，理应把他拉入这场战争当中来。太平军所到之处，扰民不息，更几度入侵左宗棠的家乡湖南，更扬言要入山搜寻他。迫于无奈以及胡林翼不厌其烦地劝说，左宗棠于是站在了太平军的对立面，成为所谓的清廷剿灭太平军农民起义的帮凶。

既然做出了选择，则要忠于所仕政权，这是儒学的君臣纲领。而同时，只有在军事上取得政绩，加官晋爵，左宗棠才能进一步实现他利民养民的政治理想，为上任所到之处的百姓多做实事。不然，食君禄而无为，则和自己所反感、厌恶的贪官污吏并无两样，这样的事情，左宗棠无论如何都是不会做的。因此，自从加入镇压太平军的大军之后，左宗棠就一改从前消极应对太平军起义的态度，经常和曾国藩、胡林翼等湘军将领商谈军要，探讨平灭太平军的大计。这一切，从左宗棠惹上"官樊构陷事件"的末期，而这也是曾左胡湘军联盟成立的开始。

当时，他们在宿松曾国藩湘军大营里召开会议，除了曾国藩、左宗棠、胡林翼之外，曾国荃、李鸿章等湘军重要将领也在。他们日夜商谈，对目前形势、将来走势和两军利弊进行了多方面的分析、论断，做出长期和近期的一些部署。此时，左宗棠还未取得一丝功名和获得一兵一卒的兵力。然而，诚如胡林翼对左宗棠的推崇和期望那样，"季公得林翼和涤公左右辅翼，必成大功"，胡林翼此时则以左宗棠为潜在核心，而非曾国藩。同时，曾国藩也对左宗棠十分欣赏，他或许没有胡林翼对左宗棠那般了解和远见，但也知道左宗棠的鸿鹄之志只是缺乏助推的大风而已。因此，在当时，左宗棠得以凭一介"待罪在身"的寒儒身份参与灭敌军要商讨之中，可见他当时的社会地位已然不在曾国藩和胡林翼等人之下。

除了和其他湘军将领共商军要之外，他们更多是三人密谈，而不让其他人参与其中。在宿松商讨和密谈过后，左宗棠即奉旨回湘募军，正式主动参与镇压太平军的轰轰烈烈之中。可见，当时以曾国藩为首，曾、左、胡三人俨然是湘军的首领，他们并不打出什么旗号和口令，而世人皆知湘军集团的组成是不争的事实。

他们多番密谈的内容，我们不得而知。曾国藩在日记中只是记载了每次商谈的时间、时长和参与人物，而并不披露细节。因为既是密谈，自然有不可告人的秘密。然而，我们根据当时的形势可以做出一些推断，还原他们当时密谈的一些内容。

首先，进一步形势的分析，这是必不可少的。太平军于金田起义之后迅速南征北战，拉大战线，并于政权未稳之际就偏安一隅，提早享受。这样的政权，目光狭窄，起义和打江山的目的并非真正为了民利，而只是满足自己个人私欲的享受。如此一来，短期内可以打着耶稣教众生平等的口号欺瞒众人，但是久之必然真相毕露，不为大部分民众所拥戴。失去了民众基础，加上统领者并无长远目光，贪图享受，而后又为了各自利益自相残杀，无疑它在走一条迅速崛起—扩展—迅速衰败—灭亡的道路。这是太平天国必经的自然之道，根源是由于它统治阶级本身的思想局限所制约，不管谁去镇压，结果始终相同。关键就在于清廷的绿营军将领无能，兵力涣散，并不能担当平定内乱的重任。于是，迫于无奈，清廷只好重任汉人集团去平定这一场患难。湘军集团就这样顺应时世而生。

曾、左、胡三人对此是再明白不过的，天下大势的去与留，基本就靠他们来决定。也就是说，他们的成与败，从根本上决定了清廷的统治地位。他们获得了一张优先王牌，对政局把握了主动权。这一点，清朝权贵怎可能不清楚呢？当时咸丰年间的大学士祁隽藻就曾提醒咸丰皇帝："曾国藩以侍郎在籍，犹匹夫耳。匹夫居闾巷一呼，厥起从之者万余人，恐非国家福也。"咸丰皇帝遂对崛起的湘军集团多了几番警惕。"功高震主"，曾、左、胡三人都是熟谙历史、智谋过人之人，对此自然也是心知肚明的。也就是说，湘军自1852年成立开始，到它迅速成为镇压太平军的主力，除了明里与太平军抗衡以外，更在暗里和清廷较量。他们也许没有谋反之心，但是"害人之心不可有，防人之心不可无"，对于力量逐渐壮大的湘军集团，他们不可能任凭清廷轻易遣散，以免致使落得"兔死狗烹"的结局。

为此，他们密谈，必然有对湘军平灭太平军之后何去何从，以及个人安危的长远图谋。所谓长谋远虑，当以自立为最终结果。这在曾国藩是不可为的，因为他思想谨慎，虽然并不完全忠于清王室，但更惧事败的一日。而胡林翼和左宗棠则未必。前面说曾、左、胡三人都信奉传统儒学，以忠儒、忠君为务，然而那在左宗棠和胡林翼而言是有前提的。这前提就是在自家利益未受到损害的同时，清廷仍有改革弊政的可能。如果将来平定太平军事业成，而却要遭遇"兔死狗烹"的下场，左宗棠和胡林翼是决不答应的。对此，曾、左、胡三人密谋要义，当以后路为主。而据三人的性格、思想而论，其中当以胡林翼为主导。在胡林翼尚为一方知府时，他幕下即有一位襄助他团练的通判韩超建言"南方各节使宜早图自强"，以"唐之晋阳"为前车之鉴拥兵南方，"设有不虞"，"徐策中兴"。胡林翼幕下一员敢向他进献如此"谋逆之言"，如若不是揣测到胡林翼也有此意，怎敢提议？

事实上，时人对左宗棠、胡林翼多有猜测，以为他们早已心存图谋之意。清末，晚生左、胡二人近60年的新派人物杨笃生，曾在20世纪初作有《新湖南》一书，倡议湖南独立和推翻清廷统治。而后，他密切关注长沙、广州等地起义，成为同盟会一员，鼓吹革命，建立新政。后因广州起义失败，他跳海自杀，终年40岁。在《新湖南》一书中，杨笃生记载左宗棠在临死前曾说"误乃公事矣，在当日不过一反手间耳"一语。我们很难辨析其真伪，也很难确定左宗棠到底是庆幸还是悔恨没有谋图自立。因为左宗棠晚年多次感恩清廷待他不薄。然而不论怎样，空穴来风未必无因，不少时人是相信左宗棠和胡林翼有图谋自立的想法的，而曾国藩则处于犹豫之际。

宿松会议，无疑为曾、左、胡三人联盟开启了进程，而后他们在军事行动上尽量共商共讨，保持一致，而并不完全听命于清廷的安排，可见一斑。这里最具有代表性的，就是在左宗棠楚军刚建成之际，清廷要左宗棠入川督战，而曾、左、胡三人皆陈条反对，最后清廷只好委任骆秉章入蜀一事。可见，他们暗地已然团结为一体，利益相关。为此，胡林翼多次在给好友的密信中提及左宗棠要成就大功的事情，以为他入蜀则"气类孤而功不成"，"季公得林翼和涤公左右辅翼，必成大功，独入川则非所宜也"。本来为清廷平灭太平军，听任调度，派左宗棠入川督战对战事并没有太大影响，为何胡林翼以之为"功不成"，而左宗棠自己也说他志不在平川呢？而且，以曾国藩当时总督的身份和胡林翼巡抚的身份辅助一个刚出道的举人，这不是滑天下之大稽吗？显然，他们所图之大功，实为雄霸天下之业。胡林翼看到自己才能不足左宗棠，而曾国藩雄心未及左宗棠，因此唯有左宗棠才能够凭借两人辅翼，并借湘军之势图谋天下。这与左宗棠临死所言"当日不过一反手间耳"正好呼应。

至此，曾、左、胡湘军联盟既成事实毋庸置疑，然而他们辛辛苦苦做了如此规划，为何后来在胡林翼死后闹得曾左失和、联盟解体呢？这恐怕和他们曾经设想争霸天下息息相关。

胡林翼死前曾嘱托左宗棠保全曾国藩名声，"毋使蒙千秋之诬也"，此话十分耐人寻味。为何曾国藩需要靠左宗棠来保卫名声，曾国藩又会遭遇什么"千秋之诬"？细想开来，很显然说的就是争霸之事。曾国藩对于争霸一事始终犹豫不决，不予表明态度，胡林翼一死，湘军集团就损失了一方重要力量，这事就更加难以展开。因为曾国藩不会轻易冒险，但是时人对他们的揣测早已横飞，如果有人中伤他们，则曾国藩、左宗棠、胡林翼三人以及湘军都很可能自此被清廷定为历史罪人而不得翻身。因此，既然事不得举，则要保守当年三人共谋之秘密。胡林翼深知左宗棠与曾国藩的性格出入较大，左宗棠向来自负，因此临死托言，要他以大局为重，保全曾国藩，即为保全他们自己。

当时，形势也确实有些不容乐观。同治以年幼即位，辅政八大臣很快被慈禧肃清，曾国藩感到自己身居要职，会给慈禧以倚兵自重的嫌疑，恐怕慈禧也会对他下毒手。一直到曾国藩后来大败太平军，交出兵权，希望解甲归田，他仍然为此深为忧虑。因为曾国藩和湘军的威势已然天下皆知，南方人们坊间传诵着要他当皇帝的愿望，想必慈禧也多少有所耳闻。曾家为此终日惶惶不安。在这种情形下，唯一能够解救曾国藩的，恐怕非左宗棠不可。

然而，又该如何解救呢？转机在太平天国幼主出逃是否已死一事上。攻下天京之后，曾国藩先上疏奏曰太平天国幼主"伪幼主洪福瑱积薪自焚而死"，但左宗棠却接着上奏说洪福瑱还在逃亡。为此，他们在清廷面前以奏章的形式争论不休，以致后来传说"曾左交恶"，也就是"曾左失和"。然而，多年以来他们一直书信密交，也多有争论，从未说失和，怎么会因为这一件小事而弃多年交情而不顾因此失和呢？况且，两人并非小气量之人，当时皆为总督身份，如何会这么儿戏为争功在清廷面前互相攻讦，让清朝贵族耻笑呢？左宗棠自傲狷介，年俸都可以大部分捐出，可谓视钱财如粪土，也向来不以功名为重，必然不在乎这一点功名得失的。曾国藩更加如是，他自言"平世辞荣避位"，践行"终身让人道"，何以会在功绩满身的最后时刻与多年密友争此小功？

况且，如若曾左失和，那么湘军内部必然不能同仇敌忾，士气必然颓丧，后来如何成就平灭太平天国大业？而且，更让人不解的是，左宗棠在曾国藩去世20年后曾说，他们互相攻讦的奏折都是在发往清廷之前皆互相"录稿咨送"。如果失和，他们何以还要书信往来呢？更何况，在曾国藩去世以后，左宗棠对于曾国藩子女关照有加，曾家子女也并未对左宗棠持有偏见，反而敬畏有加，比之曾国藩生前两家走得更近。曾国藩的女婿聂缉椝，后来还是左宗棠一路力推力荐终成一生大业的，聂缉椝一生感恩最大的就是左宗棠。如若两家失和，何以真情厚意至此？

这期间，凡此种种疑点甚多，不可计数，都表明曾、左两家并未有失和征象。唯独曾、左两人在清廷面前互相攻讦事件，看似大为不和。但是清廷看到两人为此攻讦、失和，则心满意足，因为他们一失和，自然曾左胡联盟要解体。不仅如此，联盟解体，曾左之间不通声气，他们各自分开即不会成策反之气候。这对于清廷来说，无疑就是一桩好事。况且，曾国藩功成之后又立马交付兵权，剩下左宗棠一支强兵还要东征西战，灭捻军，抚回民，同时又办洋务，后来还收复新疆，抵御外侮，事务如此繁忙，年纪又越来越大，他如何有精力策反呢？如是，慈禧心中落下一块大石头，知道曾国藩和左宗棠以及湘军对她造不成实际威胁，又鉴于当时时局不稳，不便拿功臣开刀，便对曾国藩和左宗棠都嘉赏备至。如此一来，左宗棠可以继续他的征战事业，而曾国藩也可安保晚年，湘军诸将领更可以继续各自的志向和事业。

由此可推论，曾左失和事件，是承接整个曾左胡联盟事件的。而这，也就是胡林翼死前嘱托左宗棠保全曾国藩名声而与曾国藩所做的善后之举。曾左失和，也就是他们顺利化解当年曾左胡联盟成立之后埋下的危机的成功之作。以失和的假象蒙蔽清廷和大众，留给世人各自猜测，最后保全曾、左、胡三家和湘军名声及诸将性命，曾、左、胡三人从始至终的策划不可不谓用心良苦。

第五章

经世济国

务实业夯筑帝国根基

大器晚成，左宗棠自 40 出道以来，奔波忙碌着尽皆除忧去患之事。然而除却以武力平定忧患之外，他更竭尽所能投身于自强富国之道上，率先掀起洋务运动。创军工以自强，办民企以求富，左宗棠开福州船政局，建兰州织呢局，后期更倡导架电线、开矿业、修铁路等，在经世济国夯筑帝国根基的道路上不遗余力。

第一节
首创福州船政局

自列强用坚船利炮打开我国大门以来，左宗棠就意识到要兴复中华，驱除外侮则必须先要自强。而欲自强，则非得采取魏源、林则徐等人所提的主张，"师夷长技以制夷"。列强对中华的兴趣首在沿海地区，然后逐渐深入内地，以"温水煮青蛙"的效果麻痹清廷统治者，让清廷以为他们只是志在通商而无他求。于是，列强在中国肆虐就越来越明目张胆，以致把中国的尊严践踏在脚下。

左宗棠通过多年对西洋各国的研究，知道他们并非只求通商这么简单。两次鸦片战争后签订的不平等条约，中国失去的不仅是各通商口岸的大部分经济收入，更有领土主权、司法主权、外交主动权等各项国家主权。主权丧失，远比经济利益的损失严重，它意味着一个国家的尊严和子民已经被他国蹂躏。任由他人践踏、蹂躏，左宗棠以为之所以出现这种令人不堪、引以为耻的后果，究其本源是因为国家的懦弱和贫穷。因此，自强求富才是结束这种羞辱的根本之道，而最直接的自强求富之法就是兴实业，夯实国家经济基础。为此，左宗棠等有识之士便自19世纪60年代开始，走出了一条发展洋务运动以求国家自强富裕之路。

左宗棠选择的第一项实业就是开创船业，在福建马尾山下创立福州船政局。而促使他作出这项决定的，便与海防直接相关。因为列强就是凭借坚船利炮从海上打开中国大门的，中国的外侮首先就自毫无抵抗力的海防开始。列强可以骄横恣肆，就是因为他们有船炮作技术支持。为此，在寻求自强的途中，人们首先想到的就是仿制轮船。

因此可以说，开创福州船政局，根本上就是近代海防的产物。左宗棠期冀通过使用自建的船炮，以其人之道还治其人之身的办法达到驱除外侮的愿望。而他的这项决定，在当时遭遇了来自国内国外的诸多阻挠。

轮船对于海防的重要性，谁都无法不正视，然而对于自造轮船，却颇有一些人持有异议。他们以为造船耗费巨大，收效缓慢，而且造船学习西洋技艺会使人误以为孔孟之道为无用之学，担心到时会造成人心解体而国亡。这些反对意见，有些无非是借口、非难，而有些则看似荒唐但实则触及文化学习层面。有人以为当时如大学士倭仁、监察御史张盛藻等人提出人心解体的担忧是荒唐的，但其实并非完全荒唐。他们虽则排斥西学，以孔孟之道为宗，思想有些狭隘，但是他们狭隘的思想里，很显然有着国家意识形态方面的东西。中学、西技的背后，就是文化在做支撑，后来洋务派越走越远，以致20世纪开始全民西学，后来更打出"打倒孔圣庙"的口号便验证了他们以为学习西艺会导致人心解体的担忧。而那时，清廷确已消亡。

他们的以意识形态来维护一国存亡的方向大致是对的，因为一国之文化和思想都不复存焉，则已非本国。但是，完全排外，完全自大，而不视当时国际环境之恶劣，以及西学强国之必然趋势，一味反对西学，最终的归宿必然也是亡国。为此，既欲自强，又不欲亡国，则西学中用，取长补短方为上策。因此，左宗棠则持反对意见，不顾纷起的诽谤，历陈自造轮船之益。有人以为购买或租借轮船可以快速御敌，现买现借现用，又不必耗费巨大。但左宗棠以为购买、租借不如自造，因为买或租都只能解决一时之需，还要看人眼色，时时受制于人，处于被动状态。而自造轮船，则可保永久，因为既得造船原理和机器，造船厂地址、造船资金、专门人才等都很好解决。造船厂设在马尾山下，资金可以筹措，人才方面可以开设专门学堂，请外国专家教授造船技艺和原理。而且，左宗棠以为西艺之中，以造船为最难，只要把最难的攻破了，其他诸如造枪、造炮等，则容易多了。一通百通，以造船业为核心和基础，把技艺学到家，则可以迅速扩张其他轻重工业，自求长远发展之道，而不用再受制于人。如此一来，国家想不强盛都难。

左宗棠如是想，便如是上疏。清廷在争论一番之后，自觉受列强侵略之苦已久，遂批准了左宗棠建造轮船的设想。由是，左宗棠开始逐一着手福州船政局的兴建工作。

因为造船在中国实属首例，左宗棠对于船务也并不熟悉，因此在技术上还是要请教洋人。左宗棠请来了当时在江汉关税务司任职的法国人日意格，以及法国退役军官德克碑作为顾问，与他们共同商讨造船事宜。英国公使威妥玛一听中国要自建轮船，而且请的是法国顾问，便出来阻挠，说中国还是以租借或者购买轮船为上策。表面上他的建议是为中国省钱省力，实际上是不希望中国把洋务兴办起来。英国是晚清史上第一个以炮船打开中国大门的侵略国，如若中国都能够自建炮船，以及其他军功武器，那么他便失去了侵略优势，从此不敢再肆意妄为。而且，如果清廷要购买轮船，他还能从中获利。但是左宗棠要自建轮船，还邀请来他国顾问，英国一来感觉面子上过不去，二来也多了几分警惕。英、法、德、美、俄等诸国，在侵略中国上，是处于竞争关系的。

不过清廷并没有再受威妥玛的欺骗，断然拒绝了他的假好意，命令左宗棠全权处理造船洋务。左宗棠为此暂时撇开内外压力，与顾问一同先选局址，再派人到欧洲去采购造船机器与船槽诸务。

选局址最重要的就是考虑它的战略位置，要易守难攻，以保证造船大业顺利进行，以免受到战争的侵袭。马尾处险要之境，前江后山，江险山高。前面所临之江即为闽江，沿闽江而上60公里是福州，而下80公里为五虎门海口，沿岸多岛屿、炮台，易于防守，只要多设水雷，敌舰便难以进攻。因此，选择马尾建局，可保大业顺举。左宗棠描述局址全貌为"宽大二百三十丈，长一百一十丈，土实水清，深可十二丈，潮上倍之，堪设船槽、铁厂、船厂及安置中外工匠之所"。

局址已定，左宗棠则与日意格草签各项合同，正式和法国确定造船合作事宜。就在此时，西边的捻军战事紧急，清廷欲令左宗棠快速就任陕甘总督，以镇乱抚民。可福州船政局建造之事还没有正式动工，此番西去，岂不是要使之半途而废？左宗棠赶忙上奏，请求把建局造船事务都安排妥当，选好接班人再往陕甘地区赴任。而同时，被左宗棠物色为接替人的林则徐女婿沈葆桢也与百余名流乡绅联名上书，奏请清廷"诚使督臣左宗棠驻闽中，豫将赴甘之师先行部署，俟外国工匠毕集，创造一有头绪，即移节西征"，以免造船功未成而被"四夷所笑"，以致"天下寒心"。清廷也深知造船一举非为小事，正被四方瞩目，于是同意左宗棠尽快交接船务，办妥即前往陕甘地区任职。

左宗棠于是加快与法国方面的沟通，劝服沈葆桢接任造船事务，并建议清廷让他全权打理，"凡事涉船政，由其专奏请旨，以防牵制"。另外，经费问题交由署理布政使周开锡、福州将军和督抚负责，人事方面则由胡光墉全权负责。而他在部署了前期人事、购置各项机器、制定船政并艺局章程等事宜之后，才放心离去。

不过，在西域的十数年里，左宗棠一直都密切留意福州船政局的进展，唯恐清廷受人蛊惑致使大业夭折。也正因为此，左宗棠才会在做好人事部署、定好章程之后才敢离开福建。他不信任清廷委派的人物，而相信自己的眼光。果不其然，清廷原本希望由新任闽浙总督接办船务，而新任闽浙总督吴棠并不赞同开办船业，因此在船务上处处与沈葆桢为难。沈葆桢和左宗棠多次上疏历陈其罪，清廷于是才把他调走，而再次接纳左宗棠的建议，任命沈葆桢为总理船政大臣，调度一切船务。

另外，合作方法国也来打中国的主意，他们派出法国在福建的税务司梅里登和副领事巴世栋前来骚扰，先是劝说清廷不要浪费力气自建轮船，后来又强说造船业归属海关，因此要由他们总管。如此类无理阻挠，船政局据理坚拒，造船业务由是得以继续进行。

1869年，经过船政局四年的不懈努力，第一艘中国自建轮船"万年青"终于下水试行成功，并且驾驶员皆为中国学员。一路向北，直到开进天津，"万年青"的成功试水，打破了各方以为中国不能自建轮船的妄断，引得中外看众一片惊呼，"诧为神助"。左宗棠于西北闻讯，激动不已，他的第一项洋务终于为国扬威了。

不过，反对派并未因此而放弃干扰，他们甚至还以船耗巨大，国家已与洋人议和，中国不再需要海防为由提议暂停建造轮船。清廷拿捏不定主意，便咨询左宗棠、曾国藩和沈葆桢，得到他们坚决反对的一致意见之后，同意继续造船。到1873年，沈葆桢在任8年一共制造舰船15艘。可惜的是，后来这15艘舰船由于中法战争，全部毁于一旦。

福州船政局一直经营到1907年，因为"管理不善，经费支绌"而暂停，至此共造船40艘。前期所造船只，如第一艘"万年青"号，主要还是由洋人教员助力建造的，并且质量、排水量与他国相比还有很大距离。后来，根据与洋人的雇佣协议，在中国学员全部掌握造船原理和技艺之后，沈葆桢便遣散日意格等洋人教员，一并任由国人自造。在前期的15艘舰船中，150匹马力轮船有9艘，80匹马力轮船有5艘，另一250匹马力轮船1艘。所造大多为军船，少数商船。沈葆桢之所以敢遣散全部洋人教员而任由船政学堂学员自造，这与他派遣留学生到英法留学学习有关。因为任教的洋人并非精匠，他们所教的多为旧式轮船，与是时西方先进轮船根本无法比拟。何况，洋人教员和工匠多为了一己私利，常常耽误造船大业。因而，沈葆桢认为，只有把他们遣散，把聘请他们的资金用在造船上，由学成归国的国人自造最先进轮船，才能真正成事。果然，沈葆桢的大胆作为赢得了大家的肯定，船政局后期所造轮船，连当初极力阻挠的英军也不得不惊叹其精致实用。

历经数十年，福州船政局在一片反对声和诸多阻挠下顽强开建，最后以斐然的成绩为中外人民展示出中国自强不息的民族精神。虽然后来它终究还是没落了，但它的意义更多是在于它的开创性，不仅带动许多开明人士纷纷投入独立自强的洋务运动当中，更唤醒了国人自强救国、实业兴国的爱国心，为腐朽没落的晚清增添一色异样的光泽，在中国近代抵御外侮的历史上留下光辉的一笔。

第二节
设立兰州制造局

造船为实业强国的首要任务，且是持久海防的强大后盾，左宗棠在平定太平军起义的事情后即刻就在福州办理。而制造军用武器，比如枪炮弹药等，则是满足战事频仍的晚清现状所需。在陕甘宁地区好不容易平定了捻军，左宗棠腾出余力创办了兰州制造局，为不久后收复新疆做军务准备。前期进行充分筹办谋算，这是左宗棠作战总能胜出的一大秘诀。

其实，兰州制造局一开始并不在兰州建厂，当时规模也没这么大。它的前身是西安机器制造局，属于小型军工厂性质，是左宗棠调任陕甘总督西征镇压捻军时为方便军需供给而在西安临时建就的军工企业。当时，左宗棠特地从江南制造总局和金陵制造局调任了一批精于军工生产的熟工到西安，并耗资本30万两白银购置了德国军火生产机器。就是这座小小的军工厂，为左宗棠平捻提供了军火支援。前期运筹帷幄，左宗棠从不打没有准备的仗。

后来，左宗棠剿灭了捻军，来到兰州，便也将军工厂迁移到兰州，重命名为兰州制造局。而当时，想到即将进军新疆，所面对的阿古柏等叛敌因为有着英俄先进的军火支持，左宗棠因此扩大了兰州制造局的经营规模，再从闽、粤等地抽调多批熟工紧锣密鼓制造枪支弹炮等军工武器。

在左宗棠所调任的人中，有一个名叫赖长的总兵，原是粤军将领康国器的属部，后来追随左宗棠攻打太平军。平灭太平军后，他便留任福建。左宗棠西征到了兰州准备新疆军务之后，便把他调来兰州制造局，负责武器生产事务。原来，赖长虽则武行出身，但是并非一般莽夫可比，对于西洋机器，他颇有研究，并且机智灵敏，可仿制西洋先进武器，并改造国有劈山炮，使其威力大增。而另外，因为装配子弹的火药从海外运回需要高昂的运费，左宗棠便让刘典筹划，勉励工人自行制造火药，一来节省运费，二来也提高兰州制造局的军工生产水平，让洋人不敢小觑。师夷长技以制夷，学技术，先仿制，后自创，以达国际先进水平，这与左宗棠当初在福州创建福州船政局时的想法，是一脉相传的。

兰州制造局原址位于兰州城南畅家巷，厂房有十数间，颇成规模。制造局的生产武器主要是大量铜帽、铜引和大小开花弹，仿普鲁士螺丝及后膛七响枪、仿意制重炮。值得一提的是，属于中国自己发明的劈山炮和粤式无壳抬枪经过兰州制造局的改造，性能得到极大提高。原来需要十三人才能施放的劈山炮现在只用五人就足够了，粤式无壳抬枪更是由三人两支变成一人一支。这样一来，在战争中便极大地解放了兵力，提高了作战效率和威力。这些仿造和自造的武器，在对阿古柏政权的摧毁中起到了关键作用。

在这里，还有一个小故事。当左宗棠正在兰州部署，准备进军新疆前夕，俄使索斯诺福齐共五人以来华"游历"的名义打探中国的虚实，他们最后一站就是兰州。当时，一些人连忙写信告诉左宗棠，让他做好防备，不要把我国军备的弱点呈现在俄使面前，以免长他们的嚣张气焰，助其进一步侵略我国边境。左宗棠不以为意，他本不懂得虚与委蛇的把戏，讲究以诚相待，更何况，左宗棠对自己所率部队和所办军工厂有着十足的信心和把握。他倒一反友人的担忧，带领索斯诺福齐等人参观兰州制造局。

当时，索斯诺福齐以为军工产品，特别是枪炮制造，就属英、法、德三国为最，而之后就是俄国的军火武器。在他看来，中国是决然不能制造出好的武器的。左宗棠笑而不语，领他们到车间参观。索斯诺福齐一看兰州制造局像模像样，不仅能仿制他以之为最的法德枪炮，更有自创的中国式枪炮，比如劈山炮、小车轮炮等，并且，所有制造枪炮武器的火药和钢材都是自己炼造生产的。在左宗棠的允许和带领下，他们试放了其中几门后膛炮，除了其中一门有点问题，其他的都性能良好。索斯诺福齐由是不敢再小瞧兰州制造局和中国武器了。

不过，索斯诺福齐仍然以试探的口吻询问左宗棠需不需要购买俄国军火武器，左宗棠以军备充足为由断然拒绝，在俄使面前展现了中华民族自强有为，对列强不崇不媚的民族尊严。而且，左宗棠知道，俄国愿意提供军火支援，并不只是想趁火打劫，从中捞一笔这么简单，这背后，隐藏着的是俄国和英国的矛盾竞争。

原来，西方，尤其是欧美国家经过工业革命的洗礼，以强大的机器生产形成极大的生产力，国内的销售市场已经不能满足他们的生产供给，因此他们需要更大、更广阔的市场，而这市场，就是此时还处于落后的农业生产的东南亚居多。英国抢占先机占领了印度，使其成为英国最大的倾销市场。俄国看到英国步步逼近，也加紧对亚洲国家的侵略，以达到他们市场倾销的目的。为此，俄国看准中国这块肥肉，以新疆伊犁为突破口，打算逐渐占领新疆，然后把爪牙伸向中国内陆。不过，在俄国霸占原属清廷藩属国的浩罕之前，浩罕已经派出阿古柏将军控制了新疆大部分地区。对于侵略祖国浩罕的俄国，阿古柏由是极为痛恨，并不愿意提供通商市场给俄国。即使后来俄国以武力威逼他签订了通商协议，他也在暗地里多加阻挠，致使俄国在中国并没有获得理想中的通商特权。而英国见此，主动为阿古柏提供军火支援，阿古柏也甘心附逆其下。这无疑就是把俄国排挤在外，因此，英国支持阿古柏，俄国便希望通过给中国提供军火支持，以此要挟中国听命于他，从而达到他敲诈勒索以及蚕食中华国土的目的。而早在提出为左宗棠提供军火支持之前，他就和白彦虎达成交易，悄悄为他提供武器以进攻清军。诚然，俄国使的是一石二鸟之计，他希望提供给中国作战双方武器，不仅想从中攫利、操控、勒索，更想坐山观虎斗，让双方闹得两败俱伤好让他坐收渔翁之利。

不过他碰了个硬钉子，左宗棠深知俄国的两面派作风，没有向俄国寻求帮助。索斯诺福齐只好作罢。果不其然，后来俄国看到清军进展迅速，便放弃原来的一石二鸟之计，全然支持阿古柏及其余部的抗清行动。

这只是兰州制造局的一个小插曲，然而正是这样的小插曲，显示了左宗棠等中国将领的昂然气概，并侧面证明了兰州制造局在清军收复新疆的重要作用，以及洋务运动中创办军工企业以自强的显著效果。兰州制造局从左宗棠备战新疆开始，一直经营到新疆军务结束便暂时关停了。后来，因为训练新军的需要，清廷又于1908年重新开办兰州制造局，并移址到城内小仓子，更名兰州机器局，仍然制造枪炮弹药。再后来，民国初期，兰州制造局又经过几次移址或更名，但仍然不变的是还以制造枪支弹炮为主。一直到新中国成立，兰州制造局先更名为兰州人民机器厂，后在大规模改建之后最终定名为兰州通用机器厂，现为兰州通用机器制造有限公司。

从1872年成立之初到新中国成立以来，兰州制造局历经77年的坎坷风雨,一直都担任着保家卫国的职责。虽然新中国接手以后,兰州制造局经过更名重置,由原来专门生产枪支弹炮的军工企业转而为之现在的生产成套采油机械设备的大型机器制造企业,但是左宗棠创办兰州制造局的初衷,和企业本身数十年的精神使命,却一直深刻在人们心中。创军工以自强,兰州制造局总算不辱使命。

第三节
成立民企兰州织呢局

兴军企以自强,兴民企则为求富。左宗棠第一次践行民企求富理想从建立兰州织呢局开始。岁值 1877 年,左宗棠正在新疆全面部署和进攻南疆,但他仍然关心兰州建设民众企业的事情,开始筹建兰州织呢局。按他的设想,如果兰州能够以机器织呢,不仅能够自暖,更能够销售他省,乃至海外,从而获得不错的经济收入。民富,城富,国富,还能开先河,引领他省各地争相效仿,如此一来,就能提高纺织的生产力,从而杜绝洋人在此项目上对中国的倾销。因此,左宗棠对于兰州织呢局的开设非常重视。

是年冬,负责掌管兰州机器局的赖长给左宗棠送来一段用他自制的水轮机织成的呢片。左宗棠以为"竟与洋绒相似,质薄而细,甚耐穿著,较之本地所织褐子,美观多矣"。得到左宗棠的认可,赖长就跟他讲出自己的想法,他希望"购办织呢织布火机全付,到兰仿制,为边方开此一利"。左宗棠对此也深表赞同。于是,左宗棠要在兰州开织呢局,用机器纺织的消息就传遍国内,《申报》称之曰"如能以羊毛织呢,一如外国所产者,未始非利民之善举也"。

左宗棠等人之所以要大力尝试机器纺织,而举国上下都翘首以盼兰州织呢局的成功开设，就在于当时西方纺织品的大量倾销国内。作为与人们贴身相近的衣物，尤其是机器织布在鸦片战争后大量涌进中国内地市场，以比人工纺织的土布低廉许多的价格进行倾销，以致出现如郑观应所说"衣大布者十之二三，衣洋布者十之八九"的情况。如此一来，洋人与我争利，势必眼中挤压国内土布的市场，令许多从事手工纺织的女工失业，人们生活更加困难，国家税收也相应减少。就单英国而言，我国从19世纪40年代开始向其进口棉纺织品总值即达千万两以上，而到了60年代最高可达三千万两，90年代则为五千余万两。也就是说，是时国人身上所衣，十之八九就是洋布。

洋布、洋纱、洋花边、洋巾入中国，而女红失业。煤油、洋烛、洋电灯入中国，而东南数省之柏树皆弃为不材。洋铁、洋针、洋钉入中国，而业冶者多无事投闲。外国用机制，故工缴而价廉，且成功亦易。中国用人工，故工笨而价费，且成功亦难。华民生计皆为所夺矣！

……

方今之时，坐视土布失业，固有所不同，欲禁洋布不至，亦有所不能，于无可如何之中，筹一暗收利权之策，则莫如加洋布税，设洋布厂。

郑观应发出悲叹和警告，并倡议清廷增加洋布税，以反对洋人在我国的倾销行为，同时国内设立洋布厂，以利民利国。正是在这种洋与我争利，我国手工业者多已失业的经济背景下，左宗棠毅然决定开创机器纺织的先锋，以求带动有志之士纷纷投入开厂利民的行列。因为兰州地区盛产羊毛、驼毛等原料，用此盛产织呢可以减少运输、原料、人工等成本。而且，左宗棠早前就在兰州设立机器总局，局里聚集了一大批能工巧匠，刚好可以为新开的织呢局服务。于是，在全面考虑下，左宗棠选择在兰州建厂、投产。很快，在左宗棠的带动下，上海机器织布局（后来的华盛纺织总厂），湖北织布局、纺纱局等纺织企业纷纷成立投产。

话说既然答应了赖长购置机器,左宗棠就写信请在上海的采办委员胡光墉帮忙采购织呢机器。胡光墉便选择向德国购进全套织呢机器,并聘德国织呢制造家石德洛末和建筑师安克以轮船押运整套机器来华。从德国越洋来华不难,但难就难在把这些大型机器运往兰州。当时上海的《大清国》杂志对左宗棠从上海运载织呢机器回兰州有过一段详细记载:

机器系装在一条货船上,由招商局的轮船在1879年拖运到汉口。在汉口又将这些机器用民船水运、又由人们背运到兰州府。有些机器非常重,而且难运,所以锅炉得拆散了一块块地运,山路有时得开凿了然后才能把大件的机器搬过去。

终于,经过一年左右的时间,全套织呢机器才顺利运到兰州,织呢局得以于1880年九月开工,中国第一家纺织工厂就此诞生于比较贫瘠的中国西北。织呢局任命石德洛末为洋总办,聘用13名德国技术人员作为织呢的骨干。兰州织呢局就这样在四方瞩目的情况下开工了。

左宗棠对它寄予厚望:

兰州织呢局结构宏敞,安设机器二十具,见开织者尚只十具,所成之呢渐见精致,中外师匠及本地艺徒率作兴事,日起有功。……蚕丝织呢等局雇用中外师匠及办理局务华洋各员弁,有实在出力著有成效者,应由刘锦棠,杨昌濬随时汇案奏请奖叙,以示激励,庶几人心竞奋,利无不兴矣。

然而，尽管大家对它信心满满，但实际生产状况却并不理想。原预计每年可纺织六七千匹布，但实际不到三千匹。究其原因，最根本的就是所织成品质量太差，几乎没有销售市场。另外，挑拣羊毛的人工成本高、运输成本高等问题都使得销售的价格高于洋呢。对于消费者而言，人们虽然有一颗爱国心，但是也总以物美价廉为主要标准，因此鲜有人光顾兰州织呢局织出的衣物。面对艰难现实，尽管左宗棠极力支持，但"局中安置了一大堆冗员，干领薪俸"的兰州织呢局最终还是因为成本高、成品质量差、没有销路而于1884年倒闭关停。从开工到关停，历时仅为4年多时间。

对此，近代维新思想家陈炽如是总结：

左文襄前任甘督，亦尝购买机器，仿织呢绒。然牧场未立，风气未开，万里甘凉，艰于转运，资本大重，不利行销。

陈炽的总结可谓精辟到位。左宗棠做事向来谨慎，尤其是在行军打仗上素来讲究事先做足充分准备，不打无准备和把握的仗，但是在设立民企方面，他虽然事先多方考量，却终究因为没有经验而试验和预料不足而失败。不过，他的失败却是一种成功。

首先，作为开风气之先，兰州织呢局虽然失败了，却提供了经验和思路，并开启了人们的视野与创业热情，为推动洋务运动创办民企以求富裕起到了先锋作用。这和他率先倡办福州船政局、西安机器总局、兰州制造局等军工企业一样，皆为国内办厂、开企，以实际行动兴业救国富民的创举。不管成败如何，仅凭"第一个吃螃蟹"的勇气引领国内率先进入机器时代，左宗棠则为一个了不起的人物。

第四节
探索机械强国富民之路

洋务运动在19世纪60年代到90年代办得风风火火，人们纷纷尝试兴办各种轻重工业，以图自强求富。作为洋务运动的兴起者之一的左宗棠，自然不会落后于他人。除了创办军工企业和民用企业，左宗棠还尝试在各种民生工程中运用机器之便，以求民众之利。

在任职陕甘总督期间，左宗棠除了兴办兰州制造局和兰州织呢局，更大力兴修水利和探采金矿。西北地区水资源紧张，不仅不够灌溉，连人畜都时常水用不够。未解决生活用水和农业用水难的问题，左宗棠想到了开渠凿井。开渠以利灌溉，凿井以利生活用水。左宗棠在对西北高原做了一番调查之后得出结论，以为"西北地亩价值高下，在水分之多少；兴水利者，宜先沟洫，不易之理"。因此，尽管困难重重，他也决心开渠凿井。

按照左宗棠的设想，他所在开设的河渠不仅只够灌溉一小方土地，更要汇集河渠一带数百万顷良田；不仅只是灌溉，更可建坝节水，以通舟楫。然而要开动如此大的工程，若单靠人工开凿，恐怕时不我待。若用机器代替人工开采，则速得其成。而他听闻外国正好就有开河机器，于是便又请胡光墉代为购置。胡光墉不单顺利够得德国机器，更聘请了德国的专家和技师运送机器前来。以机器开凿河渠，这在中国又是一大创举。然而，因为要奉命进京做军事顾问，左宗棠不能再直接管理和监督开渠工程，这项工程便在刚起步没多久就因为遇到泾水冲破渠工和财政不足等难题而轻易结束了。不过，在宁夏的时候，左宗棠曾批准并实现部下王德榜提出的将一座高30多丈、长400多丈的高山挖低25丈开成明渠的宏伟计划。

开河渠工程所耗巨大，不易成功，但是凿井却取得较大成效。在河渠干涸的年份，左宗棠在西北倡起"凿井运动"，据记载，陕西大荔县当时即凿井3000口，顺顺当当解决了旱灾问题。

以机器开渠凿井，左宗棠在民生工程上的一大创举让时人看到，工业时代早已在西方火热展开多年，他们借此在生活和生产各方面都极大地提高了效率和生产力。机器并非奇技淫巧和妖魔鬼怪，而是便民利民的有力工具。

除此之外，左宗棠还在采挖金矿方面尝试使用机器探测、采挖。根据胡光墉推荐的德国技师和认捐的采矿机器，左宗棠没有探得金矿，倒是发现了油矿。左宗棠在与技师交谈之后觉得他并非专长于此，便将他送走，而恢复了人工采挖金矿的办法。虽然机器采矿失败，但左宗棠办矿开矿的兴业之举，却是为解决当地人民生活疾苦做出了努力。采矿业收效不大，但左宗棠却帮助部分贫苦人民度过了一段艰难的日子。而且，通过办矿，他发现了洋务办企中的一些利弊。他认为，矿务等关乎国家重要资源的产业不能任由商民私采，以损国有。但是官方垄断又会造成贪污腐败的现象，同样不可取。因此，像矿务这样的实业，必须由官方主导，而商办承其后才能收到最大的效益。也就是说，官方作为兴办实业的引领者和监督者，鼓励商办。

在封建时代，左宗棠能够提出官商合办的想法，实属难得。只可惜作为开风气之先，又要全力主持和督办西北军务，加上已年老衰迈，左宗棠并没有足够的精力和时间在河渠、矿务开采中持久坚持下去。而在其他工业面前，左宗棠亦多有涉猎。

在19世纪60年代洋务运动刚起步的时候，左宗棠力主建造轮船，但却对架电线、办电报、修铁路等民用工业坚决反对。以当时的历史环境分析，左宗棠之所以不愿架电线、修铁路等，主要是源于当时军工的需求远远超过民用的需求，而且提出兴办此等民用工业的皆为洋人，他们是想借机入侵中国经济，控制中国经济命脉。因此，左宗棠当时并不同意开矿、修路、架电线。而到了70年代，求富的呼声越来越高，洋人对中国的经济侵略赫然在目，左宗棠也意识到兴办民用企业的重要，大力兴办兰州织呢局和以机器开凿河渠。他说：

陇中寒苦荒俭，地方数千里，不及东南一富郡。新疆南北两路凤号腴区，从未经理，兵燹以后，更难覆按。见筹开河、凿井、制呢诸务，以浚利源，阜民即所以裕国。购运泰西机器，延至师匠，试行内地，有效则渐推之关外，以暨新疆。纵使有成，亦非十年以后不能睹其成效。自知衰朽余年，神识钝绌，未足语此。然目睹时艰，舍此不图，又无以善其后，如是则劳费虽巨，亦有所不辞耳。

至此，左宗棠对于兴民企是有着巨大的热情的。并且，对于民企致民富的认识较之前都有了巨大的提升。但这时他还是停留在人们衣食住行等最基本的需要上。到了19世纪80年代，左宗棠跨入古稀之年，他的兴业思想反而越发先进，与时俱进。此时，他主张以机器代替人力兴办轻重工业，不仅希望创办之前所反对的电报、电线、铁路等，更有制糖、开矿等其他轻重工业。

1882年，左宗棠任两江总督，他看到开矿对于海防的重要性，于是指出："南北洋筹办防务以制造船炮为第一要义，而各省所设机器、轮船等局制造一切，又以煤、铁为大宗。"因此，他提出"以机器开采"煤、铁矿替代"洋产"的主张。翌年，他又提出在长江沿岸陆路架设电线的主张：

电线兴自泰西，无论水陆程途千里，音信瞬息可通，实于军情、商务大有裨益。……应由中国先行设立陆线，杜其狡谋，所有一切经费仍由华商自筹，……敕下总理衙门速咨江西、湖北、安徽各省一律举行。

此时，左宗棠以年逾70的高龄积极关心国家电线的架设问题，以为不可由洋人把架线的权利夺了去，以"杜其狡谋"。可见，在架线问题上，左宗棠是看得深远透彻的。他不希望清廷因为贪图一时洋人的经费资助而从此损失了电线的主事权，从而为以后洋人在中国窃取经济权益做足预防功夫。而在去世前三四个月，左宗棠仍然提醒清廷要把握铁路建设的主动权和主权，以之为"大政"，希望清廷不要再犹豫，抓紧时间建设，以绝后患。爱国心切，昭然若见！

从兴办军工企业，到兴办民用企业，从坚船利炮，到衣食住行各行业，左宗棠所走的兴实业夯筑帝国根基之路，遵循着自强——求富的洋务思想，为国家和人民尽心尽力，或开先河，或取得较大成绩，无不令人敬服。虽然洋务运动在整个中国近代史上并没有起到预期的理想效果，但左宗棠所做的努力却有不小的推波助澜的作用。他为挽救大厦将倾的晚清竭尽心血，在自强求富以御外敌的道路上不屈不挠，一路探索前进，这一份永不言败的爱国情怀，必将永远照耀中国史册。

第六章 收复新疆

抬棺进军克定大西北

人生得一知己足矣，人生成一大业无悔矣。左宗棠得知己胡林翼，又获剿灭太平天国、捻军的大业，可谓两者皆具也。然而，在中国西北边陲遭遇英俄等列强吞噬时，左宗棠却仍以六十又五的高龄抬棺进疆，坚持收复新疆。面对中国内外各界的反对和阻挠，左宗棠又将如何应对呢？

第一节
平定西北纷乱，打通入疆要塞

好不容易安妥好福州船政局建造诸事，左宗棠又踏上征战的匆匆路途。此番西去，左宗棠一路心事重重。自打他出道以来，似乎天下大势越发纷乱，这给他有一种不祥之感，西征的道路是否会顺利呢？

其实左宗棠明知，天下纷乱，早已不是近几年才有的事情，而是自他出生这一个世纪、这一个时代以来就积重难返的了。内忧外患，在左宗棠踏上仕途之前，他就操心着，而在踏上仕途之后，他更身体力行以图改变这种积贫积弱、四分五裂的局面。然而，天下的纷乱熙熙攘攘，这头还没完全平定，那头又起事了。沿海正与英国抗战，西陲又遭沙俄侵占。天下之大，似乎并没有一处太平安详的地方，而他却不能以一己之力平复天下，左宗棠此番西征，心情难免沉重。

西北的纷乱，在左宗棠看来比平定太平天国更难。一来西北的农民起义军成分比较复杂，其间还涉及少数民族问题；二来西北地域辽阔，离之京畿之地和国家腹地太远，军事补给很难准时跟上；三来从历史上讲，这里远离政治、经济中心，所谓山高皇帝远，清廷向来对此管理不当，留下许多积怨，现在紧急进兵，难免对这次西征造成很多不可预想的困难；四来，西北是中国的西大门，临近与俄国，还受到欧美国家的垂涎和暗中作祟，阻力又增加一重；五来，综合以上种种复杂的境况，西征必然耗时颇长，左宗棠以外"西事五年为期"，遭到清廷保守派的反对势力。虽然后来有慈禧太后撑腰，但是上有政策下有对策，在后面的西征过程中，左宗棠依然面临内外多重的阻力。

而在这次西征之前，清廷其实已经调派了原四川布政使刘蓉为陕西巡抚，而把杨岳斌调为陕甘总督。但是西北民乱汹涌非常，两位湘军将领力所不及，败给了敌军。事后，一个被罢黜，一个借由告假归乡，清廷见太平军事大致已平，便委任左宗棠以陕甘总督的重任，命他接手这块烫山芋。

在来到陕甘地区之前，左宗棠就对剿抚乱做出了分析和进军部署。在左宗棠看来，捻军是清廷最大的威胁，只要铲除了捻军，杀鸡儆猴，其他纷乱的平定自不在话下。

捻军远在太平天国起义之前就产生了，他们多由北方农民组成，在山东、江苏、安徽一带护送私盐，时常与清军发生武装冲突。1853年开始，在太平天国的影响下捻军发动大规模起义，给清廷以沉重打击。在清廷全力对付太平天国的时候，捻军得以趁机四处活动，活动范围几乎涵盖了大半个中国内陆，足迹并不比太平军少。

然而，捻军并没有形成一个稳定的政权，因此也没有组成一支经过严格而专业训练的军队。随走随打的流动式作战，虽然给清廷的阻截、剿杀带来了极大困难，但也不利于他们自身的发展和稳固。在太平天国被平定之后，清廷的下一动作就是剿捻，而且态度坚决异乎寻常，多次责令左宗棠必剿灭之，而不准招抚。可见，比之太平军，捻军更让清廷痛恨，而他们的流动性大、组织性不严、凭借马队驰骋扫荡中原等特点，都给清廷带来极大的危害。

捻军是捻党响应太平军起义而成，1855年他们在安徽推行张乐行为盟主，以黄、白、红、黑、蓝五旗军建部，"各旗统将皆听盟主调遣"，接受太平军领导。张乐行是为"征北主将"、"沃王"，1863年死于雉河集一役，捻军遂转战各地。翌年，太平天国覆灭，太平军遵王赖文光率北方残部加入捻军，是为"新捻军"。新捻军一改太平军步兵为骑兵，迅速歼灭此前杀害张乐行的清军僧格林沁部，并连挫曾国藩部湘军和李鸿章部淮军，一时朝野为之震惊。后来被刘铭传钜野打败之后，捻军被迫在河南许州分为东捻和西捻两支，东捻由遵王赖文光、鲁王任化邦率领，继续驰骋中原，西捻则由梁王张宗禹、幼沃王张禹爵统帅。左宗棠奉命西征要歼灭的就是张宗禹所率西捻，而东捻由李鸿章负责。

左宗棠本想着挽留刘蓉和杨岳斌辅助自己，然而为时已晚，他只好另觅助手。于是，他想到了旧识知交王柏心。他们都曾在湖广总督幕下为宾，互相极为敬重。缓进急战的方略，就是他和王柏心一同商议决定的。左宗棠请他出山相助，作为自己的智囊，是明智的决策。其余，诸如调任刘典帮办陕甘军务，调广东提督高连升加入西征大军，请湘军得力将领刘松山率湘军9000入陕助阵等等，都为左宗棠在西北地区平乱增添了几成胜算。

自左宗棠从汉口出发，分三路前进。刘典率部5000入荆紫关，高连升领军4000往蜀河口，左宗棠自己带兵7000闯潼关。三路齐进，路遇暴雨和瘟疫，兵士多病。出师不利，似乎预示着此番西征的重重困难。不过，左宗棠何其铮铮铁汉，越是艰难的处境越不肯屈服，最终克服万难抵达陕西潼关。

此时，陕西境内捻回正盛。左宗棠怕捻军到处流窜，便主张："务将捻逆尽之秦中，免致流毒他方，又成不了之局。捻逆既平，则办理余逆，亦易为力矣。"根据形势，左宗棠从陕东，刘典从陕南两面夹击西捻。西捻不敌，九月开始进军陕北，想借此通往山西。清廷得知，切责左宗棠，谕曰："晋省为畿辅屏翰，左宗棠当如何力筹兼顾？陕西兵力不为不厚，总当就地歼除，不可以驱贼出境即为了事。倘任贼东渡，阑入晋疆，惟左宗棠是问。"一道命下，左宗棠"凡所布置，均为就地歼贼起见"，"大举围逼，期歼贼于渭、洛之间"。此时左宗棠的战略，比平灭太平军时要凶狠几分。

不过，西捻也并不是好对付的。正当左宗棠设防于陕豫、陕鄂交界处时，西捻军却向北逃窜。形势明显对左宗棠不利，一方面"北山荒瘠殊常，官军追剿，皆以无粮不能急进"而另一方山西民乱加紧进攻，这让左宗棠前追不得，而后背受敌。虽然左宗棠多方部署，但是寡不敌众，防不胜防，西捻军还是迅速摆脱湘军的追剿，窜入山西，途径河南，直逼京畿，到达卢沟桥附近。清廷闻之，大为恐慌。清廷立马以追剿不利，责难左宗棠、李鸿章、官文等剿捻统帅，并令"左宗棠前赴保定以北，妥为督剿，以赎前愆，毋再延误"。

三人遂快马加鞭，多方调度，对直隶属地进行围堵。此时东捻军已为李鸿章等人消灭，西捻军虽然抵达直隶附近，但正好陷入清军的重重包围之中。在直隶，左宗棠更加明示斩获西捻军首领头颅的赏格，以此振奋士气。虽然手段极为恶劣，左宗棠后来也因此遭受时人和史学家诟病，但当时确实起到了一定的影响。兵士个个奋勇追剿，很快就把西捻军张宗禹部逼出京畿。张宗禹最后率残部逃到平南镇，想强行渡河，结果溺水而亡。首领身亡，他的残部不是投降就是溃散，西捻军由是得以剿灭、平定。清廷以此论功行赏，恢复左宗棠的职务，并加赏他太子太保衔。随后，慈禧特命其入宫询问平灭陕甘地区其他民乱的事情。也就是这时，左宗棠向慈禧太后拍胸脯保证"西事五年为期"，开始督办灭捻之后的陕甘军务。

因为其间涉及少数民族问题，因此左宗棠对此的策略是"剿抚兼施"，坚持对此纷乱"只辩良匪，以期解纷释怨，共乐升平"。为此，在剿匪之前，左宗棠特贴安抚告示，以示众人：

大军西征，由秦赴陇；杀贼安民，良善毋恐。

匪盗纵横，害吾赤子；剿绝其命，良非得已。

多杀非仁，轻怒伤勇；诛止元恶，鉏必非种。

凡厥平民，被贼裹胁；归诚免死，禁止剽劫。

……

告谕吾民，俾晓吾意；勿比匪人，以死为戏。

大军所至，如雷如霆；近扫郊甸，远征不庭！

1868年末，左宗棠来到西安，即刻部署军务。按照部署，出师延安镇靖堡击败董福祥军，攻打灵州马化漋据守的金积堡，收复马占鳌据守的河州，就剩下一个肃州尚未被清军攻取。

河州平复之后，左宗棠得以顺利进驻兰州。此时，距左宗棠任命陕甘总督以来已有六七年之久。而在此前后，新疆为阿古柏所占。新疆全失，即意味着中国西北边陲沦陷，中国在西北的天然屏障没有了。要保卫京畿，就必须收复新疆。然而要收复新疆，就要先安定关内，尤其是肃州，那里是进军新疆的唯一通道。

肃州兵力雄厚，由马文禄占领。左宗棠准备整军往肃州而去。恰在此时，清廷传来上谕，告诉左宗棠俄国已经占领了伊犁，并有向乌鲁木齐进军的迹象。清廷担心,"伊犁沦陷,兵力未能顾及,致俄国从而生心,难免觊觎要求情事,若乌鲁木齐再为该国收复,则更难于措手",因此派乌鲁木齐提督成禄出关"剿贼"。但因为肃州被马文禄所占,清廷便责令左宗棠"迅即调派劲旅前往扼剿窜匪,替出成禄一军出关剿贼,毋得以兵力不敷稍形推诿"。

左宗棠接到上谕,即刻命令徐占彪为先锋,速赴肃州打头阵,随后又调集张曜、金顺诸部各率军前往肃州,合力围攻肃州。奈何肃州城墙高大坚固,况且马文禄又请来了白彦虎等残部助阵,清军几个月久攻不下。后来左宗棠以成禄在西北为非作歹、残杀良民等理由,弹劾之,清廷遂以金顺代替成禄,收其部,继续攻打肃州,伺机出关。

同治十二年八月,左宗棠抵达肃州,亲自在城外指挥战争。他以后膛大炮和劈山炮等新式武器炮轰城墙,马文禄终于抵挡不住,出城求降。马文禄因为杀戮无辜太多,并且顽强抵抗清军已久,造成清军损伤惨重,清廷判其死刑。在攻下肃州之时,虽然左宗棠早已颁发了禁令不得滥杀,但是杀昏了头的清军兵士顾不得左宗棠严禁滥杀的禁令,"诸军入城纵火,枪轰矛刺,……,除拔出老弱妇女九百余口外,尽付焚如,肃州以平"。虽然士兵愤懑之情可谅,但是左宗棠没能切实约束好部下兵士,任其滥杀无辜,却是一桩实实在在的罪状,成为他荣耀一生中的一个大污点。后来,他在写信给金顺时说:

弟自办军务以来,于发、捻投诚时,皆力主"不妄杀、不搜脏"之禁令,弁丁犯者不赦。而于安插降众一事,尤为尽心。即如克服肃州时,尚有不能尽行其志者。

这就说明，左宗棠在事后一直都对此事怀疚在心，可惜事情已经发生，他再也无法弥补，只能从此成为心中的一种伤痛。而后在善后工作中，左宗棠对降民竭力保护，不允许地方官吏、土豪、乡绅等对他们进行再度迫害，或者便有想弥补肃州过失的因由。比如，对于安置乱民，左宗棠把他们迁徙到有水、草、河流、沃土的自成片区的无主平原地带，在此过程中，给每户每人都发放粮食，连牲畜都定量给予粮草。每到一处过境，都命当地政府安排好窑洞和柴薪，并做好保护。而安置好他们的栖身之地后，左宗棠又在文化、科举上落力。他不仅在当地设立义学，免费发放文房四宝和各种启蒙书籍，更鼓励他们参加科举考试，为国家效力。其中，左宗棠还申请在兰州设科举考场（原本陕西、甘肃为同一考场，都在西安考试），并在兰州修建了可容4000人规模的贡院，这在当时而言，是国内数一数二的大规模贡院。

共赏万余卷奇文，远撷紫芝，近搴朱草；
重寻五十年旧事，一攀丹桂，三趁黄槐。

左宗棠为兰州贡院题联如此。他的善后工作，比起带有浓重血腥味的剿匪、平乱而言，更让人称颂，也更让他自己满意。而这也是一份安定国家、团结民族的功劳。清廷以此赏加他为协办大学士、一等轻车都尉。而在这次恶战中失去的清军将士，诸如刘松山、简敬临、李就山等人，清廷也加恤厚殓。长达十余年的西北纷乱，终于以双方都付出极大的伤亡这样的代价结束。而左宗棠，又将以沉重的心情，一心关注和处理新疆军务。

第二节
"任天下之至重，处天下之至难"

新疆直接归中国统治可溯源到汉武帝时期，汉朝当时在新疆设立西域都护府，而到唐朝时期则改设安西都护府和北庭都护府。自汉朝到唐朝，这期间中央对新疆的管治虽然断断续续，但新疆一直都未脱离中央。而到了唐朝末期，亦即9世纪以后，一直到18世纪这近千年的时间长河里，新疆已然脱离中央的管控，处于多国割据、分裂和征战的状态。这种状况延续到清朝扣关之后，17世纪爆发准噶尔叛乱，清朝借此多次征战新疆，前后历时百余年，才在1757年彻底平复准噶尔叛乱，正式取名新疆，使其重归中国版图。几年之后，乾隆又平定回部大小和卓叛乱，清朝才正式确立对新疆的稳固统治。

然而，好景不长，自1820年开始，新疆又发生张格尔叛乱，这场叛乱直到1827年才完全平复。此间，左宗棠年值8岁至15岁。向来心忧天下并喜研历史的左宗棠，或许从这期间开始就已经读到中国边陲分分合合的历史。与以往的叛乱不同，张格尔叛乱主要是在英国侵略势力的支持下进行的。英国侵略势力想借此引起中国边陲的民族分裂活动，便利用张格尔妄图恢复和卓家族统治新疆的幻想，以达到他吞噬新疆大地，并以此为突破口殖民中国内陆的野心。这与左宗棠收复新疆前后，阿古柏受到浩罕、沙俄等侵略国的幕后支持几乎占据整个新疆的情形有些类似。可见，外国侵略者对中国边境，尤其是新疆这块土地的侵略野心是一直存在的，如若此地不复归属中国版图，那么中国无疑就处于列强的重重包围之下，便会出现如左宗棠所言失去新疆，则很可能失去中国的危机。

唇亡齿寒，危急存亡之际，左宗棠如何能够袖手旁观，而任由外国侵略者四处蚕食我国边境，以图整个中国大地呢？还在左宗棠任闽浙总督的最后两年，左宗棠刚平定太平天国起义，新疆就接连起义，在1864年涌现出五股分裂势力，分别是在喀什噶尔的金相印、司迪克政权，在乌鲁木齐的妥明政权，在库车的黄和卓政权，在和阗的玛福迪、哈比布拉汗政权，以及在伊犁的迈孜木杂特政权。五股分裂势力各自为政，并多年纷战，让早已觊觎中国大地的侵略国有了可乘之机。

1865年，金相印、司迪克政权求助于我国新疆西面的浩罕汗国，浩罕便借此派阿古柏入侵新疆，以短短五六年时间，自立为王，建立"哲德沙尔汗国"，侵占了几乎整个新疆地区。与此同时，俄国迅速占领伊犁，并强与阿古柏签订条约，俄国承认阿古柏的政权，而阿古柏给予俄国自由通商等特权。英国见此，也效法俄国，与之签订条约，承认他的政权，并为阿古柏提供武器支援，阿古柏同样换以通商自由等特权，甘心臣服其下。这样一来，新疆的问题就有如张格尔叛乱时一样，加入了外国殖民侵略的元素，致使中国疆域和政权危机进一步扩大。

左宗棠在陕甘剿捻的西征道途中，就曾多次上疏要求收复新疆，以驱逐英俄等殖民国家出境。此时，左宗棠早已过花甲之年，连年征战致使他的身体愈发不如从前。然而，面对边陲之危，左宗棠夙夜忧叹，他写信告诉家人，

"俄罗斯乘我内患未平,代复伊犁。朝廷所遣带兵大员均无实心办事之意,早被俄人识破,此事又须从新布置。我以衰朽之躯,不能生出玉门。惟不将关内肃清,筹布出关大略,遽抽身退休,此心何以自处?"因此,他多次要求清廷派兵出关收复新疆。清廷也深知新疆关乎中国安危,因此并不想轻易拱手让人,于是命署伊犁将军荣全收复新疆,景廉收复乌鲁木齐,刘铭传出关协助。对于不愿意出关的乌鲁木齐督统成禄革职查办,并让左宗棠尽快肃清肃州,彻底打通进军新疆的要道。此时,左宗棠还是陕甘总督,而督办新疆军务非为其职。但作为一个忠君爱国的能士,面对列强昭然若揭的侵略行径,左宗棠不能视而不见。除了遵命扫清进军新疆的要道,左宗棠还写信给此时在湖南养病的刘锦棠,着他募兵数千赶往西北,作为后备军。

对于俄国侵占伊犁,左宗棠以为危害极大,已经想到俄国想通过伊犁"乘机窃据"整个新疆,进而把爪牙伸及中国内陆的诡计。因此,左宗棠上疏应对之策:

宗棠所以有从内布置、从新筹度之请也,就兵事而言,欲杜俄人狡谋,必先定回部;欲收伊犁,必先克乌鲁木齐。如果乌城克复,我武维扬,兴屯政以为持久之谋,抚诸戎傅安其耕牧之旧,即不遽索伊犁,而已隐然不可犯矣。乌城形势既固,然后明示以伊犁我之疆索,尺寸不可让人。……目前要务不在预筹处置俄人之方,而在精择出关之将,不在先索伊犁,而在急取乌鲁木齐。

国土尺寸不可让人,这就是左宗棠对待外国侵略者的强硬态度,也是其作为帝国最后鹰派的可贵之处。不畏强敌,智谋勇夺,作为一代军事家的左宗棠，在分析了新疆目前所处的形势之后，得出先取"先关内，后关外"的战略方向，在平定西北纷乱之后即取道肃州，出兵乌鲁木齐，然后逐一速取疾攻，收复全疆。对于现状，左宗棠认为，阿古柏不足为惧，真正的大敌是沙俄，因此一面需要和沙俄交涉，商讨归还伊犁事宜，而一面需要加紧防备，收复新疆，以备迫不得已时武力夺回伊犁。

清廷采取左宗棠的意见，命他在肃州设西征总粮台，督办粮饷转运，而景廉则为钦差大臣，督办收复新疆事宜，并让金顺率部抵达新疆古城准备作战。

而此时，东方岛国日本野心蓬勃，毅然进犯我国宝岛台湾，海防形势再度异常严峻。总理衙门因此提出六项加强海防的意见，分别是练兵、简器、造船、筹饷、用人、持久，并去信咨询各督抚意见。左宗棠以为增强海防的方向是正确的，但精兵简政是关键，海防塞防并重是根本，不能因为海防而放弃塞防，顾此失彼。

东面要抵御日本帝国海上侵凌，西部又要抗击俄国吞食，晚清此时内患还未完全平息，外忧却接踵而至。于是，清廷宫中就此展开一场争论。针对左宗棠坚持塞防，收复新疆的想法，李鸿章却持完全相反的态度，建议清廷撤销塞防，放弃新疆，把用在塞防的人力、物力和资金都用在海防上。他还认为，新疆周边是沙俄、英属印度、土耳其等国，即使收复新疆将来也"断不能守"。李鸿章对待外国侵略向来都以妥协、求和为要，惧怕与之开战，其论调无疑是丧失自信、消极的，于国而言就是误国卖国。但是许多人却赞成他的论调，以为当务之急是海防，塞防便要暂放一边。连福建巡抚丁日昌也以为，外国侵略者在我国陆地上的侵略是"蚕食"，而海上侵略则为"鲸吞"，鲸吞远比蚕食厉害，因此要先处理鲸吞而任其蚕食。丁日昌此般想法，犹如温水中的青蛙不知道温水一点点加热，最终就会把自己煮熟。鲸吞给现时造成巨大的、可见的危害，但是蚕食却让人麻木，殊不知它所能造成的危害恐怕更大。

与左宗棠寸土不可让人的坚定决心相比，朝廷大部分人都目光短浅，看不到英、俄列强以蚕食手段来麻木国人的潜在可怕性。李鸿章更以诸多冠冕堂皇的理由煽动大家，致使一时间都以为放弃新疆，一心致力于海防是爱国的表现，而收复新疆则为了一己私利、一意孤行的卖国行径。左宗棠由是成为众矢之的，面临前所未有的压力。左宗棠在愤慨之余，力言"东则海防，西则塞防，二者并重"的道理，并指出加强塞防正是稳固海防的关键，因为，如果俄国不能在我国西北得志，列强也不敢贸然进逼东南沿海。因此，无论舆论如何倾轧，左宗棠还是对收复新疆的志向坚定不移。

总结这次关于海防和塞防的争论，主要就是以李鸿章和左宗棠为主，李鸿章力持放弃塞防的妥协态度，而左宗棠坚定海塞两防并重的战略。我们总结李鸿章的观点共有五点：

一是把中国比作母体的话，新疆只是四肢，而沿海是心腹，心腹比四肢重要，因此要先保心腹，暂弃四肢；

二是新疆位于边陲，远离京畿，周边列强早有蚕吞之意，即使一时收复，也不能长守，倒不如暂且搁置；

三是新疆贫瘠，又不能为清廷带来税收等实际利益，等同废地，反倒要清廷每年支付两三百万军资以守，得不偿失；

四是暂弃并非卖地，等海防稳固，国运转好再收也不迟；

五是目前财政极为困难，海防迫在眉睫，塞防耗资巨大而未必有所成就，不如挪塞防军资用于海防。

李鸿章等人所持观点，重点还在于经费问题，然而经费的背后，却透露出他们畏难惧败的软弱，以及他们的"浅见愚识"。对此，左宗棠一一为之辩驳，也为五点：

第一，新疆是中国的屏障，新疆保而蒙古保，蒙古保而京畿保，否则列强自西一路袭来，京畿难以抵御；

第二，支持新疆分裂的侵略国，是时旨在通商，一时还不敢轻举妄动，而这就是收复新疆的最好时机；

第三，依当时的形势而言，万不能撤兵，一撤兵，就让侵略国看穿我国当前的窘境，而更给他们深入侵略的时机；

第四，多年以来各省久欠塞防军饷，竟至三千多万两，塞防得以维持现状已然不易，更没有多余的军饷以资海防；

第五，海防并不需要挪用塞防军饷，无论船器还是兵力，都可就近取用。

因此，"无论乌鲁木齐未复，无撤兵之理；即乌鲁木齐已复，定议划地而守，以征兵作戍兵为周围计，而乘障防秋，星罗棋布，地可缩而兵不能减，兵既增而饷不能缺，非合东南财赋通融捁注，何以重边镇而严内外之防？……若此时即拟停兵节饷，自撤藩篱，则我退寸而寇进尺，不独陇右堪虞，即北路科布多、乌里雅苏台等处恐亦未能晏然。是停兵节饷，于海防未必有益，于边塞则大有所妨，利害攸分，亟宜熟思审处者也。"

左宗棠力排众议，不顾清廷中反对者污之以贪图功名的议论，得出必取新疆才能保卫国家安危的结论。清廷根据左宗棠的奏疏最后议定，任命左宗棠为钦差大臣督办新疆军务，并根据左宗棠的建议撤掉"泥古大过，无应变之才"的景廉，代之以金顺帮办军务，而责令左宗棠全权调度新疆事务，而不单只是运粮筹饷而已。

在声势浩大的弃疆守海的众议声中,清廷能够最终选择信任左宗棠,并委之以全权督办新疆军务的大任,这在向来软弱无能的晚清而言是极难能可贵的。清廷这一次发出如此强硬的守疆信号,表明清廷反侵略的决心,多少也起到了震慑列强的作用。而对于这一次出塞前的大辩论,以及左宗棠以风烛残年之躯仍旧担起收复新疆的大任,时署两江总督刘坤一称赞左宗棠为"任天下之至重,处天下之至难"。

左宗棠对此也深有感触,他也未有十足把握能够取得守疆大业,但念及国家安危,他却义无反顾。他说:"使我如四十许时,尚可为国操劳,一了此局,今老矣,无能为矣。不久当拜疏陈明病状,乞朝廷速觅替人。如一时不得其人,或先择可者作帮办;或留衰躯在此作帮办,俟布置周妥,任用得人,乃放令归,亦无不可。此时不求退,则恐误国事,急于求退,不顾后患,于义有所不可,于心亦有难安也。"为了心安,为了对得起清廷重用,为了对得起国家和人民,他毅然西行,以老残之躯、坚定之心准备挺进恶劣的荒漠之地。"老骥伏枥,志在千里。烈士暮年,壮心不已。"左宗棠宛若一只不老苍鹰,誓要驱除外敌一复新疆!

第三节
进疆前的全面部署

清廷定下了收复新疆的决定，并由左宗棠作为钦差大臣、新疆军务督办，全程负责收复大业。由是，左宗棠得以展开手脚，并在1876年进驻肃州之前做好部署规划。

清廷为何选择已经60多岁的左宗棠而不继续由之前任命的几任伊犁将军担此大任呢？很显然，无论在军事、政治还是经济职能上，都没人能和左宗棠相比。平定太平军在湘、赣、浙、闽等南方诸省的势力，而后受命陕甘总督剿灭捻军，安抚回民，连年征战二十载，当时还有谁比之更有威望和军事勋绩？非但如此，左宗棠在每次战后的善后工作，都几乎是每场内乱平定后做得最好的，民心所向，又有谁比之更懂得经济利民？而面对广漠之地，又有谁力排众议，以苍鹰般锐利而长远的目光，以钢铁般坚定不移的意志和决心誓死收复新疆？综合考量，凡此种种，除了左宗棠，晚清大员之中再也没有人能够敢于担此大任。因此，在出征之前，左宗棠如此说道：

现奉谕旨督办新疆军务，应预筹出关驻节。衰病余生，何能担荷重任？惟密谕"英、俄有暗约扰我西路之说，英由印度窥滇之腾越，俄窥喀什噶尔，使我首尾不能顾"。……此时西事无可恃之人，我断无推卸之理，不得不一力承当。

"不得不一力承当"，这话的背后既有一江春水流不尽的无奈，也有重于泰山的责任，既在其位，则谋其职，鞠躬尽瘁，死而后已。不管是向以寒儒自称的左宗棠，还是打小心忧天下的左宗棠，抑或自喻今世诸葛亮的左宗棠，总而言之，新疆唯左宗棠不破。左宗棠心知此次行动只准成功不许失败，否则不仅为天下人诽谤，更令他国耻笑，因此在出征前就对战争方略与后勤保障工作做了详备的部署。

在战略方针方面，左宗棠总结为"缓进急战，先迟后速"八字方针。"缓进"与"先迟"，讲的是在战前做好充分的准备和部署，包括部署线路、进攻顺序以及救援、后勤补给等各项事务。所谓预则立，不预则废，作战亦同理，做好充分准备，才不至于在战时无以应对突发情况。而"急战"与"后速"，讲的就是要速战速决，勇往直前，不可拖泥带水，畏首畏尾而犹豫不决。特别是对于将领来说，在战争中随机应变，作决定果断决绝，用兵神速，攻其不备，出其不意，这样才能把握战斗的先机，赢得胜利。

这八字说来容易，做起来却不易，非谙熟兵法，并由丰富的临敌经验者所不能领悟调度。我们下象棋，高手对决的时候，往往一子扭转乾坤定胜负，就在于全局部署和战时应变。因此，数十颗棋子按照既定规则行走，越走到后面，高手之间的胜负就越难武断下判定。很多时候，他们每下一棋，却早已想到后面数步乃至十数步。象棋者如此，比之难百十倍的围棋更是如此。而围棋比之实际战场，又何止容易千百万倍呢？因此，千钧一发，虽争在一时，而更在战前谋略。左宗棠由是说"宁肯缓进，断不轻退"，就在于他在缓进之前早已考量了各方面的利弊，以确保最佳战斗时机再发兵速战速决。在这方面，太平军、捻军都没能做到，清廷也无左宗棠如此深思熟虑的考虑。而即使被左宗棠视为"英锐果敏，才气无双"的刘锦棠，也没能领悟其中真义。

1876年秋，刘锦棠率军收复乌鲁木齐之后，认为北路已经基本肃清，可以急进师南路。而左宗棠却从兵将、军器、天时、地利等诸方面，与之分析需留待明年再进兵南攻的原因。左宗棠分析道：

> 以现在局势言之，则今年万无进兵之理。总统新病甫愈，将养复元尚须时日，所部患病甫瘥者亦多，非缓养不可即戎，一也；玛纳斯南城未复，助剿之军未能归营，二也；蜀军、嵩武转运军粮干药未能加以迫促，三也；古城采运不能迅速，民车民驼既经周守迫压从事，人多逃散，见难招致，而伏贼四出，劫掠频仍，人皆视为畏途，该总统前存之粮尚未运竣，后采之粮凭何转挽？四也；节届大雪，冰凌载涂，南进之后战事、运事均难着手，而人马已形困瘁，五也。思之，思之。察看情形，通筹利病，进兵之期非俟明岁春融不可。天时人事皆显而易见，智勇所不能违。……惟进兵虽俟明春，而目前应办之事必应迅速办理，……如此则明岁春融师期不致再误，而局势仍以缓进急战为义，可以制胜矣。

左宗棠再次强调"缓进急战"的战略方针，并明确告诉刘锦棠缓进不是无所事事，而应趁此机会抓紧时间做好明年进军的各项准备，以俟明年雪融之际则速战之，打他个措手不及。

何以为"应办之事"？对于整个军务而言，应办之事就是筹粮、筹饷、筹兵和筹运四大事宜。总体来说，也就是后勤保障事务。我们知道，在确定收复新疆之前，清廷内部有过一次关于海防与塞防孰轻孰重的争议，而争议的最大焦点就是军饷问题。左宗棠指出历年来各省积欠塞防3000多万两军饷，塞防本已是艰难维护，如今又要大举进军新疆，其路途遥远且艰险，战事期限未定，所需军饷耗费巨大。这个难题，若不在战前完全处理好，那么就绝不能贸然进军，以免半途而废，得不偿失。

左宗棠大致算了一笔账，即便再精兵简将，出征第一年所需军饷仍在千万银两以上。如此大数额的一笔款项，国库空虚而又要兼顾海防以及之前所签种种不平等条约索赔项目，清廷断不能全部埋单。而若筹不到军饷，那么刘锦棠24营、金顺率部20营、金顺所辖景廉旧部19营、张曜14营、徐占彪5营，总共82营将士的温饱从何解决？参战将士多为贫苦子弟，他们都是抱着一颗爱国热心前来的，在征战途中随时都有可能面临为国捐躯的生命危险，若使其饿着肚子打仗，如何对得起这一个个追随他跋山涉水艰苦作战的将士？因此，左宗棠尽管苦恼已极，便想到外借洋款，以渡时难。

提到借洋款，左宗棠首先想起当年他力荐之为船政大臣的沈葆桢。昔日因为台湾军事告急，各省并无军饷支援，沈葆桢不得已之下成功举借洋款200万两。左宗棠上疏清廷，希望清廷令其帮借1000万两，由各省关分十年清还。清廷十分同情左宗棠的艰难处境，于是诏令沈葆桢照办。不料沈葆桢本不赞成西征，又因有李鸿章在后台支持，沈葆桢不赞成也不愿意再经他手外借洋款。左宗棠为之愤懑难抒，指责他"是诚何心哉"。然而愤懑归愤懑，两江总督沈葆桢和直隶总督李鸿章如此极力反对，不愿出手相助，左宗棠也只好在历陈借洋款之必须之外，主动把借款千万两减至四百万两。如此一来，或可稍缓反对派的意见。

清廷深知左宗棠的不易，愿意极力配合，想方设法给他凑足千万两出征饷银。经过商议，清廷颁布"上谕"："左宗棠出师塞外，必须士饱马腾，方足以壮军威而张挞伐。各营将士踊跃前驱，尤深廑念。各省协解西征饷银未能足数，致有积欠口粮。此次远道进兵，粮饷必须充裕。……加恩着于户部库存四成洋税项下拨给银二百万两，并准其借用洋款五百万两，各省应解西征协饷提前拨解三百万两，以足一千万两之数。"

清廷以坚定的决心和实际行动支持左宗棠的西征事业，很快就给他拨款200万两，并饬令各省筹得300万两，总共500万两给到左宗棠帐下。但对于外借500万两，则让左宗棠自行去借，并属意他"既以肃清西路自任，何惜筹备巨款，俾敷应用，以竟全功"。左宗棠由是感恩不已，主动延迟一年举借洋款，以减少一年利息。翌年，左宗棠委托胡光墉借款，最终经由德商泰来洋行出面斡旋，敲定债主为英商汇丰银行，借款500万两，分7年归还，以月息一分付给汇丰，并以贴息二厘五毫每月付给泰来。借洋款一事遂定，军饷也就初步有了着落。

行军中有这么一句话，筹兵容易筹饷难，筹饷容易筹粮难，筹粮难来莫若筹运最难。军饷已筹来，82营的粮、运问题就可以迎刃而解了。陕甘地区向来粮少，并不足以供左宗棠这支新出关的大部队，因此，军粮全部需要从内地转运而来。这也就是刘锦棠以急进夺取北疆而左宗棠以为时机未到的一个重要原因。内地与新疆地隔何止千百里，最远的北路运粮队需要绕道5000多里地才能运到目的地，这期间运一次粮就要一整年的时间，而且耗费的人力、物力和佣金巨资。由此可见筹运之难。

而筹粮之难就难在需求大而供应不足，因此需要多地采购、转运。左宗棠筹粮分三路，一路就是北路，在归化、包头采粮500万斤，运到巴里坤；

一路就是南路，在肃州采粮1400万斤，运到安西、哈密和古城等地；最后一路，就是俄国人自告奋勇采购的400万斤粮食，这是之前原俄国总参谋部军官索斯诺福齐来华"游历"（视为一探中国虚实）经过兰州时与左宗棠商定的一桩贸易。

粮已备，兵已足，"士饱马腾"正待时，左宗棠由是部署进攻方案。新疆全境主要分为两部分，一为阿古柏占领的新疆大部分地区，二为沙俄占领的伊犁地区。左宗棠以为应当先灭阿古柏匪帮，夺回新疆大部分地区，然后再向沙俄索还伊犁。而收复新疆，又分两步走，左宗棠根据地形、地利分析得出，"天山南北两路"，"北可制南，南不能制北"，因此先取北疆，再定南疆，并定下进攻路线。

官军出塞，自宜先剿北路乌鲁木齐各处之贼，而后加兵南路。当北路进兵时，安集延或悉其丑类与陕甘窜逆及上回合势死抗官军，当有数大恶仗。如天之福，事机顺利，白逆歼除，安集延之悍贼亦多就戮，由此而下兵南路，其势较易。是致力于北而收功于南也。

做好出兵规划之后，左宗棠在正待军粮运到期间，以刘锦棠总理行营事务，并"精择出关之将"，严格训练各营将士。左宗棠的治军理念是"整军，乃可经武"，因此，在训练将士方面，他不单强调练习军事技艺，更注重对他们进行政治思想教育。

"练兵之要，首练心，次练胆，而力与技其下焉者。""大小操演固宜加勤，然非调之随征，俾令历练有素，则虽技艺可观，终不足恃。盖打仗以胆气为贵，素练之卒，不如久战之兵，以练技而未练胆之故也。"所谓练心，即练爱国之心；所谓练胆，即练不惧强敌之胆。左宗棠以心为本，胆为要，目的就是要稳定军心，让他们誓死效忠，听随将领的安排，跟随大队无所畏惧为国征战。

攻之以心，左宗棠从根本上治军，不可不谓高招。1876年春天，左宗棠的兵已然练成，而粮饷也都准备好，作战方针和战略都遍告全军将领，于是率部自兰州移师肃州，准备在西陲边疆展出苍鹰令敌为之颤抖的第一声雄音。

第四节
以乌鲁木齐为突破口

粮饷已筹备,作战方针也已做好部署,万事俱备只欠东风,左宗棠将兰州的军务大权交给刘典便率部移师肃州,正式踏上收复新疆的战程。

在路上,左宗棠时刻都以谨慎为要,以防止回部残敌在途中伺机报复。一天夜晚,部队行军到某山林之中,将士们走了一天疲倦已极,倒头就呼呼大睡。左宗棠也随军士一同就寝。然而,不知是左宗棠本无倦意,还是他放不下心,没多时他就被打更的声音吵醒。打更是再平常不过的事,但左宗棠仔细倾听了一会儿,马上挺身而起,急命部队立刻拔营前进。就在全军方才离开不久,就听到身后传来轰隆一声巨响和喊杀声。原来,残余的回部打听到左宗棠部队出发的时间和路途,提早在这里设定埋伏,挖空左宗棠原宿营地,就等他们睡着之后进行突袭。幸好左宗棠时刻保持警惕心,在打更声中听出了隐约有回声的异样,知道营地必是空的,猜想有人会进行设伏。全军幸运地躲过了一劫,全军上下不仅更佩服老将帅左宗棠,更从中提高了警惕。

经过将近一个月的时间,部队顺利抵达肃州。按照左宗棠此前的部署,缓进急战,又经过一个月的整军,左宗棠命令刘锦棠率老湘军作为主力军,于四月初"率各营长驱大进"。然而，西陲的恶劣让久处南方的湘军战士产生畏惧、厌战的情绪，士气一度低落不振。刘锦棠看在眼里急在心里，他体谅老湘军的难处，知道如不从根本上解决士气低沉的问题，即使再使用强硬的军纪鞭促，也是于事无补，而或适得其反，引起军士不满，以致军心动乱。治军心为首，刘锦棠在行军打仗中多次受过左宗棠的指导，对此他深知不可莽撞。但如果不尽快解决士气低沉的问题，那么必然耽误出征，影响整个作战规划。大骂惩罚不得，又不可任由事态严重，刘锦棠只好找到左宗棠，和他一起商谈解决办法。于是，就有了后来设道酬神的故事。

正当左宗棠与刘锦棠率大部队向西进军的时候，董字营的一个老兵忽然跑到左宗棠面前，大声高喊，令在场的兵士都为之一震。只听这个老兵说他是老统帅派来的，老统帅已经率部打先锋，但是天寒地冻，吃不饱穿不暖，战斗力不强，老统帅要他前来告诉左宗棠，希望左宗棠能够先发一个月的粮饷，好让大家吃饱穿暖好随老统帅打仗。

部队上下一听，这个不得了。他们都是刘松山的部下，刘松山在剿捻中惨烈牺牲了，于是左宗棠改任刘松山之子刘锦棠继续率领这支老部队。军中上下于是称刘松山为老统帅，而刘锦棠为少统帅，以示对他们的尊敬。据老兵的说法，老统帅英魂随着大部队西进打仗，还要为大部队打先锋，并时时惦记着大家的温饱，这让军中将士个个热血沸腾，感动不已。左宗棠于是命令大部队停止前进，一致向天仰拜。第二天，左宗棠又就道设神坛，依照老统帅的吩咐，烧纸钱、车马、衣物等，领全军齐齐祭拜，好让老统帅率亡故将士衣食无忧，为他们打先锋、除障碍。

这事一时间传遍部队内外，越传越神，听得军中上下都盼着早日打进新疆，一遂老统帅的夙愿。于是，湘军大部队被老统帅的精神所感染，个个精神振奋，士气昂扬向前进，此前的畏难畏苦情绪早就被抛到九霄云外了。神奇的更不止这个，当部队行经玉门关外时，只见部队的上空也黑压压地列有数万只乌鸦兵，它们呱呱随军飞行，就像是空中侦察部队一样，给行军带来了神秘感。老湘军以为定是老统帅担心他们沿途不振，特派乌鸦兵看护相随的。这事，和老统帅第一次英魂显灵一样，成为进军新疆的又一件神秘灵异事件。

其实，老统帅的显灵是左宗棠和刘锦棠效法诸葛亮以振奋士气的办法。他们特地找来那个老兵，命他如此如此言行，并嘱咐他坚守秘密。而乌鸦兵的出现，是因为边塞气候恶劣，乌鸦难觅食物充饥，恰好湘军大部队经过，兵士们就餐时掉下的残渣俨然成了乌鸦的美味，于是它们一路跟随，直到老湘军顺利走出荒漠戈壁地带。

有了老统帅的精神支柱，以及乌鸦兵的相伴解闷，左宗棠率部如愿抵达哈密，而后继续进驻巴里坤、古城、济木萨，向着一取乌鲁木齐，再取玛纳斯，最后收复北疆全境的目标进发。而此时，北疆正由逃亡新疆的回军白彦虎残部和马人得部队掌控。他们把大军屯在乌鲁木齐北面的古牧地。因此，欲取乌鲁木齐，必先攻克古牧地。

闰五月，刘锦棠率大军抵达古城，而金顺则驻扎在济木萨。根据既得情报，乌鲁木齐仅有几千兵马驻守，而古牧地却把以重兵。欲要取乌鲁木齐，则必须夺得古牧地。于是，左宗棠给他们定出大致方略部署，因为"贼之精锐多在古牧地，是处距阜康县城九十里"，所以"到后，以大队径驻阜康县城，出队捣古牧地。此关一开，则乌垣红庙子贼不能稳抗，白逆必窜吐鲁番，以寻去路"。因此，刘锦棠率轻骑赶往金顺军处，与他商定夺取古牧地的方略。济木萨距离古牧地有300余里，而阜康距离古牧地仅90多里。他们决定合两军之力先攻取阜康，再夺古牧地，乌鲁木齐即可唾手取之。根据刘锦棠和金顺的行军方略，左宗棠又为他们布置后防，在巴里坤、哈密、敦煌、青山口登出都派兵驻守，以防敌军流窜和拦截此道。

前后防布皆已妥当，时至六月，刘锦棠合力金顺很快就取得阜康，准备进军古牧地。听到清军逼近古牧地，驻扎在乌鲁木齐的马人得即刻率部支援，南疆阿古柏也正派援兵过来。

在阜康和古牧地之间隔着一片小沙漠，四周无水，只有一个叫黄田的地方才有水源。不过，白彦虎早已派重兵把守在那儿，目的就是逼清兵走没有水源的大道，想借此把他们困死在那儿。刘锦棠识破了敌人的计谋，于是佯装掘井取水走大道，以麻痹敌军。果然，敌军中计而放松了沿途的警戒。刘锦棠见状马上命令部队夜袭黄田，用开花炮击倒城墙，一直把守城敌军追到古牧地城为止。在黄田取胜后，清军乘胜追击，不给敌军喘息之机，几天后就猛烈进攻古牧地，在城墙外高磊炮台，不多时就攻下古牧地，几乎把守城敌兵消灭净尽。白彦虎和马人得此时都不在城内，他们急忙跑去山南请求增援了。在清军搜获的文书中，其中一封说明乌鲁木齐内部空虚，并无甚兵力驻守。刘锦棠得知，以为机不可失，宜速往攻取，于是第二天就赶到乌鲁木齐，在迪化城放一响炮，命军攻城。白、马两人没想到清军会来得那么神速，又听得一声响炮，一下子心神慌乱便弃城而逃。清军不想如此轻易就攻下了乌鲁木齐。

北疆两座要塞已经攻下一座，那么北疆的成功就已然近了。玛纳斯诸城守将听到乌鲁木齐已失，于是纷纷弃城往南而逃。待清军赶到玛纳斯城下时，城里只有韩刑脓军队坚守。清军日夜攻城，并多次增派援军前来，最终才把城墙轰开。韩刑脓当场被大炮炸死，玛纳斯才得以克复。至此，除了被俄罗斯占领的伊犁之外，以乌鲁木齐、玛纳斯诸城为主的北疆全境都已收复，左宗棠上疏表奏刘锦棠诸将领功劳，并即刻对下一步进攻南疆做部署。而此时，阿古柏失去了北疆全境，又损兵折将不少，便对南疆的守护格外谨慎，在吐鲁番、达坂、托克逊三城之间布置重兵把守，以成犄角之势。而阿古柏则据守在距托克逊数百里外的喀喇沙尔遥相指战。

与此同时，对于伊犁问题，清廷又有一番议论。左宗棠在北疆获得的胜利，让清廷投降派有了停止继续征战新疆的理由。早在俄国侵占伊犁的时候，俄国曾放话，只是代替中国暂为保管伊犁，只要将来中国收复了乌鲁木齐和玛纳斯两城，俄国就会双手奉还伊犁。投降派以此为由，希望就此停止西进，找俄国商谈讨回伊犁的事。"既然已经收复乌鲁木齐和玛纳斯，可以与俄国交涉要回伊犁，又何必再大举进军继续西征呢？"当时清廷拥有这种想法的人不在少数，平白给左宗棠大军西进增添了不少烦恼。左宗棠以为俄人狡诈，即便愿意归还伊犁，也会索要各种赔偿，最终清廷还是得不偿失。而且，为保国家长治久安，伊犁迟早是要向俄人取回的，南疆也绝没有不取之理，但以目前情形看，只有先取南疆，收复新疆，扫清一切威胁因素，才能以此为武力后盾，与俄人交涉伊犁归还事宜。南疆不取，新疆不整，则俄人必有所恃，不会轻易归还伊犁。

左宗棠以严词相驳，令清廷上下无言以对。然而，英国又有话说了。它不愿看到自己在中国西陲的屏障就此消失，或导致英属印度会受到俄国的威胁，因此力保阿古柏这个傀儡政权，代其向清廷求降，希望清廷封其为王，新疆以属国之名归附中国。末了，英国还不忘以俄国可能大举进兵新疆来恐吓清廷。左宗棠得知英国的奸计，同样毫不留情地指出英国意不在保阿古柏，而在牵制俄国的诡诈，并令刘锦棠若遇到前来交涉的洋人，不管是谁，都要保持不卑不亢的态度，表明己方立场，以自强刚严的形象面对他们，力驳他们的无理要求。

　　似乎每一次左宗棠在平定内乱、驱除外侮的前后，总有那么一些国人、洋人要出来捣乱，或是眼红，或是媚洋，又或是毫无自信。凡此种种，左宗棠都予以义理相驳，令其理屈词穷，尽现百般丑态。至此，在左宗棠不卑不亢的顽强斗士形象面前，他们才稍微收敛丑恶的姿态，不敢再高声无理取闹。进军新疆一事，最终在左宗棠的义理驳斥中得以平息。此时，远在边塞的左宗棠踱步帐外，遥望湖南方向，想到家乡不过金秋十月，而新疆俨然严冬时状，看来南疆之功，还得来年再收。

第五节
收复南疆八城，底定新疆全境

北疆既定，伊犁又不可急于收回，清廷只好诏令左宗棠速取南疆。按照左宗棠此前所计，西征全军一年的军饷需要上千万两，亦即每月需要近百万两开销。只要左宗棠大军每多逗留一个月，就要多花费数十万两军饷，清廷害怕拖延时间过长，会无力支付巨额军饷，同时又会给投降派言语讨伐的机会。因此，清廷积极催促左宗棠进军南疆，早定大局。不过，"将在外君命有所不受"，左宗棠以天气恶劣，大雪封山，兵士患疾，粮饷未到等艰难现状为由，决意要就地整军，部署方案，待来年兵强雪融之时再一夺南疆。

这也就是左宗棠赖之以战无不胜、攻无不克的秘诀——缓兵急进。在攻取北疆时如此，如今面对十月雪纷飞的恶劣气候，欲要收南疆之功，也只能如此。于是，左宗棠命大部队原地休整，并做出了进攻南疆的具体部署。

"察度南路贼势，守吐鲁番者拒哈密官军，守达坂者拒乌垣官军，皆所以护托克逊坚巢也。而达坂、托克逊，尤悍贼麇聚之区，贼骑皆多至数千，守御甚固。"左宗棠所说的敌情，就是阿古柏在得知丢失北疆之后所做的全面保护南疆的战略措施。所有，想要进军南疆，取得喀什噶尔、英吉沙尔、叶尔羌、和阗、阿克苏、乌什、库车、喀喇沙尔等"南八城"，以定南疆局面，首先就要打破阿古柏部署的吐鲁番、达坂、托克逊三角防线。三城互为掎角，互相支援，想要破此掎角之阵，就得令其各自受敌，无暇他顾。因此，等到来年三月，大雪消融，粮饷充足，兵强马壮之际，左宗棠即命军分三路分别攻取三城。其中，刘锦棠的湘军从乌鲁木齐出发直取达坂城，而张曜和徐占彪分别从哈密和巴里坤进军吐鲁番，伊犁将军金顺则留守北疆继续监视伊犁动向。众盼已久的收复南疆之举就从破除阿古柏布下的吐鲁番、达坂、托克逊三角地带开始。

三军齐发，只一个月左右的时间就抵达该处，并用11天的神速攻下阿古柏"设险重叠，有恃无恐"的金三角，借此打开了全面进军南疆的南大门。阿古柏和英俄等国做梦也没想到左宗棠用兵如此神速，而攻势如此猛烈。即是左宗棠本人和清廷上下，谁都不曾料想，新疆收复的神速，实乃前所未有。

话说当刘锦棠率湘军赶到三角地带前沿紫窝营寨，当晚即率军9营，急速夜行，于黎明前包围达坂城。城上守军见到清廷竟有如神兵天降，一觉睡醒已兵临城下，不禁大为失措，连放开花炮，猛烈攻击城外围城清军。刘锦棠率亲兵于城外侦察，敌军密弹狂射，他的坐骑不慎被射伤，亲兵也有伤情。但刘锦棠依然按兵不动，易马换骑继续侦察。清军如此镇定，让守城敌军不禁诸多猜忌和不安，不知清军葫芦里到底卖的什么药，虽然枪弹炮火从未停止射击，但却也不敢出城迎战。其实，刘锦棠一方面是要利用心理战先把敌军的军心扰乱，而一方面是在等到大炮和后援部队赶来。如此僵持两天，第三天大炮和后援人马一到，刘锦棠即命军士全力攻城，顿时炮火冲天，喊杀声响震城内外。城内敌军被清军消耗了两三千兵力，军心动摇，兵力不足，早已无心守城，逃的逃、降的降、死的死，从围城到攻克达坂城只用了4天时间。听闻达坂城被清军攻破，阿古柏为之大震。而左宗棠在攻克达坂城后只休整了几天，即命军队急速前进，往白杨河去，然后兵分两路，一路由刘锦棠率领直奔托克逊，一路则由罗长祐等人率领前去支援张曜力攻吐鲁番。十三日，刘锦棠部队一夜激战攻下托克逊，而吐鲁番也在徐占彪、孙金彪和张曜等三军夹击下溃败。刘锦棠入城安抚回、维等各民族两万余众，而据守吐鲁番汉城的马人得也献出汉城，率万余军民乞降。至此，从进军到收复达坂、吐鲁番、托克逊三角地区，清军只用了11天时间。南疆大门为此敞开。

此番战役，神速前所未有，而歼敌两万多，也让阿古柏失去一半兵力。况且，在阿古柏统治下的各族人民都对他的暴行痛恨非常，阿古柏不得人心。由此可见，大局已定，攻取南八城，收复南疆实属人人可料的结局。左宗棠一方面为了给阿古柏下马威，而一方面也不想再多杀兵士，伤及无辜，便劝告阿古柏："如知去逆效顺，缚白彦虎，献南八城，固可不重烦兵力；否则，深沟高垒，先据形势，图老我师，则官军分道长驱，集粮转馈，事不容已。"清军长驱直入，每战必胜，节节逼近，而自己节节败退，兵力骤降，民心不向，阿古柏也自知大势尽失，在怅惘、"日夜忧泣"中走到库尔勒"饮药自毙"，留下一个分崩离析的残局给余部。

听闻阿古柏已死，其子海古拉迅速从喀什噶尔赶来，把军资武器都交给白彦虎打理，自己则运父亲尸首打算逃回喀什噶尔。当他走到离喀什噶尔不远处，却被前来的兄长伯克胡里杀死，并率部夺取喀什噶尔大权。夺得政权以后，他便追杀叛将阿克木汗，逼其逃亡俄罗斯。其他官绅一见伯克胡里残杀亲弟，追杀叛将，手段凶残，于是纷纷投诚清廷，而白彦虎也做好了逃亡俄罗斯的准备。此时的"哲德沙尔汗国"，随着阿古柏的失势和死亡，已然濒临"亡国"一线。左宗棠正等着粮饷一到，军队整治好，便于秋天一鼓作气拿下南八城，全面收复南疆。

然而就在此时，投降派又大放厥词，比如库伦大臣志崇，竟然建议清廷就此作罢，不要再进军南疆，而速与英俄两国商议，划定疆界。这实在是可笑可悲至极。新疆古来有之便为我国领土，浩罕阿古柏强行占领新疆，英俄两国暗中插手我国击退外敌，收复新疆的正义之举，我们正应该向英俄两国问罪才是，何以未战而有"议和"与"划定疆界"之说？这不明摆着告诉人家，我很怕你，你要多少地，我给你好了。未战先乞和，况乎收复新疆实无关英俄等国，这般谬论，和后来中法战争因胜获败简直如出一辙。

面对如此不可理喻、毫无民族气节的言论，左宗棠严厉谴责，并第一次提出对新疆设行省的建议：

> 方今北路已复乌鲁木齐全境，只伊犁尚未收回；南路已复吐鲁番全境，只白彦虎率其余党偷息开都河西岸，喀什噶尔尚有叛弁逃军，终烦兵力，此外各城，则方如去虎口而投慈母之怀，自无更抗颜行者。……英人为安集延说者，虑俄之蚕食其地，于英有所不利。俄方争土耳其，与英相持。我收复旧疆，兵以义动，彼将何以难之？设有意外争辩，枝节横生，在我仗义执言，亦决无所挠屈。……至省费节劳，为新疆画久安长治之策，纾朝廷西顾之忧，则设行省、改郡县，事有不容已者。

清廷从一开始决定收复新疆以来，态度一直强硬，并且全力支持左宗棠。

此番见左宗棠如是说，正义凛然，且南疆已然唾手可得，焉有妄听谗言而陷功臣于不义之理？清廷为表支持，特令其"乘胜底定回疆，歼除丑类，以竟全功"。左宗棠于是又得以专心治军，部署进军南八城。

南八城，是谓喀什噶尔、英吉沙尔、叶尔羌、和阗、阿克苏、乌什、库车、喀喇沙尔八城，它们都是当年乾隆平定新疆内乱以后所筑城池，后来一直都是南疆的重要腹地。阿古柏入侵新疆后，便以此为根据地。阿古柏死后，其余部安集延人便又请英国向中国乞和，希望保留在南疆的诸城，与伊犁一样，使之成为中、英、俄三国的缓冲城池。若如此一来，不就等于割让南疆部分城池，为英国、俄国将来入侵中国做好准备吗？如此荒唐的求和要求，郭嵩焘却十分认可。他跟清廷说，如果进军南疆不能在数月内取胜，就应该接受求和，"以为消弭边患之计"。另外，他还建议卖掉伊犁，以为"划疆分界，可保数十年安定"。

作为驻英公使，非但不在外敌面前保全国土，立我国威，反而竭尽屈辱求全之能，竟不惜以割地的方式只为保全数十年的安稳。如此公然割地弃土的卖国言行，左宗棠怎可能点头认同，中国人民怎么可能答应！左宗棠对此误国卖国行径痛斥大骂，并一一揭英国阴谋：

至保护立国，安集延非无立足之处，何待英人别为立国？即别为立国，则割英地与之，或即割印度与之可也，何为索我腴地以市恩？兹虽奉中国以建制小国之权，实则侵占中国为蚕食之计。……我愈示弱，彼愈逞强，势将伊于胡底？

左宗棠毫不顾忌道出英国代安集延求和、立国的目的就是为了蚕吞我国，而若把南疆城池、北疆伊犁分别划给英、俄两国，如此示弱，英、俄两国必然以我好欺，得寸进尺，直到把中国瓜分殆尽为止。司马昭之心路人皆知，奈何如清廷大员郭嵩焘者却如此愚昧无知？左宗棠可谓气愤已极，而忠心义胆也溢于言外。清廷以此忠义难得，心意果决，也对英国的再次求和不予理睬，而着其"通盘筹划，一气呵成"，督促左宗棠全力进军，收复南疆。

1877年七月，秋凉气爽，左宗棠命令刘锦棠等诸将率部开始进军南疆八城。刘锦棠兵分三路，一路经托克逊过扎苏巴什、阿哈布拉，一路经阿哈布拉、桑树园、库木什、榆树沟一带抵曲惠，一路则走大路直取开都河。库尔勒和喀喇沙尔都位于开都河一带。刘锦棠到达开都河时，开都河早已遭白彦虎破坏，"即壅开都河水以阻官军，漫流泛滥，阔可百余里"。刘锦棠只好搭浮桥过河。此间耽误了些时日，但当大军到达喀喇沙尔时，白彦虎却弃城逃窜，往库车而去，清军于是不攻而得八城之一。此为首捷，而后兵进库尔勒，又得空城一座，紧接着进取库车、阿克苏、乌什诸城，情况皆大同小异。就这样，南疆八城中的东四城——喀喇沙尔、库车、阿克苏、乌什都全部收复。

"此次官军浩荡西征，一月驰驱三千余里，收复喀喇沙尔、库车、阿克苏、乌什四城，南疆八城已复其半。"敌军不战而逃，东四城轻而易举就克复了，左宗棠为此高兴不已。郭嵩焘曾言要左宗棠在数月内收复南疆，看来并非不可能。

与此同时，西四城同样形势大好。在东四城连连克复之际，张曜部抵库车与刘锦棠会合。"前矛既锐，后劲仍道，戎机顺迅，古近罕比"，清军威风凛凛。听到东四城已被清军拿下，喀什噶尔原投靠安集延的汉将何步云即率众反正，并请求清军速来取城。原本左宗棠和刘锦棠计划"如叶尔羌速下，官军会攻喀什噶尔，并规全局"，但时局已变，刘锦棠以为机不可失，于是马上派兵从东面和北面两面夹攻喀什噶尔。伯克胡里和白彦虎一人据守一方，本还想作垂死挣扎，但看到清军大军到来，心知敌不过，于是两人分别自正西方向和西北方向逃往俄罗斯。喀什噶尔很快收复西四城已去一城，而且两大统帅都已逃亡，其余三城守将惶恐至极，也纷纷弃城而逃。清军于半个月内便陆续收复叶尔羌、英吉沙尔和和阗三城。至此，南八城克复，收复南疆之功亦成。而在这期间，收复南八城仅用时不到五个月，一如郭嵩焘所言。这也给郭嵩焘主张为安集延立国求和打了结结实实一巴掌。而整个新疆大地，除了伊犁之外，已经全部收复。

从1876年左宗棠进军肃州部署新疆战务以来，到1877年年底收复除伊犁外的新疆全境，前后还不足两年时间。而实际上，收复北疆用时不足四个月，收复南疆用时不足五个月，用兵之神速，收复之顺当，可谓前所未有。而主力军将刘锦棠更因此使敌人闻风丧胆，被誉为"飞将军"。清廷以左宗棠功高劳苦，晋封其为二等侯爵。左宗棠两次上疏拒封不得，便只好顺从。其余部将皆有厚赏。

新疆从一开始准备收复直到全部收复前夕，议论声都源源不断。左宗棠力排众议，前后一致，令全国上下，乃至大洋彼岸都为之震惊、佩服。左宗棠自己在取胜后给家人寄去书信时对此有所总结，可谓公道：

南疆底定，以事功论，原周秦汉唐所创见。盖此次师行顺迅，扫荡周万数千里，克名城百数十计，为时则未满两载也。而决机制胜全在"缓进急战"四字，细看事前各疏可知大概。至其本原，则仁义节制颇有合于古者之用兵。理主于常而效见为奇，盖自度陇以来未有改也。贼以其暴，我以其仁；贼以其诈，我以其诚，不以多杀为功，而以妄杀为戒。故回部安而贼党携，中国服而外夷畏耳。实则我行我法，无奇功之可言，在诸将士劳苦功高。朝廷论功行赏，礼亦宜之。至于锡封晋爵，则在我实有悚息难安之隐。

　　国人服，外敌惧，新疆在左宗棠与众将士的同心协力下终于结束了13年之久的沦陷，而重回祖国怀抱。功高劳苦，左宗棠仅以此便不愧为一代民族英雄，尽展中国雄鹰的风姿！接下来，伊犁的收复，便理直气壮。

第六节
抬棺进军哈密收复伊犁

左宗棠收复新疆的壮举震惊了中外，然而俄国答应只要清廷收复乌鲁木齐和玛纳斯城就归还伊犁的承诺却一直没有兑现。全世界都在讨论左宗棠的收复壮举，而同样也在瞩目俄罗斯帝国在伊犁问题上的处置。俄罗斯似乎并没有兑现承诺的打算，而左宗棠也没有就此退缩的准备。中国和俄国，欧亚大地上的两大国，究竟会不会因此而兵戎相交呢？人们拭目以待，而两国之间也在明里暗里相互较量。

其实，在左宗棠收复南疆八城的时候，他就有许多机会出兵夺取伊犁。当时，俄国正和土耳其打得难舍难分，还抽调驻守伊犁的俄军前往支援。伊犁将军金顺就建议左宗棠趁机偷袭伊犁。左宗棠以为偷袭并不光彩，伊犁是中国的领土，俄国也扬言要归还，此时乘人之危还不如正大光明向其索还。而后当八城尽皆收复，白彦虎和伯克胡里逃入俄国，刘锦棠要入俄搜索时，左宗棠又拦住他，不让他破坏国际法，越境行动。他命人写信给俄方，正式提出归还伊犁和交出白彦虎伯克胡里的正当要求。那时俄方不予理睬，非但没有归还伊犁、交出叛敌，反而三番五次纵容白彦虎和伯克胡里率领残部入侵新疆边境。显然可见，俄国所为就是在向中国表明它不愿意归还伊犁，反而想要侵占整个新疆的野心。此时军中上下都多次要求左宗棠率兵，攻下伊犁，抓捕白彦虎和伯克胡里。不过，左宗棠却仍然摇头。他行军作战向来谨慎有加，无不对前因后果思前想后，若非有把握，他都不轻易开战。他要等待时机，并在此期间做足准备。

然而，左宗棠的伺机以动让俄国以为中国好欺负，除了纵容白彦虎之辈多次侵略边疆之外，更对清廷多次请求商讨归还伊犁事宜予以诸多借口，不给准确答复，就这样与中国耗时。左宗棠看出俄国并无归还伊犁之意，且有意要拖延时机，以占据伊犁作为入侵新疆的契机。此番诡计，事已至此人尽皆知，左宗棠逐渐有了以武力收复伊犁的决心。

而在此时，清廷却耐不住俄国的消耗了。一方面西征军久驻西陲，清廷不能长久支持饷银，而另一方面，海防又需要大力建设，清廷希望早点解决西陲边疆问题，一心一意巩固海防。因此，清廷在不征求左宗棠意见的情况下，就派出昏庸的吏部侍郎崇厚前往圣彼得堡与俄国谈判。1879年8月，崇厚在克里米亚半岛与俄国签订了《中俄伊犁条约》。条约规定，俄国交还伊犁，但中国要割让霍尔果斯河以西、特克斯河流域及穆素尔山口等要地，并且要赔偿俄国代守得伊犁的军费280多万两白银，另外又获得通商、免税等诸多不正当权益。

崇厚自作主张以为圆满完成任务，然而消息传回国内，却引来举国上下一致的谴责和愤慨。不仅左宗棠、刘锦棠等前线将士为之愤懑，纷纷要求用武力收回伊犁，朝中要员们更是雪花般上疏弹劾崇厚，要求更改条约内容。此条约一出，则见俄国的豺狼本貌。

左宗棠为义愤填膺，慨然上疏：

武事不竞之秋，有割地求和者矣！兹一矢未闻加遗，乃遽议捐弃要地，餍其所欲，譬犹投犬以骨，骨尽而噬仍不止。目前之患既然，异日之忧何极！此可为叹息痛恨者矣。

……

俄人自占据伊犁以来，始以官军势弱，欲诳荣全入伊犁陷之以为质。既见官军势强，难容久踞，乃借词各案未结以缓之。此次崇厚全权出使，喀布策先以巽词之，枝词惑之，复多方迫促以要之，其意盖以俄于中国未尝肇起衅端，可间执中国主战者之口，妄忖中国近或厌兵，未便即与决裂，以开边衅，而崇厚全权出使，便宜行事，又可牵制疆臣，免生异议。……就事势次第而言，先之以议论委婉而用机，次决之以战阵坚忍而求胜，臣虽衰庸无似，敢不勉旃！

左宗棠提出以武力作为后盾，坚持修约的建议，与他得知清廷决意派崇厚赴俄签约时的意见一样：

前疏所称地不可弃者，窃以腴地不可捐以资寇粮，要地不可借以长敌势，非乘此兵威，迅速图之，彼得志日骄，将愈进愈逼。而我馈运艰阻，势将自绌，无地堪立军府，所忧不仅西北也。伊犁收还以后，应于边境择要筑垒开壕，安设大小炮位，挑劲兵以增其险。……伊犁未收还之前，金顺大军驻库尔喀喇乌苏，其西精河地方，势处要隘，向驻马队，以资扼截。

可见，左宗棠对于俄国想借伊犁侵占新疆，而后深入腹地的阴谋看得一清二楚，因此在收复南北疆之后就着手部署对俄战争事宜，布置兵马，先扼要塞以备万不得已时与俄开战。

然而此时投降派却又来捣乱，极力维护崇厚。李鸿章、郭嵩焘等人都以为多一事不如少一事，埋怨若非左宗棠竭力要以武力作为收复伊犁的后盾，那么即使俄国不归还伊犁也没问题，毕竟这样可以换得两国的暂时安稳。因此，他们主张就此作罢，条约既定，就割地赔款得了。对此毫不知耻的卖国言论，左宗棠一如既往严加痛批：

俄人乘中国内战方殷，未遑远顾，乘机占据伊犁，借称代我收复，在地方上按户收税，已掠夺不少，仍未餍足，现又要求赔偿。光绪三年西方报纸消息，俄人愿得二百五十万卢布，即交还伊犁，此次偿款忽议增五百万元，可见其讹诈！俄人原说，待我收复乌、玛二城，即当交还伊犁，而俄不践前言，反而庇匿叛徒，纵其党羽四出扰边。去冬今春为我军捉获俘虏，搜有俄政府路票，并供认系由俄官员驱遣。官军追贼从未越俄界一步，我之守约如此，彼之违约如此，尚何信义可言！

俄国三番五次欺我守信为软弱的表现，得寸进尺，不守信义至此，左宗棠以为对它也算是仁至义尽，做足了本分。因此，对于俄国的无理要求和崇厚的昏庸卖国，绝不能应允。此前他还对俄国遵约归还伊犁有所期望，但如今看到俄国欺人太甚，他坚定了武力收复的决心，"明春解冻后，亲率驻肃亲军，增调马步各队，出屯哈密，就南北两路适中之地驻扎，督饬诸军，妥慎办理"。

清廷迫于多方压力，召回崇厚，并革职问罪，最后应左宗棠的建议把他交由刑部定以死刑。而对李鸿章、郭嵩焘等人的荒谬言论，则撇至一边。清廷一方面废弃旧约，另派曾纪泽前往俄国再次谈判，一方面督促左宗棠尽快布置武力，以此协助曾纪泽对俄谈判。于是，便有了左宗棠抬棺进军哈密，以示坚定决心的千古美谈。

"壮士长歌，不复以出塞为苦，老怀益壮"，光绪六年四月十八日，左宗棠从肃州兴师前往哈密。他定了三路收复伊犁之计，分别由东路、中路、西路进军克敌。东路由伊犁将军金顺率部万余众严守精河一带，中路由张曜率军5000沿特克斯河进军伊犁，而西路则由刘锦棠率兵1万经布鲁特游牧地抵达伊犁。而左宗棠则率亲兵等部队前往哈密指战。此时的左宗棠已经68岁，身体病弱，经常咳血。此番再度西进，很可能要和俄国打一恶战，左宗棠身病志坚，已然做好了战死沙场的准备，于是在进军路上命人抬了一口空棺随军前进，以示收复决心，激励全军誓死报效祖国。荒凉的边漠，昏黄的落日，空中犹带阴冷的春风，千余兵士整齐列队行走在西征的路上，如此悲壮，惊撼了中外人民。谁也没有想到混浊昏暗的晚清，竟然还有这样一位视死如归力保国疆的老壮军人。国人不禁为之欢喜、感动、心痛而泪流，而洋人则在惊惶不安中又对其敬佩不已，在敬佩之中却又要加紧部署对中国的掠夺和威胁。

英国出动女王的旨令，为崇厚求情。本来，中国收复伊犁，对英国而言是一件好事，起码没有俄国盘踞新疆，英属印度就少了一份威胁。况且，俄国不能在中国占据太多便宜，也有利于英国侵略。但英国却积极主动为崇厚求情，这又是为何？其实，列强之间的关系都围绕着一个"利"字展开。如果清廷倚重左宗棠，从此对待列强侵略态度变得强硬，那么俄国不能从中得利，英国等其他侵略国自然也不会好过。19世纪初拿破仑曾说过，中国就是一头沉睡的狮子，它在没有醒来之前任何苍蝇都敢在它头上作祟，但是它一旦醒来，而且总会醒来，那么就会让世界为之震惊。我们不知道当时的列强在知道左宗棠抬棺进军的壮举之后会不会想起拿破仑曾经说过的这番话，然而他们确实在左宗棠雄鹰般的意志和决心面前感到害怕、恐惧了。英国怕雄狮一旦醒来就会危及它在中国的利益，因此又再加阻挠，妄图给清廷施加压力以阻止它醒来，从而取得和维护更多的在华利益。

俄国本来也是想通过此前与崇厚签订的草约一试清廷态度的，没想到清廷果真如此强硬，于是它又加大威胁，不仅派重兵加驻俄国在中国东北一带搜取的疆土，更增派20艘军舰从黑海驶向日本长崎，放言封锁中国海域。俄国以中国东北边境和海域相要挟，正中左宗棠此前的担忧。然而此时骑虎难下，况且俄国只是虚张声势，左宗棠断不可能像李鸿章等人一样被他吓倒。左宗棠没有动摇武力收回伊犁的决心，但是英人的游说、俄国的武力威胁以及李鸿章、郭嵩焘等投降派的谗言却让慈禧越发胆战畏惧了。

在多方的威胁、恐吓之下，慈禧妥协了，还未等到曾纪泽谈判成功，她便以"现在时事孔亟，俄人意在启衅，正需老于兵事之大臣以备朝廷之顾问"为由把左宗棠调任回京，把他放在军机处任职。虽然军机处是多少大臣一生都想踏足的清廷政治要地，然而对于左宗棠而言不过是赋闲的地方。慈禧并不是真要他在军机处有多大作为，而是一方面借此委婉向俄国示意她的妥协态度，另一方面又给俄国造成一种迷惑，让俄国参不透慈禧到底是要就此罢兵还是在京和左宗棠商讨进军事宜。

果不其然，俄国一直都在关注清廷和左宗棠的动态，因此一直都对曾纪泽实行应付政策。当听到清廷调任左宗棠回京的时候，就询问曾纪泽是否属实。曾纪泽一口否认，告诉俄使左宗棠仍然在新疆按兵不动。但俄使后来收到确切消息证实左宗棠已经在赶往回京的路上，于是又再次问曾纪泽，并担心左宗棠会上京援兵相助在疆军队攻打伊犁。曾纪泽还是否认这事，跟俄使说左宗棠老成持重，信守承诺，不会轻易进军的。俄使自然有所怀疑。

其实，当时的通信效率很慢，曾纪泽确实一直未收到来自中国方面的消息。倒是俄国方面消息灵通，派去的密探早就汇报了左宗棠调任京城的事实，只是不知道清廷调任他的目的何在。俄国之所以如此担忧左宗棠回京请求援助，是因为它对外侵略的战线拉得太长，此时正忙着应付对他国的战争，没有更多的兵力对付中国。而它所拿来威胁中国的兵力，不管是陆军还是舰队，都不过是虚张声势之举，其实战斗力根本不强，他们自身都没有信心能够和清军对抗。因此，鉴于左宗棠的强硬态度和精壮兵马，俄国并不敢轻易开战。很快，无暇他顾又有左宗棠大队人马相威胁的俄国放松了对中国索赔的要求。并且，明明左宗棠已经奉命赶回京师，但曾纪泽却多次否认此事，俄国不明就里，更不明白清廷调任左宗棠回京师的真实用意何在，所以忧心忡忡，急着与曾纪泽签订了草约。后来，俄国收到清廷同意了所签草约的消息才终于放下心来。

曾纪泽所签条约，只是争回了伊犁以及特克斯河流域和通往南疆的穆素尔山口等地，还有部分其他权益，但霍尔果斯河以西的国土仍然划给了俄国，并且比之前所签赔款银两更多。俄国只是做了一小部分的让步，左宗棠在回京后才得知这个消息，气得直言："伊犁仅得一块荒土，各逆相庇以安，不料和议如此结局，言之腐心！"

收回伊犁，但又失去其他国土，还要增加赔款银两，这与左宗棠以武力收复伊犁，夺回正当权益的愿望无疑相去甚远。奈何条约已定，清廷上下都无异议，左宗棠又调任回京，不能再遥加指挥在疆部队，只能叹息作罢。

不过，以左宗棠的武力作为后盾，伊犁总算回归祖国。除了失去霍尔果斯河以西的小部分国土，中国也算是收复了新疆全境。伊犁一事，就此告一段落。左宗棠虽然很不满意如此议和结局，却也无法改变既定的条约，只好认命。但他对新疆的安稳仍然时刻牵挂在心，回京前后又多次献言，希望清廷尽快在新疆设行省，置郡县，以防后患。左宗棠先后五次请命，清廷终于光绪十年九月三十日正式设立新疆省，并任命刘锦棠为首任新疆巡抚。是年为左宗棠去世前一年。

一统新疆，并完成了设省心愿，以结左宗棠近50年的心病，左宗棠此番西征，虽不是圆满结局，但也差强人意。抬棺进军哈密，以武力支援曾纪泽谈判，成功收回伊犁，完整新疆版图，新疆因此和中国更密切联系，如此，左宗棠对此终归无憾了。

第七节
"新栽杨柳三千里,引得春风度玉关"

左宗棠每到一处,必然会因地制宜大兴民生工程,以利其民,以饱国税。对于新疆,左宗棠 30 年前就已经有所思索。那时,林则徐告病回乡,取道长沙,特地约见左宗棠。两人湘江夜谈,谈到新疆事务时,林则徐曾告诉左宗棠,新疆应该广修水利,推广稻田。此景,犹在眼前,此语,犹在耳边。而今新疆已复,民众又受战火的肆虐温饱不济,正是百业待兴的时候。经过实地考察,左宗棠决意践行林则徐 30 年前的遗志。

民以食为天,农业是农耕时代国家和民众长治久安的根本。左宗棠首先做的就是发展农业以及兴修水利。新疆人们广泛种桑,经常以桑代粮,然而却不知道由此养蚕缫丝。左宗棠自身在入朝为官之前在柳庄从事过几年农事,且对于农桑颇有研究,但此时忙于各方建设,他只好请来了农业专家,让他们教授当地人民植桑养蚕、缫丝织绸。为此,左宗棠还专门成立了相关部门负责此事。养蚕缫丝以振经济,希望重兴丝绸之路。

丝织是为振兴经济之举,平民百姓是穿不起绫罗绸缎的。棉、麻等布料,则适合高寒地区御寒保暖。在甘肃一带,针对当地"地气高冷,节候暑少寒多，物产甚稀，民生日蹙。蚕桑既限于土宜，裘褐亦艰于购制。……民间无衣之苦，甚于无食"的惨状，左宗棠鼓励种棉。

甘省各地方，凡向阳肥暖之区可种罂粟者，无不宜种棉花。……通饬各属严禁种植罂粟，劝谕农民广种草棉，设局教习纺织。……又购觅纺车织具，雇请民妇教习纺织。

为尽快杜绝罂粟的种植，而使民众掌握种棉技术，以保身暖，左宗棠还刊发一些农书进行科普，比如《种棉十要》和《棉书》等。对于"其因地土不宜种棉者，亦饬令广种杂粮，以裕生计"。可见，左宗棠始终以民众的温饱作为发展当地经济的出发点，并继承林则徐的遗志，既然官府不能禁止海外输入鸦片，他就禁民种植罂粟，也算是对销烟英雄的一点敬意。

种田养蚕都需要精良田地，但战火纷飞致使当地土地荒弃，于是左宗棠又令军民大力屯垦，并兴修水利，修渠引水。左宗棠或雇民工，或以军代工，几年间在哈密、镇西、绥来、吐鲁番等地新修许多渠道，并疏通库尔勒、库车等地旧有河渠。其中，单在吐鲁番一地就开凿坎井185处，时人称之曰"左公井"，以示感恩。每修一处河渠，左宗棠就令人在河渠两旁开垦田地，每地所垦田地都数以千亩、万亩。其中，吐鲁番一带，除了沙漠地区外，其余地区都全部开垦一新，并种上庄稼或树木，俨然沙漠中的绿洲。

与此同时，左宗棠还对商业和政治方面进行了整顿。田地既已开垦一新，就得交还于民，收其田赋地税，其余田出产地利尽归民有。旧时田地税赋按照田地的好坏去收，左宗棠为求公平，一律清丈，按照田亩多少收税。而在其他税赋方面，新疆一直都输出甚少，左宗棠于是厘正赋税，试行新法，以十一取一的税率向民众取税。十一出而得其十，民有利，政府也得以保证税收，可谓两相欢喜。此外，西北多为草牧之地，而新疆也多有"可渔可牧，不必垦田种粟亦可足民"之地。因此，左宗棠在发展种稻、种桑养蚕之际，也大力发展当地畜牧业。

西北之利，畜牧为大；而牧利又以羊为长，其毛可织，其皮可裘，肉可为粮，小民日用所必需也，何必耕桑然后致富？长民者因其所利而利之，则讲求牧务，多发羊种宜矣。

灵活处变，因地制宜，左宗棠之所以每到一处都把当地善后工作做得比他人好，原因就在于此。

此外，针对当地民众多以游牧为生，居无定所，并没有什么固定房屋和城堡以巩固屯垦和政权的特点，左宗棠为使商民农工能够安居乐业，保护既得成果，便在当地修筑房屋和城堡，其中尤以绥来、喀喇沙尔、库车等地为最。

兴农垦，筑城堡，缫丝养蚕，清丈减负，左宗棠在民生温饱问题上竭尽所能帮助当地民众恢复生产和发展经济，赢得当地人民的盛赞。而对于文化教育，左宗棠一样未曾忘记。文化乃国家长久的内在根基，教育则为国家强盛的源源动力。对于各少数民族遍布、语言文字各异的新疆地区而言，弘扬儒家文化大兴教育，不仅能够提高民智，更有助于民族团结，增强他们对于整个中华地区的认同感。因此，左宗棠广设义塾，以教育儿童为主，刊发中国传统的启蒙读物，诸如《三字经》《千字文》《百家姓》等，并以维、汉双文对照的上谕以教成人。此举一出，新疆都以学习汉文为荣。

经过左宗棠在经济、政治、文化等诸方面的修整之后，新疆面貌焕然一新。虽然还不至于强盛发达，但是相对于战前而言，都已有了明显的长进。而此前对于汉人和中原文化有所抵触的一些少数民族民众，自此也纠正思想，感受到清廷对他们的关爱。这一切，都得益于左宗棠的文治武功，左宗棠的大名也伴随着这一次新疆收复壮举和善后利民工作而永远刻在当地民众心里。新疆,不再只有那个荒漠连天的情景而已。

说到新疆等边塞恶劣的地理环境,唐代著名诗人王之涣有一首名诗一直让人们对中国西北边陲有着极深的畏惧之心。

黄河远上白云间,一片孤城万仞山。羌笛何须怨杨柳,春风不度玉门关。(《凉州词》)

"春风不度玉门关",可见西北边陲的荒凉和毫无生气。然而,既阻碍一千年后的19世纪中后期,这种情况却随着左宗棠征战此处而大为改变。除了左宗棠积极开垦、屯田、兴修水利之外,时人盛赞的"左公柳"更值得一提。

左宗棠一直都很重视植树绿化,特别是到了西北一带,看到满天的飞尘黄沙,遍野的荒漠,更加坚定了他种树治理环境的决心。从甘肃、青海到宁夏、新疆一带,左宗棠无不种上杨、柳、榆等耐寒而容易成林的绿树。不过,要种活、保护这些树木并不容易,左宗棠面临诸多难题。西北地区普遍干旱少水,虽然这些树木都很耐寒,但是在初期还是要注意浇灌才能让它们在荒漠中稳固根基。对于水质,也有一定要求,左宗棠很多时候都要命人从远方取干净水来浇灌。此为其一难。当地因为植被少,可供燃烧的材料少,大量种树如不派人驻守很容易被人盗砍做燃料,因此,左宗棠一面要布置兵力、民力守护这些新栽的树木,一方面又要出示具体而严厉的奖惩办法,把种树的责任落实到个人身上,植苗者需要负责浇灌和养活树苗,盗砍盗伐者就要接受严厉处罚,以示警戒。这样一来,树木的成活率大大提高。据当时不完整统计,近千里范围内,西北所植树木成活量当有一两百万株。它们为治理当地的风沙等恶劣环境，优化美化城市做出了巨大贡献。

而在三四千里的官道上，左宗棠更是用尽心思。从潼关开始一路往西，经过平凉、兰州等地，出关玉门、安西，一直到哈密、乌鲁木齐等地以西，左宗棠行军所到，从不忘在官道两旁种上杨柳等树木。所往之处，戈壁、沙漠数不胜数，风沙穷凶极恶，唐代著名边塞诗人岑参曾诗曰西北"一川碎石大如斗，随风满地石乱走"。在这样恶劣的环境下植树，困难可想而知。但是左宗棠的性格就是遇强愈强，从不畏艰难，硬是克服万难，把三四千里的官道两旁都栽满了绿树，一时蔚为壮观。不仅美化了寂静漫长的官道，带给出入此道的官民农商们愉悦的心情，更阻挡了狂暴的风沙，有效治理了这一带的恶劣环境。

就在左宗棠拟进军哈密之际，刘典病逝，左宗棠遂请罢任在家的杨昌濬代替刘典的职务，到兰州接替陕甘军务和处理新疆善后事宜。杨昌濬本不大乐意，因为西北北疆的恶劣环境人所共知。"春风不度玉门关"，自己也开始年老，何必要往边疆折腾呢。不过，这只是他的一点不快而已，想到左宗棠年近古稀，还在为国家的安危奔波劳碌，杨昌濬也没有什么好抱怨的。于是他慷慨上路。

令他没有想到的是，进入陕甘地区，走在官道上，杨昌濬眼前所见并非王之涣所说的那般不堪，反而，这里道路两旁新树欣然，令人向往而不觉其苦。看到眼前此景，想到自己跟随左宗棠征战多年以来他所做的种种善举义行，杨昌濬不禁即兴赋诗一首，以示对左宗棠的无比敬服之意。

大将筹边尚未还，湖湘子弟满天山。新栽杨柳三千里，引得春风度玉关。

杨昌濬在诗中不仅赞扬了左宗棠的筹边的赫赫功勋，更对他不畏艰辛植树造林的善行大为赞赏。"引得春风度玉关"，玉门关外，从此再也不是世人所传的那般恐怖不堪。而三千里新栽杨柳，所引来的不仅是春风，更是西北民众对中国的信心，以及杨昌濬等爱国将士希望在边疆建功立业、保家卫国的拳拳热盼之心。这一切，都得感谢左宗棠和植树造林的官民。

"左公柳"绵延千里，春风得度玉门关。在新疆，人们会记得有这么一位铮铮铁汉英雄左宗棠。

第七章 恪靖定边

战法军中国因胜获败

刚与英俄较量完毕，法国又来犯边。左宗棠深感国家孱弱，必将受辱的现实，虽已70高龄，仍然义无反顾挺身而出，再度出任两江总督，担当起护边御敌的重任。然而，心有余力而身不行，左宗棠终究没有完成抗法大业，反落得死不瞑目的悲惨结局。中法战争，不仅是左宗棠一生的遗憾，更成为中国近代史最大的耻辱之一。

第一节
首入军机处辅政

光绪七年一月，带着斐然功勋，左宗棠以古稀之身从边疆返回京城，被授予大学士衔，任职军机大臣，兼总理各国事务衙门行走，并管理兵部事务。一个汉族官员能够集内政、外交和兵事三权于一身，这对于清朝政权来说，还是头一次。同样名列晚清中兴名臣的李鸿章和曾国藩也不能获此殊荣，清廷对左宗棠的厚加体恤，不可谓不深也。左宗棠有感于此，虽已是带病风残之身，却是身老心不老，老骥伏枥，壮志仍在。

然而，清廷召他回来参政除了体恤他年老功高之外，左宗棠明白，还有其他更重要而复杂的原因。其中最重要的一点，古语亦有之，功高震主。左宗棠收复新疆，自是拥有百万之师，兵权在握，如不召其回京，清廷恐其真如李鸿章所奏拥兵自重。因此，委其以资讯兵事的虚职，更恩加体恤，以此换得夺回左宗棠手中兵权，清廷才能安心。其次，左宗棠出兵在外的这些年岁，宫廷明争暗斗一直无休无止。早年奕䜣曾与慈禧太后争权夺利，后来输下阵来被贬为议政王，并为军机大臣，仍与慈禧太后争论不休。慈禧心中恨他不已，奈何她身边的红人李鸿章与奕䜣亲近，而又持有淮军，颇有点势侵朝野的感觉。奕䜣加上李鸿章，两人各有势力，如若联合恐难应付，慈禧必须要找人来平衡她与奕䜣、李鸿章的关系。这人，无疑就是三朝功臣左宗棠。

左宗棠名满天下，又带领湘军征战多年，功绩和威望都不下朝中任何一人。况且，列强入侵多年以来，李鸿章与左宗棠因为"降和"与"力战"问题矛盾早已公开化，两人明里暗里在军事思想上水火不相容的局面人尽皆知，有他入京钳制奕䜣和李鸿章，他们才不至于威胁到慈禧太后的政权，也让清廷不至于只出现单一的投降之哀音，而让洋人百般欺侮。左宗棠作为主战的强劲势头，在一潭死水的清廷里或能激起一丝生机，由他掌管外交事务定可稍稍抵御列强的嚣张气焰。而另一方面，左宗棠收复新疆、夺回伊犁之举，让俄国对清廷怀恨在心，并军事恫吓之，此时把左宗棠召回京城辅政，即是向俄国表明清廷有意妥协的态度。再者，左宗棠的清誉诚然令"清流派"们仰慕已极，他们纷纷向慈禧上书，希望左宗棠回京辅政，一来以颐养天年，二来自然是增加其力量，希望借此扭转降洋的格局。清流派者，多由都察院和翰林院士大夫组成，他们和左宗棠有着同样的高洁风尚，爱针砭时弊，打心底里不愿投降卖国。

由此，多种原因促使左宗棠不得不遵旨回京，并确实希望不留余力激活这潭死水。然而，令他所没有想到的是，深宫大院里等级森严、繁文缛节的生活，远非旷北沙漠出入无拘、雷厉风行的军旅生活可比。行军打仗恶劣的是气候和战争，但皇宫深院丑陋的却是人心和帮派。左宗棠自服膺清廷以来，多身为外地大员，征南战北，这是他第一次以如此辉煌的功绩正式进京参政，因而根本不懂得宫里的各项礼节和潜规则。他平时耿直成性，刚正不阿，向来不屑于学习和钻研这种表面功夫，但正是因此他在军机处的日子过得并不惬意，拳脚也被各种各样的束缚捆绑而不能施展抱负。他为此十分气愤，却不丧气，他的脾气是遇强愈强，迎难而上。因此，在任军机大臣的短暂时日里，左宗棠憨直而不畏权贵，还是有所作为的。

受刁难，是左宗棠辅政面临的第一难关。在左宗棠到京翌日入宫面圣时，他就遇到太监索取宫门费的事情。这本来是一件司空见惯的事情，李莲英、安德海等太监头目在慈禧太后的纵容下非法妄为，敛财进逸，朝中诸臣已尽得知，并无可反抗者。唯独这年已七旬的左宗棠，在宫门前遇到这样明目张胆的贪污腐败行径，颇感惊奇，进而愤然，他不由得破口大骂索宫门费的太监为獐头鼠目之辈，自言其一生入百万雄师无人敢阻，何识得尔等鼠辈。骂完遂愤而转身欲离去。太监们向来备受朝中权贵阿谀奉承惯了，何曾碰到过像左宗棠这样的烈性官员？他们一看势头刚猛，心中无底，便不敢得罪，只好悻悻然强装笑脸请其入宫。

这只是深宫腐政的冰山一角而已，接下来在军机处办公期间，左宗棠才真正感到腐政之深，已贯穿上下，由来已久，绝非一人之力短期内可以撼动的。比如，官场上拉帮结派、营私擅权的作风习气，左宗棠就深为反感。而左宗棠直话直说、不守宫礼、行事认真的作风，同样得不到大多数官员的喜爱。其中，醇亲王奕譞对左宗棠敬重备至，但恭亲王奕䜣对他却心有不满。朝中礼仪对于军机大臣奏事有一套严格的规定，一般只有领班的王爷才能说话，其他大臣只有回话的分。但是左宗棠不管这些，他只管有情必请，有事必言。入军机处不久，他就不等慈禧问话而主动为得力部下王德榜请功，这让慈禧太后和恭亲王都很不高兴，但碍于他的威望和功勋慈禧太后只好勉强答应，而恭亲王就讥讽他太过心急，告诉他还要等诏书下来了再做最后定夺。

左宗棠的直言直说闯"祸"不少，最大的一次是在慈安去世时，左宗棠听后直言不信，满朝文武皆为失色。左宗棠的话外之音，虽然道出大家的猜忌，慈安太后可能是遭遇非命身亡，但是这话只能烂在心里而不能说出来。左宗棠口无禁忌，不管好听难听的话都直言不讳，这一次真的让慈禧太后记恨在心里去了。这也难怪，他在军机处只做了半年多，便被派做两江总督去了。

对此种种诸多禁忌，左宗棠感到无可奈何，改变不了外界环境就唯有保持自己一贯的作风，而不致陷于污淖之中洁身不保。幸好，他有着三朝之高功，年高而威望深远，慈禧和慈安两宫待他还算宽和，也颇有一些志同道合者愿与之竭力辅政，他才不至于郁郁寡欢而略感欣慰。毕竟，他还不算是孤军作战，起码清流派在舆论上对他的支持还是蛮大的。

比如，王公贵族中，有一位醇亲王奕譞待他以礼，每过宫门必让他先行，自己随后；而朝廷道友亦对其敬仰有加，同处军机的翁同龢与他一见如故，为其"俯仰一世"之豪迈气概与独到见解所折服。一次，醇亲王奕譞、左宗棠邀请英使威妥玛会谈，醇亲王尚未到，威妥玛即坐上首座，气得左宗棠毫不遮掩指出，这是醇亲王坐的位置，我都不能坐，你一个英使凭什么坐到上面去呢！一句话，把威妥玛说得面红耳赤，无地自容。这事一传出，让正直人大快人心，而让投降派则诚惶诚恐。左宗棠就是如此，就事论事，不与时人同诣媚。左宗棠与威妥玛的冲突远不止这一次，几乎每次外交商谈，他都丝毫不让威严，据理力争，让其奸计难逞。

自从中英签订《南京条约》规定不准限制鸦片进口以来，鸦片泛滥更甚从前，毒害的不仅是人们的身体，更萎靡了一代代国人的心智。林则徐当年在虎门销烟的壮举犹在眼前，而今位居高位，左宗棠不能让先友蒙羞，更不能让世人耻骂。因此，禁烟不得，左宗棠只好提高烟税，以此遏制泛滥情形。这一点，李鸿章也是赞同的，他们一同找威妥玛谈过数次，最后都无果而终。

威妥玛自然不肯提高烟税，以为采取拖延策略就能让他知难而退，但他没想到左宗棠是一犟牛，决心要做的事情冲劲比谁都大。商量无果，左宗棠另出奇招，以"天下事当以天下心出之"为由，把提高烟税的建议广而告之，交由民众裁定。此举一出，威妥玛只好认栽，同意将原来一百斤30两银的进口税另增厘税150两，国民种鸦片者也加重捐税额度。这样一来，就起到了一定成效的禁烟效果。

此外，左宗棠闲不下来，既然内政并无多大用得着他的地方，那么他索性干起老本行，奏请兴修涿州、天津水利工程，调自己部下王德榜、王诗正负责，而他则历时一个月实地视察工程进度。这比之他成天闷坐在军机处让他心情舒畅许多。不久，即是年六月某夜，彗星耀空，清廷以为是不祥之兆需要自咎己责以资纠错，于是便让广大臣民提议。一时间奏折雪飞，多为指谪时弊之言，慈禧又受不了了。此时左宗棠提出"言路宜开不宜驳斥"的观点，希望清廷借此机会广开言路，多加反省，以图更改。左宗棠提出这条意见之后不久就病倒了，想辞去职务告老还乡。

是年，左宗棠70岁，身残体病久矣。虽然他表面上还备受重用和优待，但他在军机处的这半年多时间里耳濡目染和亲身经历了官场、宫廷的腐败，加上疾病缠身，渐觉力不从心，遂有归乡之想。天涯苍茫，国运多舛，虽然左宗棠憨直多有得罪权贵，但以左宗棠的威望声名，连洋人都心生敬畏，清廷怎么可能弃如此好棋不用而遂其愿呢？统治者正在思量把他安置何处……

第二节
再次就任两江总督

受尽排挤的左宗棠告老还乡不成，清廷终于想到了安置他的办法，那就是让他复任两江总督。左宗棠本是忠臣，虽然自知身体已然病重，但国家临危受命托以重任，他是决然不会推脱的。不过，在就任两江总督兼南洋通商事务大臣之前，他申请回乡一趟，以拜谒祖墓和访亲问友。慈禧欣然准允。

九月受命，十月携眷离京，十一月末左宗棠一家终于返回湖南长沙。在外征战数十年，左宗棠已与长沙阔别二十载，那一份浓浓的家乡情，很久以来萦绕心头，没想到古稀之年，他终于又回来了。二十载乡情，二十载思念，故居、故人和故乡的一切，仿佛如在昨日。只是岁月无情，他离乡时方才不足半百之期，家小兄妹都大部分健在，而今他的夫人、二兄、长子、次女和四女都早已不在人世，左宗棠忽然有种老人孤独的感觉。这一次，他定要好好到他们的坟前拜谒一番。

不过在这之前，左宗棠最想去的地方，就是在长沙居住的司马桥旧宅。这所旧宅原本是他的至交好友胡林翼和骆秉章一同出钱买给他的，又经他的儿子孝宽管家，买下临宅改造而成后来足够左家数十口人住的大宅子。那时左宗棠还想在此养老,并在百年之后修做祠堂用。如今都物是人非,宅内人数逐渐少去,俨然成为一座空宅,只是后花园里还栽种着一些蔬菜,鱼池里也欢畅地游着几十尾鱼,院内青树红花茂盛可人。左宗棠不禁感叹不已。

亲人多逝去,旧友仍健在。何况他衣锦还乡,多年不见,应酬自然是免不了的。左宗棠一生获誉众多,又新任两江总督、南洋通商事务大臣,因此家乡大小官员和乡绅们自然也得前来拜访,而他也要亲自上门去会会老朋友。这其中,就有多年至交郭嵩焘。说起郭嵩焘与左宗棠还有两段故事,颇耐人寻味。

首先是左宗棠在骆秉章府里做师爷时,因为得罪了樊燮,后来惹上"官樊构陷事件"差点要掉脑袋,郭嵩焘一心要帮助左宗棠脱险,不仅跟潘祖荫说左宗棠是挽救湖南的第一能人,更在皇帝向他打听左宗棠为人时夸他人品好、能力高,是个难得的国家栋梁,让皇帝对左宗棠有了更深的好印象。这对左宗棠来说,可谓救命之恩。

第二件事,就是左宗棠后来追剿太平军余部追到广东时中了太平军的计策而败北,郭嵩焘刚好任职广东巡抚,左宗棠以为自己的失利主要是因为郭嵩焘能力欠佳所致,因此数次弹劾郭嵩焘,上书清廷用蒋溢澧取代他,结果使郭嵩焘在家赋闲八年。这一段历史,让郭嵩焘铭记了一辈子,在他看来,左宗棠如此弹劾他就是忘恩负义的表现。左宗棠此番回来,郭嵩焘又是怎样的心情呢?

也许左宗棠并未想到他的行事让好友伤心数十年,因为在左宗棠看来,公事归公事,私交仍旧不变。但他不明白,关于能力欠缺与否和战场得失的问题,很多时候实在是仁者见仁、智者见智。因此,左宗棠也许到现在还认为弹劾郭嵩焘是公事公办,并没有一点私心,但在郭嵩焘看来,左宗棠就是办事不公，忘恩负义之举。此外，郭嵩焘在外交思想、政治理念、为官之道上与左宗棠格格不入，反与李鸿章极为投契，这一点，也让郭嵩焘与左宗棠同朝为官时嫌隙颇多。因此，当左宗棠去敲响郭嵩焘的门时，无论从哪个方面来说，郭嵩焘都是极不愿意和他见面的。

不过碍于数十年的交情，郭嵩焘最后还是与左宗棠见了面。左宗棠亦深知他和郭嵩焘的思想分歧之处，因此也尽量避免不谈外交，而尽说兴修水利诸事，倒和郭嵩焘等人交谈甚欢。翌日，郭嵩焘还回访左宗棠，称赞他豪气未减当年。只是后来过几天左宗棠请郭嵩焘兄弟到府上赴宴时，郭嵩焘推辞不至，唯让其弟郭昆焘带了几个菜过去。后来，听到清廷有人弹劾李鸿章某事，并交由左宗棠查办时，或许是因为郭嵩焘不愿意看到自己的道友受弹劾，以及因此念彼，想到当年左宗棠数次弹劾自己的事情，郭嵩焘感到"心绪颇恶"。在这以后，郭嵩焘再也没和左宗棠见过面。虽然郭嵩焘在日记中曾表明他对左宗棠"忘恩负义"的事情已经"淡然忘之"，但是在左宗棠去世时，他献上挽联一副，上书：

世需才，才亦需世；
公负我，我不负公。

可见，郭嵩焘自始至终还是不能把这个心结打开。往事随风，郭嵩焘与左宗棠，也许类似于曾国藩与左宗棠，他们的交情其实并未像外界传说的那样交恶。当然，曾家与左氏的交情，留待后面再说，这里只想说明，左宗棠还是很看重郭嵩焘这个友人的，只是他没有想到自己对郭嵩焘的伤害如此之大，实在令人惋惜。

左宗棠此次回乡与之阔别二十载相比，其实时间很短，前后不过一个月。除了拜访友人，他最高兴的就是与家人团聚了，特别是见到了女婿陶桄一家，他满心欢喜。在陶桄为他准备的家宴中，他兴致高昂，多喝了几杯，不禁感叹道："湖南出了三个两江总督，陶文毅公、曾文正公和我，但他们都没有我命运好啊！文毅公没能拜相，文正公拜相后未能回乡一望，而我两相得之，于此无憾了！"

　　在长沙只待了一个星期，左宗棠就赶回湘阴谒墓。白水洞、柳庄，这里都是他身为布衣时的栖息地，二十多载故地重游，左宗棠不禁泪从中来。特别是来到祖父母的墓地时，想到他们从前教导自己的时月，更加感慨万千："图开松桂书千卷，梦到梧塘屋两间。"来到柳庄，想到那些年与夫人、子女耕读的快乐日子，以及旱水两灾时的困顿苦难，如今都不在了，连几位至亲都在他先前而去了，左宗棠又再添伤悲。

　　近乡情怯，故地不堪久留，左宗棠了却了二十载乡情心事，整装心情，便又和家眷从长沙启程，前往南京赴任。此去一别，便不再只是二十载，而是永别了。

　　来到南京后，左宗棠又免不了要与当地乡绅一类的虚与委蛇许久，更免不了接见许多前来求职的老乡。左宗棠对于乡绅们是故作倨傲状，让他们碰钉子而回；而对于乡人，则好言相劝，全程赞助路费让他们原道返回。他不想让乡绅们干预自己的政事，也不想私心于乡亲，他只想公正办事，任人唯贤。唯有对于故人曾国藩的家属，他格外开情。曾国藩曾任职两江总督多年，他的小女儿曾纪芬从小就在两江总督府长大，对此很有感情。左宗棠来就任时，恰好曾纪芬和她丈夫聂缉椝就在这里。曾纪芬数次拜访左宗棠未遂，左宗棠知道后就亲自把她请到府上，没想到曾纪芬反倒伤心落泪起来。左宗棠知道她是看到故居念旧时，于是发自肺腑想认她为侄女，让她把这里当作是自己的娘家。这让曾纪芬感动不已，而后更经常走动，宛若亲叔侄。而对于她的丈夫聂缉椝，左宗棠在考察了他一番，发现他并非一般纨绔子弟之后，便逐渐委以重任。连聂缉椝自己的岳父曾国藩、兄长曾纪泽都不看好他，他们的门生或亲友也疏远他的情况下，独有左宗棠慧眼识才，力推力荐聂缉椝，不然聂缉椝可能一辈子只能做个不温不火的小差使以没世，而不是后来的上海道台，洋务运动的得力干将，作出较大作为。这样难怪聂缉椝"一生感激文襄知遇最深"。从这可见，左宗棠与曾国藩虽然在公事上交恶，但在私交上，却一点都未显得有何离隙之情。

处理好这些事情，在左宗棠而言也只是小事一桩，对他来讲，最大的事情乃是民利与国安。对于此时此地，民利者，关乎盐务和水利；国安者，关乎海防。因此，左宗棠就任两江总督期间，主要做的就是这三件事。

在盐务上，左宗棠修范堤、潮墩，推行票盐制。北宋范仲淹曾修建淮南通泰场范堤，专为这里的大量盐民所设。盐民在堤下煮盐，在堤外生活。堤外建有潮墩，就是为了防止海潮侵袭而建的。但是北宋到如今，这些潮墩早已年久失修，损坏者众，每年都危及数以万众的盐民生命。左宗棠与盐运使一道集资助修，先修复潮墩，再修筑范堤，用了一年多时间全面竣工。与此同时，左宗棠竭力推行票盐制，任何人按规定领盐票买盐纳税，就可以全国通销食盐。办法一出，商民欢迎，清廷得税，商民得利，皆大欢喜。

而在兴修水利上，这本就是左宗棠的老本行。每到一处，他都要视察当地的山势河海等地理环境，然后定策治理。南京向以淮河、运河水害为著，因此他在是年春节刚过，就去视察两河水利。淮河水害主要是因为黄河带来的泥沙淤塞，使其流经淮河此段河床增高而改变了淮河的入海口。左宗棠制订方案，将入海口一段挖出深水道，引淮河水经由黄河故道云梯关入海，以绝淮害。只不过这是一项浩大的工程，急不得。当务之急，就是农耕，因此同时，左宗棠更注重兴修运河两岸的水利，其一就是重点搞好朱家山河工程。这项工程从浦口到张家堡一直接通滁河，有20多公里长。左宗棠命其部下王德榜率兵以火药爆破，凿山开河，用时一年竣工，不仅防治了水灾，也便利周边村庄灌溉，以及来往船只通行，民商共利。

第三件事就是海防。虽然这一两年无甚大事件发生，但是法国在越南的动作越来越大，左宗棠担忧法军很快就会犯边，因此，两江之地做好海防，是御敌的关键。为此，左宗棠积极布置海防，创建和出阅渔团，为后来的战事做好防备。

民生艰难，加上边事紧张，铁汉子左宗棠以病残之身，不辞疲劳奔命于水利、盐务、海防以及营伍之中，两年间目疾复发多次，无奈请了两次长假，最后都是惦念着国家安危，病好一些又勤勉工作。辛劳如此，左宗棠以年老之身为国家所做的一切，无不诠释着血浓于水的爱国情怀。

第三节
法国侵扰中国边境

左宗棠任职两江总督期间,法国对越南的攻势越来越紧密,终于1882年3月进攻越南,并一举攻破南定,形势严峻。左宗棠分析吴淞口、白茅沙是我国东南海防的重要关隘,严守这两道关隘才可以较好防备法军借机侵略我国东南沿海一带。据此,左宗棠疏请筹办海防,并精选数千水勇组成渔团,日夜勤加操练。

世界的格局越来越显然可见,英国和法国作为海上强国,到处肆虐,争抢亚洲国家为其殖民地。英国已经取得印度这块大殖民地,还想侵略西藏和缅甸,并在中国大地上取得更大的利益。法国不甘落后,猛然进攻越南,企图通过越南入侵中国云南、贵州一带,进而与广州湾连为一体,控制中国西南方大片国土。而越南作为古已有之的中国隶属国,乾隆末年曾封阮文惠为安南国王,仍旧属于中国的保护国,是为新阮。与之相对的是在顺化府自立为王的阮潢一派为旧阮。新阮消灭旧阮后,阮潢后人阮福映逃亡泰国,与法国勾结,请得部分驻印法军的支持灭掉新阮势力,统一安南,并请求嘉庆帝准允其改国名为"越南",阮福映因此是为越南国王。也就是说,在清廷没有承认越南为法国管理国之前，越南一直是中国的附属国。

唇亡齿寒，越南如果被法国攻陷、占领，那么中国南部也将遭到蹂躏。因此，有识之士看到了南方加强海防的重要性，彭玉麟提出要在海口增防，建造10艘兵船，而左宗棠认为应该再增购5艘快艇才行。左宗棠对于如何与法军海战都想好了计谋，先布置炮船攻守之位，再派精猛水勇潜水到敌军兵船，毁其军旗，夺其兵船。"并力一向，千里杀敌"，左宗棠讲到兴奋时，不禁豪言万丈，仿佛看到了与法军海战时的胜利场景。

与此同时，法军节节进逼中国边境，越南多次派使到京请求清廷援助，他们宁愿做中国的附属国，也不愿被法军侵占。清廷也意识到法国的举动对中国边境的安危，于是作出一系列部署，形成多面包围法军的局势：命令云贵总督和两广总督协力督办边防，统军入越南；命令广西布政使、云南布政使金炳镇守谅山、山西和北宁；策励越南经略大使，随时掌握实时动态和作出相应举措；责令李鸿章赴广东督办越南军务；诏使左宗棠调集楚淮各军队做好开赴越南的准备。

法国本是虚张声势以探清廷姿态的，待看到清廷态度强硬的这一举措，便发表声明不想与清廷交恶。李鸿章本来不满清廷让其"白发戍边"的旨令，更不想老来战死沙场，因此上书主张降法，以为法军兵强不可战胜，可谓长敌人志气，未战先认输。

左宗棠十分气恼以李鸿章为首的投降派的主张，仍旧和力主收复新疆时一样，仍为国土丝毫不能让与他国，对于威胁本国安危的举措就要坚决铲灭。而在这次越南问题上，左宗棠看到法军在西方国家中并无援军，势单力薄，如若上下一心必可保住越南，固我云、贵、广边境。他一边上书清廷希望清廷坚定决心，一边自募精勇组建部队，自告奋勇请求开赴云南、广东边境援越。然而清廷向来畏敌，看到法军态度软和了些，便也放弃援助，收回之前的旨令，不准左宗棠前行。左宗棠颇为失望，但却丝毫不放松海防事务，"已尽南洋大臣之职"。九月，他到东南沿海、长江口附近多处海防要塞巡阅，奖勤罚懒，一时兵士欢欣雀跃，士气大振。不幸的是，左宗棠在巡阅途中遇上大风暴，旧病复发，导致左目几乎失明。左宗棠因此请假回乡调理，并献上兴修水利之策。不过，清廷鉴于越中边境军事紧张，不准他开假，只准许他带假任职，于南京休养，并令他督促王德榜募兵出关，准备援助越南。王德榜迅速募得兵勇10营，军火一批，号曰"恪靖定边军"，开赴西南边境。

1884年一月，左宗棠目疾加剧，再次奏请开缺，并请曾国荃代其职务。而在回南京途中，他还抱病到清江视察运河工程，随后到崇明岛、上海等地再次检阅渔团，部署海防。二月，他又巡视朱家山河工程，然后才回到南京奏请告假四个月。清廷准其假，但令其病稍好即可原职复任。于是，曾国荃三月到南京接手左宗棠职务，左宗棠准备回家休养。

可是此时越南军务突又紧张起来，进驻越南的清军被节节逼退，最后只剩下王德榜募得的军营镇守谅山和镇南山一带。法军扫清了诸多清军，便派海军从福建和海口进攻，意图海陆夹攻中国。

法军的狼子野心再明显不过了，左宗棠义愤填膺，休假一个月后目疾刚好一些即复职建言，希望派他的部下老将浙江提督黄少春募军前往广西支援。可是法军一面加紧攻势，一面却耍阴招，派人向李鸿章假意求和，以成缓兵之计。清廷再次被法军的伎俩所欺骗，不准左宗棠申奏，停止募兵，诏令左宗棠进京再次担任军机大臣。这样一来，便给法国暗地里加强部署增加军力提供了便利，并让清军降低了警惕。

同年五月底，左宗棠再次担任军机大臣，以供清廷"预备传问"，并管理神机营事务。其实，这仍旧是赋闲投降的把戏，清廷就是借此摆明态度给法军看，希望法军接受求和；但同时又制造一种假象给朝野众臣，以为清廷转而主战。而事实上，慈禧不过玩弄权术，把横各方势力。在左宗棠回京途中，李鸿章就已经代表清廷与法军签订了《中法简明条约》，承认越南为法国占有，并允许法国商品从西南边境输入中国内地。这项条约一出，无疑就是为法国入侵中国带来了便利，也严重危害了越南人民的利益。因此，条约一签，中越两国都大为不满，纷纷指责李鸿章和清廷的不义之行，一时清廷朝野舆论大起，纷纷倾向于主战。

慈禧看到这般情形，只好召回左宗棠。但她既没对李鸿章做出处置，也没有听取左宗棠的主战主张，而只是在犹豫观望中，李鸿章谓之曰"内意游移"。左宗棠也深知慈禧意犹未决，于是更进主张言论，分析必胜形势。首先，朝野内主战声音胜于主和，这时只要慈禧坚定决心，那么必然上下一心，其利断金。其次，慈禧已经安排同样主战的张之洞作为两广总督，随时准备应战，这就相当于两广之间有了屏障，而他自己的得力部将王德榜的"恪靖定边军"实力可靠自是不用说的。另外，已在越朝为官的刘永福率有一支黑旗军，这支军队在抵御法军侵略上打了多次胜仗，人心所向，实力过硬，是越南"赖以苟延"的强力支撑。左宗棠以为，刘永福的黑旗军主内，王德榜等部队给予他大力支持，那么就可以安定越南，稳固西南边境。

就在左宗棠刚回京任职，《中法简明条约》签订不久，法军就"一犯观音桥长庆粤西各营，一犯王德榜谷松之营"，大有肆掠中国边境之意。左宗棠因此上书痛陈，"法人请和之不足信，而缓兵之伎俩毕露矣"，希望清廷"严饬防军，稳扎稳打，痛予剿办"，并再次请求督责黄少春率旧部、募新兵开赴越南支援。

形势再也清楚不过，法军依靠缓兵之计做好了部署，并补充了兵力，大有海陆齐进,一举进犯中国西南边境和中国东南沿海的局势。左宗棠、醇亲王奕𫍽、张之洞、翁同龢、彭玉麟、王德榜等人急如热锅上蚂蚁,一面频仍上书清廷明示局势,请求开战,一面只能暗自部署和筹备战务。中法之战,看来是不可避免的了。

第四节
中法战争爆发

正当中国政府主战派和主降派争论不休，清廷犹豫不决之时，法军却突然加大攻势，进逼我国边境。一方面在马尾港停泊一艘军舰，以伺机出战，一方面调拨13艘军舰驶往中国台湾海峡，突袭中国台湾基隆炮台。幸得督办台湾军务的福建巡抚刘铭传率部还击，击败法军。也正因此，法军恼羞成怒，加紧部署备战和舆论压迫清廷，并于1884年七月初三向船政大臣何如璋宣布对华作战。

可是，何如璋却对法军的宣战守口如瓶，还宣称开战只是谣言。然而，法军并不含糊，在刚宣布对华作战后便即指挥舰队炮击停泊在马尾港的中国福建水师。在毫不知情的情况下，法军的突袭让还来不及起锚的福建海军军舰于一个多小时内全军覆灭，全军11艘军舰全部毁伤，700多名官兵伤亡。紧接着，翌日法舰炮击福建船政局，击毁厂房多所和正在建造的军舰多艘。这就是耻辱的"马江之役"。由于何如璋等人的不作为和故意放任法军侵略，左宗棠经营多时的福州船政局和福建水师最终竟以这样的结果白白牺牲，让人愤慨至极。

面对法军如此咄咄逼人，清廷明白再也没有退路，即于七月初六宣布对法战争。中法战争由此正式爆发。左宗棠日夜忧思，虽然疾病在身，但是思考再三，还是决定走一趟亲王府，禀告醇亲王奕譞，让他开赴福建前线督师作战。左宗棠心坚志定，情状焦急万分，醇亲王不禁痛心。清廷官员大小成千数万，但是到了国家安危的紧要关头，能够真正担当大任的却没几人。除了早已在前线作战的一些将领，也只有左宗棠最能振奋士气和统战全局了。左宗棠劳身劳心一辈子，老来也不得清闲。拳拳爱国之心，怎是李鸿章等一味忍辱求和之辈可比？醇亲王只好抚慰左宗棠少安毋躁，自己也立刻禀明慈禧，告以左宗棠的肝胆热肠。

让左宗棠开赴前线督战，这其实也正符合慈禧本意。对于左宗棠此番请辞，醇亲王谓之曰"伏波据案之慨，其志甚坚"，翁同龢也说"其言衷于理而气特壮"。可见，左宗棠数十年累积的威望与对洋务的熟悉，以及主战的坚定决心，清廷上下恐无第二人可比拟之。因此，慈禧接到醇亲王奕譞的禀告之后，赶紧召见左宗棠，委其以钦差大臣急赴福建督战，并修顿福建水师。

接到懿旨，左宗棠整装待发，临行前一一辞别京中道友，最后轻车简装由东便门到通州坐船往南京和福建而去。我们不知道左宗棠有没有想到，此番督战也许就是他人生的最后一程，但我们可以明确的就是，左宗棠早已把个人生死荣辱抛诸脑后，他慷慨前行，只为了国安民康。社会称赞他"烈士暮年，壮心不已"。

就在左宗棠开赴前线的同时，中国台湾基隆已经被法军侵占。福建巡抚刘铭传也曾极力御敌，但他始终是李鸿章的亲信，李鸿章主降，刘铭传也不敢贸然抵触。因此，当基隆被法军侵占后，中国台湾知府陈星聚要求他派兵夺回基隆，当地勇士也自愿加入大军，但是刘铭传却以能力和兵力不足为由而不出兵，以至于法军长期占领基隆，直到中法战争结束以后。而在清廷方面，除了派遣左宗棠督师福建之外，还应舆论要求将船政大臣何如璋革办，新派穆图善为福州将军，杨昌濬为闽浙总督以助左宗棠。穆图善曾和左宗棠在西北共事，不过关系不是很融洽，而杨昌濬则为左宗棠的老部下和挚友。

八月，左宗棠抵达南京，与两江总督曾国荃商办海防军务。这时，法军已经完全占领基隆，并控制澎湖，封锁了中国台湾海峡。这于外，就对中国很不利。而于内，一来福建水师已经让法军摧残，福建海防线依然处于真空状态，二来当地大小官员多数为求自保，一味求和，不可能促其成事。这于内、于外的形势都表明中国台湾海务十分紧张，并随时危及福建以及东南沿海的安全。在与曾国荃商定之后，左宗棠以福建"形势吃紧"，迅速召集旧部5000人，前往福建一线。因为台湾、福建军事吃紧，清廷特又增派前陕甘宁总督杨岳斌辅助左宗棠。杨岳斌原本就是湘军水师统领，对于水上军务再熟悉不过了。不过，福建水师已经摧毁，军舰也没有了，左宗棠于是奏请南北洋大臣曾国荃和李鸿章的南北洋舰队各出舰5艘，由杨岳斌率部驶往福建海域，而左宗棠自己率领旧部5000人由江西进入福建，十月抵达福州。

是时，只见左宗棠部队"凛凛威风，前面但见旗帜飘扬，上大书'恪靖侯左'，中间则队伍排列两行，个个肩荷洋枪，步伐整齐，后面一个乘肥马，执长鞭，头戴双眼花翎，身穿黄绫马褂……主将左宫保是也"。见到左宗棠精锐军队从容步入，久为法军侵扰而心惊胆战的福州民众不禁为之欢呼，"无异天神降临，所以敬礼如此也"。民心由是安定下来。

左宗棠的行馆设在福州北门黄华馆，厅中挂有一副大气磅礴的对联：

数千里荡节复临，水复山重，半壁东南资保障；

>亿万姓轺车争拥，风清霜肃，十闽上下仰声威。

"荡节复临"，说的就是左宗棠阔别福建18年后再次到此一解国危民忧。18年前，左宗棠率部到此平灭太平军，而18年后，左宗棠再次到此却是为了驱赶法军。内忧外患，福州民众都要仰仗左宗棠的神威，希望他和18年前一样能够运筹帷幄，驱除外侮。

驱除外侮首先要做的就是重新布置海防，调兵援台。他到任后随即拜访镇守当地的总督、将军、巡抚等人，详细了解了适时的情况，作出防务部署。第一，他一面"密敕刘铭传速督所部剋日进兵"，以望夺回基隆，一面派使杨在元"密赴厦门一带确探情形，设法雇船暗渡营勇援台"，以"一俟南洋兵轮赴闽有期，再行调兵分扎马祖澳芭蕉山等处，以图首尾牵制，不任其肆意久据"。

左宗棠是这样部署和期冀，但事实却不尽如人意。此前奏请的南北洋舰队一艘都没有来，刘铭传实乃李鸿章心腹，并不全然听从左宗棠的调遣任命。而他商议与德国借船又被拒绝。无奈之下，左宗棠只好派王诗正统领"恪靖亲军"开赴泉州一带，让杨在元配合，"准备渔船多只，俟王诗正兵勇取齐，扮作渔人黑夜偷渡"。王诗正兵勇分批偷渡过中国台湾之后，与刘铭传各率军挫敌，这才保全了中国台湾，不让法军舰队将领孤拔全面攻占中国台湾，把他逼退到澎湖群岛。中国台湾海务总算得以稳固。

与此同时，左宗棠抓紧部署闽浙海防。自从福建水师覆灭之后，闽浙一带的海防如同虚设。兵船已无，军队涣散，炮台要塞也受到损失。左宗棠此来，就要严守关隘要塞，修复炮台。此处的关隘要地是闽江海口琅崎岛上的金牌与北岸的长门，左宗棠考察地理，决定由穆图善驻军于此，督促福建按察使裴荫森、道员刘倬云等人"星夜督工，就该处竖立铁桩，横以铁缆，没入水中，安设机器，随时捩转起落，以便我船出入，敌船至则起缆以阻之"，并于"距省城三十里之林浦、魁歧及闽安右路出海之梅花江，概经垒石填塞，仅容小舟来往"，"以上各处均建筑炮台，安放炮位，派兵驻守，可资捍卫而遏敌冲"。这样一来，我方虽无军舰，但法舰亦无法驶入，更有长门、金牌、闽安南北岸炮台严守把关，法军一时也无法贸然进攻。

不能明里来，便即暗中访。是年十二月二十六日，临近中国除夕佳节，法舰忽然聚集于马祖列岛和福建连江海域上的马祖澳，想借中国官员欢庆节日之际来场偷袭。左宗棠和杨昌濬收到消息马上赶赴长门、金牌炮台巡视、检阅，"各营将士均站队试枪，军容甚肃，各炮台可放之炮亦皆演放数过"。法军看到此番情状，不敢贸然进攻，于是悻悻然离开，暂时不敢再前来进犯。

在海防上，除了要塞和炮台必须严守之外，左宗棠还很重视渔团的操练。"勤以步伐，犒以资财，动以功名"，"择渔户中骁勇善水者作为团长"以操练渔团，增强海防。

中国台湾既复，闽浙海防也甚严，法军怎么也没想到他遇到的这一位七十老人并不简单。于是，在东南沿海无利可图之后，法军便把突破口集中在中越陆上边境。对此，左宗棠又该如何应付呢？中法战争又将如何收场呢？福建人民和全国人民都满怀希望，期冀左宗棠神威再现，随后将会迎来更大的好消息。

第五节
"法国不胜而胜，中国不败而败"

法国在东南沿海吃了左宗棠海战一大挫之后，便把战争转向陆战。法军之所以放弃海战，一方面固然是左宗棠和众爱国将士的智谋部署和英勇抵抗让法军尝到了中国军队的厉害，一方面则由于法国国内本身存在诸多有待解决的问题。把主力全部转向陆战，倘若胜利了，自然可以从中国这里再捞一笔好处，这就为解决其国内问题带来了资金上的难题。

是时，法国已经占领越南全境，只是在与中国广西、云南一带的中越边境上还驻扎着中国的一些部队，其中尤以三支爱国部队为主，让法军不得不谨慎应战。这三支队伍，一支就是王德榜的"恪靖定边军"，一支是刘永福的"黑旗军"，而最后一支就是冯子材的部队。王德榜的"恪靖定边军"我们已经知道，他几乎就是中国抗击法国扰边的外围主力部队，兵士们个个爱国心切，视死如归，英勇无比。除了王德榜自己募得的几营兵士之外，左宗棠还特地从江南抽调出数十员老战将充实"恪靖定边军"，诸如记名提督杨文彪、记名总兵陈厚顺、副将谭家振等人。

另外两支队伍，刘永福的"黑旗军"我们也有所了解，他与王德榜的军队里呼外应，成为越南境内抗法的骨干力量，连越南王朝都要赖此苟延残喘，何况新募得爱国部队呢。只不过他在多次击败法国之后，部队也有所受损，但却得不到很好的补充接应，只好退到云南边境的保胜，接受清廷"记名提督"一职，继续与法军抵抗到底。冯子材的部队，前面没有说过，大家也就没有印象。冯子材，原是天地会起义军叛将张国梁的部将，追随张国梁参与扫灭太平天国的军事行动中，后来升任广西提督，年老退休后就一直赋闲在家，是时已经70岁，和左宗棠相差无几。但与左宗棠不同，他仍旧身体健朗，带兵打仗、冲锋陷阵毫无问题。两广总督张之洞因为中越边事紧张，又看他也是难得的将才，于是重新请其出山相助，他欣然应允，驻军凭祥、镇南关一带地区。

除了这三支队伍以外，还有的清军部队有云贵总督岑毓英所率的云南部队，淮系干将潘鼎新所率的广西地方部队。这两人在抵抗法军上都不大出力，甚至还来搅局，如潘鼎新便是。潘鼎新是李鸿章的部下，是主和派人物，他到来的任务说白了就是不让中国的部队战胜法军，以好再次彰显法军的强大而不可攻取，求得议和的可能。而岑毓英就是两边倒的墙头草，先前看主战派占上风，于是也很出力抵御法军的进攻，但后来看到主和派声音更强大，他便把自己摆在一个观望的位置，并不尽心作战了。

在国家危难面前，正正规规的清军将领却各怀私心，不仅自己不出力，还要百般阻挠爱国将士上前杀敌报国，这是何等地令人不齿和唾弃。王德榜的部队因为驻扎在潘鼎新的地方，于是就归潘鼎新统筹布置，而刘永福的"黑旗军"也归于岑毓英管理。这样一来，三支得力部队有两支都受到极大的钳制。眼看着法国攻势愈来愈强，王德榜急忙向潘鼎新请战，然而潘鼎新却以不知战与否，要向李鸿章汇报请示为由，并不准许王德榜主动出击。王德榜只好以守卫战，坚守镇南关和谅山，处于被动挨打的地位。

后来李鸿章与法国方面签订了《中法简明条约》，达成议和停战局面。潘鼎新就命令王德榜退出谅山，撤兵至广西龙州。可是，法人并不讲信用，他们签订和约原只为从中获益，并作缓兵之计，用和约来麻痹中方，使中国放松警惕，而后他却突袭观音桥。法军单方面违反和约，清军迫于无奈与其开战，法军却反咬一口。爱国将士如王德榜等人如何耐得他这般欺人太甚，马上率部挺进中越边境高平，准备予以痛击。可是潘鼎新却阳奉阴违，胡乱调拨爱国军队，不准王德榜屯兵高平，一会儿命令他前往镇南关，一会儿又要他到谅山，刚到谅山又命他移师丰谷。如此百般折腾，其实就是主和派的把戏，无非是想让王德榜的军队不战自疲，等法军前来攻打时无力应战而败。届时，李鸿章又有严词禀报法军如何了得，而清军无力御敌的情况，以求和战。顺便，还可诬陷王德榜，反治其一罪。如此用心，不仅寒了三军将士的心，更让天下人蒙羞。

主和派的捣乱，让观音桥一役败战，顿时民愤群起汹涌，清廷为平民愤，下诏令全国各省督抚严守督战，不得求和，违者交刑部治罪。由是，清军方面才有了短暂的上下一心、全力杀敌的情势。很快，黑旗军与滇军一同在三圻附近打了一胜仗，军士无不欢欣鼓舞。但令人愤慨的是，潘鼎新却不顾清廷的旨命，仍遵李鸿章之令命令黑旗军退出越南。清廷为之大怒，严令战场军队不可后退示弱，违者军法处置。事已至此，清军才显出奋力杀敌的实力。

但是李鸿章和潘鼎新却是抗法的一大内在阻力，他们的投降论调甚至比法军的枪炮还要可怕。"败固不佳，胜亦从此多事。"李鸿章竟然说出这种一点民族气节都没有的话，从头到尾主张投降言和，在中法战争中一力阻挠，实在令人痛心疾首，愤慨难平。难怪左宗棠曾说他"比十个法国将军更坏事"，而时人评之为"卖国者秦桧，误国者李鸿章"了。

　　清军的主动退让，给法军争取了更多的复原时间，于是于1884年十一月，法军以主力军攻打镇守丰谷的王德榜军队，清军节节逼退。同时，法军又进兵攻打潘鼎新所守谅山。潘鼎新招架不住，命令已受重创的王德榜率军前来救援，而他自己却和所率部队溃逃，一路逃到镇南关，再从镇南关在广西边境一路逃亡，以至于"不知所往"。镇南关、谅山失守。原来清军可以凭借昂扬士气力挫法军，不给他苟延残喘之机，但是李鸿章、潘鼎新等人无心御敌，以至于失去先机，而又在战争中指挥不力损兵折将，导致了这次败战。潘鼎新自己在战场中"不知所往"，却在战后上书参奏反诬王德榜导致败战，清廷因此将王德榜革职。

　　张之洞看已失去一名鼎力大将，于是奏荐冯子材接管镇南关前敌指挥权。1885年二月，法军兵分三路猛攻镇南关，冯子材领军痛击。此时王德榜的"恪靖定边军"并未撤退，而是从法军后路击敌，致其后路溃散，前无援军，为冯子材在前方反攻法军赢得了战机。冯子材和王德榜前后夹攻，法军终于溃不成军，退出谅山、镇南关等地。清军由是乘胜追击，把法军节节逼退。而此时刘永福的"黑旗军"也在临洮传来捷报。这就是一时震惊中外的镇南关—谅山大捷。

　　清军大败法军的消息传到越南，越南官民欢庆不已，集合义民组成"忠义五大团"，志愿加入清军抗法队伍。清军也为此大为振奋。为国杀敌，在战场上扬眉吐气，将士们无不激动地落泪。而在另一边，法军大败的消息传回巴黎，法国人民为之大为震惊。他们迅速将发动侵略战争的茹费理内阁赶下台，而考虑与中国议和。

　　此时，英国也插了一脚进来，以"和事佬"的姿态调停中法双方。时任英国在中国海关总税务司的赫德便周旋在中法两国领导人之中，以议和为双方的共同契机，在面子上保全慈禧，而在实际利益上保全法国，英国从中以调停有功为名趁机取利。这一办法，正和中法两方领导的意思，于是中法停战议和初步达成共识，慈禧便委托英人金登干于1885年农历二月十九日与法国签订《中法议和草约》，并于三日后下令停战。

一时间，抗议之声四起，前线将士拔刀砍地，愤慨难平。王德榜致电张之洞，请求他上书，"诛议和之人"。因为清廷曾在去年下令"议和者诛"，这也是奋战在一线的将士的心声。王德榜等人认为，如果没有这些议和者、投降派，清军完全有能力乘胜追击，把法军赶出中国和越南，不仅保全国土，更维护尊严，而不至于又签订丧权辱国的条约。

不过清廷议和局势以成，大权握在李鸿章等议和派的手中，王德榜等抗法有功之人，最终只落得个不公平的待遇，被革职、被调离，最后郁郁寡欢终老一生。《中法议和草约》之后，李鸿章于农历四月二十七日在天津与巴德诺签订了《中法会订越南条约》（又称《中法新约》），规定中国承认越南归法国保护，并继续承认《中法简明条约》有效，为法国攫取更多在中国西南边境的经济特权。此条约一出，中法之间又陆续签订了《越南边界通商章程》《续议界务专条》《续议商务专条》等条约，致使中国西南地区很快沦为法国的势力范围，多项主权受到损失。

"李鸿章误尽苍生，将落个千古骂名。"左宗棠对于在中法战争中极尽阻挠之事，而后又签订不平等条约的李鸿章如是评价。自此，中法之间以"法国不胜而胜，中国不败而败"而结束战争，落下一个令世界都为之意想不到的结局。中国和越南民众为之悲痛，而西方列强为之欢喜，因为他们从中看到清廷的不作为将给他们瓜分中华带来更大的便利。

第六节
"遗恨平生，不能瞑目"

虽然谅山已取得大捷，左宗棠也一直上书反对议和，但是人单言薄，和约签订，"法国不胜而胜，中国不败而败"的结局已然无可改变。左宗棠和张之洞、王德榜等诸多主战的爱国官兵只能眼睁睁看着英、法等侵略国肆意掠夺中华物产而暗自恼恨。和约签订10天后，左宗棠则病急攻心，只好再次疏请告假回乡，清廷只准其一月病假，而不准开缺。

我们可以看到，自从左宗棠成功收复新疆回京以来这四五年间，左宗棠的身体状况是一日不如一日，先是中暑，然后目疾，接着手脚疼痛、咳血等，左宗棠多次告假都未获准回乡养病，只是在任休养。左宗棠对此也并未提出异议，而是精忠敬守，以国事为重。然而，清廷对于一个三代老功臣只是以假期和好言相劝，要其以命报国，实在有点让人痛心。偌大的晚清，在列强的炮轰之下，连多一个能够坚强抵御外侮的人都没有了，而要把一个风烛残年的老人的最后一丝灯油耗尽。这样的政权，正表明了它的空虚无力，朝中无人。也为此，洋人才敢于把晚清欺凌到人神共愤的地步。

对于自己的身体状况，左宗棠是再清楚不过的了，他曾自述：

自到福建以来，食少事烦，羸瘦不堪；手腕颤摇，难以握笔，批阅文件，万分吃力；时间稍长，即感心神彷徨无主，头晕眼花。有时浑身痛痒，并经常咳血；偶尔行动，即气喘腰痛。

如此病痛折磨，我们读来已觉凄厉，何况左宗棠每天都要承受此番煎熬？清廷也许无奈，因为朝中无能人，只好把最后的一棵救命稻草握在手中，直到他"春蚕到死丝方尽，蜡炬成灰泪始干"。左宗棠深知自己虽然年老，但是多少还能起到一点警醒当局者的作用，因此在议和前后几次上书，极言中国台湾的重要性。

他以为，"要萌宜慎，防兵难撤"，因为西洋人的诡计多端他已经领教过很多回了，中国也早已因此被他们玩弄了许多回。对于议和的事情，一定要谨慎。如果到了万不得已必定要失去对越南的管控，那么国土基隆和澎湖一定要还回来才准许签约。

左宗棠的疏请一直没有回音，他在病重请假后又再次上书，对于海防、民生和中国台湾问题都提出精辟的建议。

首先在中国台湾问题上，左宗棠认为"台湾孤注大洋，为七省门户，关系全局，请移福建巡抚驻台湾，以资震慑"，可设为行省。清廷纳其建议，在左宗棠逝世两个月后，任命福建巡抚为台湾巡抚，福建巡抚则改由闽浙总督兼管，台湾设行省，任命刘铭传为首任台湾巡抚。可以说，台湾没有脱离中国，左宗棠是功不可没的。

另外，对于海防，左宗棠是数十年一日都在操心。在这次中法战争中，福建水师的覆灭，南北洋舰队的不配合，都让左宗棠深感海防的虚弱不堪。因此，他以为海防事务必须有专人统管，不能再分权打理。这个统管海防事务的人就叫"海防大臣"，由其"驻扎长江，南拱闽越，北卫畿辅"。此外，对于新兴的"铁路、矿物、船炮各政应及早举行，以策富强之效"，具体办法有备造船舰、仿造铁路、制定军队操练规则、注意培养士气等。清廷很认真地考虑了他的建议，在设台湾为行省的同时，成立了海军事务衙门，由奕䜣统理全部海防事务。左宗棠的建议为清廷在列强的环伺中拼命挣扎以自强求富提供了其实可行的方向和策略，但可惜，左宗棠没能看到，而更可惜的是，清廷命数将近，左宗棠能挽救其一时，却终不能力挽狂澜于既倒。

在生命弥留之际为自己效忠了数十年的政权提出最后几点重要的建议之后，他已经明显感到自己不久于人世了。他很想回家，那里不仅是他的家乡，他前半生40多年生活的地方，更是他众多至亲最后的归宿地。他想，落叶归根，总该要回到来的地方去才好。于是，他再次上奏请求准其回家料理身体，朝廷在七月初四终于准其奏请，并嘱咐他"回籍安心调理"，"一俟病体稍痊，即来京供职"。清廷如此倚重左宗棠，却不料他这次再也不能为其效力了。

七月二十日晚，亦即公历1885年9月5日晚，疾风骤雨不止，左宗棠忽而清醒忽而迷糊，他的脑海翻腾着数不清的生活片段，有小时候依偎在祖父母身边戏耍的童趣，有与夫人、小孩一起躬耕柳庄的幸福，有走南闯北指挥战争的戎马场面……

在最后弥留清醒之际，左宗棠把儿孙叫到病床前口授遗言：

此次越南和战，实中国强弱一大关键。臣督师南下，迄未大伸挞伐，张我国威，遗恨平生，不能瞑目！

边说着，左宗棠的老泪浸湿眼角。他想不通，也想不透，本来可以驱除外侮，使中国由弱转强，为何最后竟仍落得如此结局。"打！出队！"左宗棠又进入梦呓之中。子孙伏在床前，听着他呢喃之声越来越小，直到最后竟全然没了声息,只剩那一双遗恨的目光遗留人世。

翌日,"全城百姓一闻宫保噩耗,无不扼腕深嗟,皆谓朝廷失一良将,吾闽亦失一长城"。外敌未驱身先死,左宗棠遗恨平生,留下的只有随着他遗恨和惋惜的闽浙两地百姓的哭泣声,和全国同胞的叹惋、痛哀!

清廷听闻左宗棠的噩耗,也为之震惊。慈禧深知,左宗棠一死,天下再也没有第二人有此杰出的能力和胆识帮助她重振国威了。而主战派更为此痛悼,因为左宗棠一死,他们无疑就失去了最强大的主心骨,主和派的投降腔调将会让本已衰颓的帝国蒙上更加阴暗的色彩。中国人民心里也很清楚,长城之既倒,还有谁来全力保护他们呢?

举国痛悼,清廷为此下谕告示天下,为其立专祠,谥号"文襄",恩加后人:

大学士左宗棠学问优长,经济闳远,秉性廉正,莅事忠诚。由举人兵部郎中带兵剿贼,叠著战功。蒙文宗显皇帝特达之知,擢升卿寺。同治年间,剿平发逆捻回各匪,懋建勋劳。穆宗毅皇帝深资倚任,畀以疆寄,谋陂兼圻,授为钦差大臣,督办陕甘军务。运筹决胜,克奏肤功,简任纶扉,优加异数。朕御极后,特命督师出关,肃清边圉,底定回疆,厥功尤伟,加恩由一等伯晋为二等侯爵。宣召来京,管理兵部事务,在军机大臣上行走,并在总理各国事务衙门行走,竭诚赞画,悉协机宜。旋任两江总督,尽心民事,裨益地方,扬历中外,恪矢公忠,洵能始终如一。上年命往福建督办军务,劳瘁不辞。前因患病,吁恳开缺,叠经赏假,并准其交卸差使,回籍安心调理。方冀医治就痊,长承恩眷,讵意未及就道,遽尔溘逝。披阅遗疏,震悼良深。左宗棠着追赠太傅,照大学士例赐恤,赏银三千两治丧,由福建藩库给发。赐祭一坛,派古尼音布前往致祭。加恩予谥文襄。入祀京师昭忠祠、贤良祠,并于湖南原籍及立功省份,建立专祠。其生平政绩事实,宣付史馆。任内一切处分,悉予开复。应得恤典,该衙门察例具奏。灵柩回籍时,着沿途地方官妥为照料。伊子主事左孝宽着赏给郎中,附贡生孝勋着赏给主事,均俟服阕后分部学习行走。廪贡生孝同着赏给举人,准其一体会试。其二等侯爵应以何人承袭,着杨昌濬迅速具奏用示笃念荩臣至意。钦此。

九月初八,清廷特派人代为御祭,《申报》记载了当时的经过:

送葬者自督抚、将军、学政、司道各宪之下,均徒步徐行,闽人士感公恩德,一律闭门罢市,且罔不泣下沾襟。自皇华馆至南台,沿路张结素幄,排列香案。绅士及正谊书院肄业生皆在南台中亭路祭。远近观者,如海如山,路为之塞。是非公德泽及人,曷克令人爱慕如此!

一代伟人去世,随着他下葬的不仅是生平丰功伟绩,更是千千万万民众的一颗颗破碎的心。这就犹如在末日前刚看到一丝黎明的曙光,接下来又是轰然的一片暗黑。希望在哪里,人民的出路在哪里,国家的未来又将何去何从?左宗棠已经来不及想了,这个国家的人民和统治者们,料想一时也没有了主见。

左宗棠的逝去,引起一片哀沉,也激起千万民众纷纷献上挽联。左宗棠生前挚友郭嵩焘联曰:世需才,才亦需世;公负我,我不负公。上联肯定了左宗棠的天才与功绩,而下半联却是对左宗棠颇有些哀怨。郭嵩焘曾在"官樊构陷事件"中救了左宗棠一命,左宗棠却因军事弹劾郭嵩焘,后来又总在对洋人战与降的问题上与他处于敌对意见,这让郭嵩焘一直认为是左宗棠负了他。但对于左宗棠这个老友，郭嵩焘还是从心里面敬佩、认可他的，并没有因为左宗棠"负"他的事情而抹黑左宗棠，因此自以为"我不负公"。

左宗棠的"铁笔师爷"陈迪南则联曰：提挈自西东，帕首靴刀，十年戎马书生老；指挥定中外，塞云边月，万里寒鸦相国祠。这一联，基本上道出和肯定了左宗棠在军事上的功绩，收复边疆，顽强御侮。他的逝世，让晚清的天空暗下了一半颜色。

与他人所作的歌功颂德、叹惋惆怅的挽联有所不同，坊间流传一副左宗棠自作的挽联：

慨此日骑鲸西去，七尺躯委残芳草，满腔血洒向空林。问谁来歌薤歌蕤，鼓琵琶冢畔，挂宝剑枝头，凭吊松楸魂魄，奋激千秋。纵教黄土埋予，应呼雄鬼；

倘他年化鹤东归，一瓣香祝成本性，十分月现出金身。愿从此为樵为渔，访鹿友山中，订鸥盟水上，消磨锦绣心肠，逍遥半世。惟恐苍天负我，再作劳人。

有人说这是左宗棠72岁病重时所作，也有人说是他告老还乡时在途中所作，另外有很多人质疑这副挽联是他人伪作。我们且不说这副挽联的真假和作于何时，但看它的内容，气势磅礴，颇似左宗棠本人性格。上联书其鬼神也为之呼应的雄心壮志，可见建功立业之心何其强烈；而下联却一反上联意，似乎对戎马生活已然厌倦，对功名利禄也全然不在意，只希望做一个樵者、渔者，耕读为乐。此番心意，颇有功成身退、隐居渔樵的道家思想。这与他在壮年时期的隐居山林的思想十分相近。可惜，正如他联中最后一语所言，作为"旷世奇才"的他在乱世里注定要为苍生劳碌，至死不渝。他确实如此做了，把最后一滴血泪都为天下流尽，只把千秋功过留给世人评说。

第八章

纵论生平

五百年来第一等人也

世上纷纷扰扰，左宗棠遗憾收场。晚清的颓势已成定局，然而关于左宗棠的评价却是百年有异。读书非为科名，为政先求利民，用兵谨慎有加，御侮绝不言和，兴实业夯帝基，左宗棠传奇的一生令世人对其褒贬不一。功与过，是与非，究竟若何，也许只有历史才是最好的评判者。

第一节
政治思想：为政先求利民

读完左宗棠的一生，恐怕无人不深为其颇负传奇色彩的人生所折服和慨叹。他的经历，前半生其实并无多大建树，如果不是后来入湘幕为宾，而若真如他自己所说的"长以为农没世"，那么，他所能留下的，或许只有一些水利、种植类的农书，以及儒学研究心得而已。或可成一代大儒和农学家，但也只是湮没在许多大儒或农学家之中，而不至于享誉世界，震惊中外近代史。他的最大成就，无疑是收复辽阔的新疆大地，但在军事上所能取得的成就，根基还在于他的爱国爱民之心。"为政先求利民，爱国心怀天下"，国强民富，政通人和，齐家平天下，这是他作为一代"汉儒"从始至终的追求和理想。因此，对于左宗棠的综合评价，我们先从他的政治思想说起。

古代儒生读书科考求功名，初愿无非是通过做官从政实现自身报国为民的宏愿。读书不为名，则不会参加科举考试；做官不为民，断不会心怀天下。左宗棠虽然后来教育自己的孩子不要为了功名利禄而读书，但那是他在戎马一生之后才醒悟过来的警言，而且，左宗棠所说不为功名，非为排除功名，而是不以功名为重。左宗棠后来也不让自己的孩子为官，同样是因为宦海官场数十年，目睹其腐败混浊，不想让自家孩子蹚上这浑水之故。而在他自己青少年时期，却是热衷功名与官场的，不然他也不会多次参加科举，更三番会试了。而他获取功名和官职的目的，则为实现自己的政治主张和抱负。

世事悠悠袖手看，谁将儒术策治安？
国无苛政贫犹赖，民有饥心抚亦难。
天下军储劳圣虑，升平弦管集诸官。
青衫不解谈时务，漫卷诗书一浩叹。

他从小在接触传统儒学的同时，更醉心于经世致用之学，以"儒术策治安"便成为他政治思想的根基。所以有"治安"一说，自然是源于左宗棠所处的世纪交替、朝政不明的社会混浊现状。有人主张以暴抗暴，如白莲教、天地会、太平军等农民起义，而儒学向来主张以"仁义礼智信"五常治国。面对内忧外患的动荡之世，左宗棠年少的心就已经满是忧虑。

范仲淹语曰："先天下之忧而忧，后天下之乐而乐。"左宗棠世代耕读，对此再熟悉不过了。因此，身处乱世，心怀天下，成了左宗棠自幼而终的一种自觉性行为。他看不惯乱世的种种昏暗，看不惯朝政无能、庸昏当政的政局，更忍耐不得人们因此所受尽的种种苦难。一边面临"更忆荆沅南北路，荒村四载断炊烟"的内忧，一边又要应对"南海明珠望已虚"，"五岭关防未要疏"的外患，左宗棠深深为处在这个时代的黎民百姓所担忧。不仅如此，民之忧亦即国之忧，民不堪其苦，则国之病久矣，左宗棠更替国祚命运所忧虑。

报国空惭书剑在，一时乡思入朝饥。

贾生空有乾坤泪，郑繁元非令仆才。

洛下衣冠人易老，西山猿鹤我重来。

清时台辅无遗策，可是关心独草莱？

时不我待，偏偏又天不我眷，左宗棠只好背负着一身才识，心怀天下之忧，作成此《燕台杂感》自叹怜惜。然而，从中我们却可以看出左宗棠迫切希望从政，一改昏庸，还政清明，除弊御侮的心愿。"身无半亩，心忧天下；读破万卷，神交古人。"左宗棠从政无门，只能以忧怀天下之心，从古之圣贤和经世之学中寻求另一种"参政"的途径，期冀以书生之言，博得有志之士赏识，或为采用。这在之后晚清首遇鸦片战争时，左宗棠频仍著说，四处发扬自己的建议之中更可体现其虽为贫儒，却一如心忧天下的拳拳爱国之心。

只是，左宗棠直到不惑之年之后，才有机会直接参政，虽则仍然借以骆秉章之名才得以实行。而这，更为左宗棠形成"民生为务"的政治思想作了催化剂。因为多年熟睹腐政和民生疾苦，左宗棠认为参政应"先求利民"，这与孟子"民贵君轻"的思想如出一辙。"皇上勤求民瘼，澄叙官方，在位诸臣当何如贤良自励，以勉图报称也哉！"左宗棠的政治理想，就是为君者勤政为民，为官者贤良自励，而后有循吏良政，民生安康。

何为民生安康？在以农为本的农业社会里，水利、农桑、办荒政等，就是良政利民的命理所在。左宗棠认为："国以农为本，民以食为天。是故王道之始，必致力于农田；而岁功之成，尤资夫水利。"而水利之兴，又必须"因地之利而利之"，也就是现在所说的因地制宜，不能盲目开沟建坝，以劳民伤财，不利民反"厉民"。

水利兴，农桑盛。"农桑者天下托命之具，大利之原，而国家无尽之藏也。是故善养民者，不必损己以益民，而民自益；善富国者，不必穷民以富国而国自富。"左宗棠将农政兴盛与否与国运盛衰相关联，指出农桑是国富民丰的根本保障。

而在荒政办理上，左宗棠希望多行开仓赈灾之举。常平仓和义仓，是左宗棠力推的两种赈济办法。所谓常平仓，是由官家主持，以高价买入、低价卖出粮谷给平民的一种赈灾粮仓；而义仓者，则是由里社民众自愿于粮谷丰满时捐贮，灾至民饥时开仓赈济的民仓。一个是官方出力，一个民众自理，左宗棠认为两者并举，方可办好荒政。

心有所想，力行之。左宗棠后来行军所到之处，无不以兴水利、事农桑、办荒政为先要。比如，在担任闽浙总督时，浙江"善后之政"居东南省份之首，则是农桑治理之功。又如，任职陕甘总督之际，推广区田法，大兴水利，开源提产，深得民众赞赏。还有，左宗棠行军西藏，"首以屯田为务"，"广开沟洫"，不仅组织将士在战事闲余荷锄耕种，更给贫民发放粮种和农具，以助其生产温饱。

诸如以上所有，左宗棠只为民求利，因为他相信，"为政先求利民，民既利矣，国必与焉"。民利国富，自然政通人和，太平安康。然而，世事果然如此简单，世道如此平易吗？非也，这不过是左宗棠心中最美好的愿望，以及他在自己所辖域内作出的最大努力而已。放眼当世，举国上下，如此"偏安一隅"者几何？是为地利无有？亦非也，实乃吏治问题。

左宗棠从来痛恨腐吏，包括贪、庸、懒和无能者。为此，左宗棠曾痛书陈疾，摘录如下：

> 一经得官，即可兼权子母。入仕之始，即怀苟利之心，取息稍丰，又可

为捐升之本。而且委署必计年限，更换多因调剂。其作官也，伊若经商；其视官也，一如传舍。

又：

吏治不修，官司不知教养为何事，治本之策已亡；官司不知政刑为何事，治标之策复失。

如此般卖官买官和吏治不修的现象，让左宗棠下了大决心要彻底整顿一番吏治。不过有趣的是，当年左宗棠也是用金钱买来的监生，这才取得了等同秀才的资格，考取举人。虽然监生不是官，但与买官当的行当其实并不区别。如果左宗棠当时筹得足够的资金，他会不会考虑直接买个满意的官职呢？按他自傲的性子，或者不会；但若求官心切，谁又能保证呢？或许在左宗棠自己看来，像他这样德才兼备又具实学之能之士，买官亦未尝不好。左宗棠所在乎的，根本在于买官者有没有当官的能力，为官的目的是否为民；有无良好品行诸类。若以利己损民，则为腐官，被左宗棠视为重点整治的对象。

"为治之道，兴利不如除弊，任法不如用人"，左宗棠独具自己的一套吏治看法。用人先要察人，他到任一处，即加紧对当地官吏的言行举止和政绩进行存记，隔一段时间逐一访察，对于那些昏聩无能、奸诈狡猾、"庸劣不职"、"不堪造就"的官吏进行革职查办，而嘉奖提拔那些"廉干朴勤""守洁才长"、声名显著、功绩卓然的官吏，以正吏风。

察吏只是左宗棠整顿吏治的第一步，训吏、恤吏才是保持吏治昌明的长久良方。为此，左宗棠不惜精编古人为政心得，集成《学治要言》一书，广发属下。而在日常，左宗棠善用每一个机会劝慰属下为官之道，比如在属下呈上的文书中以批文训劝。左宗棠的严厉如此，属下莫不敢造次。不过，左宗棠并非山中老虎，他更是一个慈父慈兄。对于勤为政者，他总是嘉许其行而劝勉再接再厉，对于性本善而有过失者，他总是晓之以理，非为蛮横咒骂者。

以利民为己任，心系民利，所办皆为民生，这即为左宗棠自勉勉人的从政为官之道。民为国之本也，民利则本固，左宗棠为此鞠躬尽瘁，死而后已，我们看他在去世前一年还带病视察导淮规划、渔团以及朱家山河工程即为明证。那么，在封建王朝处于最特殊地位的君王，左宗棠又如何处之呢？忠君，爱国，左宗棠沿袭着传统优秀儒生的道路。

儒家讲究仁义礼智信，更讲究忠与孝。左宗棠一生以"寒儒"自称，自然对儒学的要义研究颇深而自有一番见解。以左宗棠40岁后做幕宾为分界线，左宗棠对于君王的态度是很显然可见的。左宗棠与一般儒生，即如他的好友胡林翼、同乡郭嵩焘等人不同，他一开始并不是那么绝对信任庙堂之上的"明君"的。后面他一路从幕宾提升为四品和三品京堂候补，到后来直上浙江巡抚、闽浙总督、陕甘总督、钦差大臣、军机大臣等，不仅加官还得太子少保衔、一等伯爵、太子太保衔、二等侯爵等，他每次都要上感恩折诚表恩谢，我们相信他是真心的。加官晋爵无量前途，这是在他自身努力和朋友扶助之外，君王所能给予他的最大的肯定，他自然以显赫功绩报以知遇之恩。然而，在40之前，在太平军起的八九年之际，他对于清廷却是处于观望态度的。也就是说，他在选择，而一旦做出抉择之后，他就忠于此而不改其心。

与历史上许多名儒名将一样，左宗棠的忠君与爱国是紧密相连的，他们都不愿做愚臣。在国事政策方针诸大小事件面前，左宗棠绝不含糊，从不揣度、附庸君王之意。凡于民有利之事，他必竭心争取；凡于国有害之事，他必力陈其弊。左宗棠对君王的感情，于笔者看来，是将其虚化而为一个"知遇知己"的形象对待的。左宗棠一生历经五帝，咸丰、同治、光绪三帝最为赏识他，但于他都不过为"朝廷""明君"的虚化形象而已。左宗棠忠于他们，因为他们能够在相对宽裕的时空里任由其自由发挥所能。千里马得遇伯乐，欢快策奔，能不忠乎？可见，这种忠君，与许多人生来被灌输的愚忠是有区别的，它的最大区别就在于左宗棠一生最为看重的"经世致用"，左宗棠忠君，因为君王能让他得以被起用并践行政治抱负，用余生演示爱国轨迹。说到底，还是为他的爱国主义服务。

左宗棠的爱国毋庸置疑，早在二十出头时，他就一直钻研国家地理，对国家山川河流铭记于心，对各地水利、民生都有所了解。他看不得民生疾苦，他看不得国土被侵占，他希望民富国强。从他的经世致用学地理、事农著书，写诗感怀心忧天下，到后来平定内乱收复新疆，以致临终因为《中法条约》签订造成国辱不能消除而遗憾终生，等等行径，我们都能看到、感受到他的一颗炽热的爱国心。正如现代诗人诗曰"我对这土地爱得深沉"，正是对于国土的深爱造就了左宗棠卫国利民、驱除外侮的爱国心，也造就了他传奇的政治和军旅生涯。

第二节
军事思想：海塞两防并重

左宗棠曾对友人说，他最擅长的是农艺，而世人最为熟悉的却是他在军事方面的成就。以年过六旬之身、抬棺之志收复广袤新疆大地，左宗棠因此声震海内外，时人以为其凭"南平闽越，西定河湟"之功绩早已远超诸葛亮，而西方舆论更称赞其才略"非西人所能料"，"足令吾欧人一清醒也"，由是达成左宗棠护国卫民、"张我国威"的外交思想。以一儒士入将，收复160万平方公里的边疆国土，左宗棠的功绩在近代中国史上是绝无仅有的一例。而左宗棠之所以在军事上能取得如此非凡卓绝的功勋，与其卓越的军事思想是决不可分的。

遍读左宗棠的一生，我们知道他早在仍为一山村教师的时候，就阐述过他的军事思想。当时因鸦片战争之故，左宗棠曾作书6篇，从战前、战中到战后统筹规划详密部署，并建言"练渔屯、设碉堡、简水卒、练亲兵、设水寨、省调发，编泊埠之船，讥造船之厂，讲求大筏、软帐之利，更造炮船、火船之式，火药归营，修合兵勇"，数者并行，防御合体，如此外强轻易不敢入侵。然而当朝者早已被英国的几艘舰船吓破了胆，草草求和，才使左宗棠有了绝望之心,以至于后来为幕宾多年仍旧心怀归隐之意。

我们尚且不论其他,单看此时左宗棠提出的具体建议,不仅与林则徐适时所做的努力相符,更可见其在军事谋略上极尽谨慎、周全之能事。而这一个"慎"字,就是他军事思想中作为核心原则的用兵之道。

所谓"慎"者,左宗棠以为是"战之本也",因为"打仗是过硬的事,一分乖巧著不得"。因此,左宗棠凭此"慎"字原则,打仗作战之前中后,总是多方谋略,做到全局统筹,未雨绸缪,进退有数。具体阐释,他的谨慎用兵体现在布局谋略、练兵整军和精兵良将上面。

讲到布局谋略,兵家有言:"知己知彼,百战百胜。"因此,左宗棠在战前总要详细考察一番双方的军事力量、揣摩对方的进攻线路和地理利弊等诸多因素。"规摹局势,先后缓急",这是左宗棠作战前规划的基本方略。说来就八个字,但实施起来却要颇费脑筋,并非一般儒生、武将能够筹划得来。否则,当时太平军两番攻占长沙,张亮基和骆秉章就不用皆请左宗棠助退了。这里,我们就以其收复新疆的战略规划,来一窥左宗棠的战前规划是如何统筹全局的。

儒家有句名言,"凡事预则立,不预则废",这句话用在军事筹划上,一样成立,而且非常关键。战前统筹规划是否得当,往往关乎数以万计的将士的性命,因此出不得一点纰漏。"从内布置、从新筹度",根据新疆的特殊局势、地理位置和经济地位,左宗棠作出"就兵事而言,欲杜俄人狡谋,必先定回部,欲收伊犁,必先克乌鲁木齐"的判断,并为此作出分析,确定进攻路线:

> 天山南北两路,旧有富八城、穷八城之说。北自乌鲁木齐迤西,南自阿

克苏迤西，土沃泉甘，物产殷阜，旧为各部腴疆，所谓富八城者也。其自乌鲁木齐迤东四城，地势高寒，山溪多而平川少；哈密迤南而西抵阿克苏四城，地势褊狭，中多戈壁，谓之穷八城。以南北两路而言，北八城广，而南八城狭，北可制南，南不能制北。

此次进兵，先北路而后南路。如大军攻剿古牧地乌垣、红庙一带，帕夏敢赴北路之援，官军猛打数仗，自可挫其凶锋。将来下兵南路，声威已张，或易著手。

官军出塞，自宜先剿北路乌鲁木齐各处之贼，而后加兵南路。……是致力于北而收功于南也。

从进攻到善后，左宗棠都成竹在胸，先北后南再伊犁，方经4年左右的时间，左宗棠便按照他的布局全面收复包括从俄国手中夺回的伊犁在内的新疆失地，让企图侵占瓜分我中华国土的列强为之大震。他们原以为中国并无善兵将帅，而左宗棠的用兵谋略让他们叹为观止，自愧弗如。左宗棠之所以能够做到战无不胜，智取巧夺，就在于他的慎兵原则，用他的话说就是"规摹局势"，"缓进急战"，"布置后路"。

首先，左宗棠从新疆的历史和地理地位去剖析天山南北两路的状况，得出北八城可制约南八城，致力于北即可收工于北的结论，然后再根据此情况具体部署，"缓进急战"。缓进，是指在还没有充分准备和部署之前，不轻易前行，不打没准备的仗。而一旦确定了战略方针，就要急战速决，出其不意攻其不备，贵在神速。这与古人得出的用兵之道有一脉相传之处，也有其独到的经验。

慎兵不仅体现在战前战时，与许多人不同，左宗棠的战略布局是全局性、整体性的，而非瞻前不顾后，打一仗弃一城。相反，每攻取一城，他必分兵驻守，断敌再次夺城念头，而且后防有备，也给军队前进吃下了定心丸。左宗棠强调的"布置后路"一举，非但是对于已取得的战果进行维护，更是强调了行军心理，让将士以最自信昂然的斗志，义无反顾向前进军。

有如此出色的将领领兵打仗，军队胜利的希望自然大大增加。然而，名闻天下，诽亦随身，有人便抓住左宗棠自傲的个性，说他做事专治独断，不善用人。但从左宗棠对于将才的做法中，我们就可以知道什么叫作谣言不攻自破。在谈及临阵打仗的时候，左宗棠曾说"至临敌审儿致决，瞬息不同，兵情因贼势而生，胜负只争呼吸，断无遥制之理"。左宗棠深知兵事瞬息万变，不可遥制，因此他只是在战前统筹全局，料准敌情，而后选择精将领兵上场杀敌，战场上应该如何决断，全由将领全权随机应变。在委任刘锦棠进军南疆杀敌的时候，左宗棠便告知全体"师期迟速，一听该总统酌定，本爵大臣阁部堂不为遥制"，可见其非为独断；而在刘锦棠胜利而归、汇报军情时，左宗棠更盛赞他"筹策之周，赴机之速，古今未尝有也"，则可见其非为不容人。一人之力，不管果勇或者智谋，总是抵不过千军万马团结奋进的力量，因此知人用人，左宗棠在军事上取得的胜利和战绩，关键还在于此。

这就是慎兵之道，自己谋划全局，布置后路，而后精选出色将才领兵行军，指战权归将领所有，任人唯贤，用人不疑。左宗棠很相信自己的眼光，而事实也证明他所选用的将领如崔大光、李世颜、罗近秋等人，都是各有本领而精于兵事、勇敢且朴实之士。这几位将才身上所具备的优秀素质，恰也就是左宗棠选择精将的标准所在。首先在其精于兵事，纸上谈兵而无实战经验，或者只是空有热情而不晓兵法者，左宗棠任其在文才或果勇方面有多出色，一律不任用。反之亦然，只有蛮勇或者华而不实者，左宗棠也看不上。

他相信，领兵打仗非儿戏，只有经验老到、做事朴实可靠并且毫不畏惧一切困难的人，才能带领好一支精勇的军队。

兵有强有弱，而其实无所谓强，无所谓弱，视其将领而异。将领得人，则廉以率属而额可足，勤以练兵而技可优，忠义以倡其勇敢之气而胆可壮。否则，兵有轻其将领之心，而怯者亦骄；兵有不顾其将领之心，而骄者仍怯；出队则忧其怯，归营又苦其骄，而兵乃不可用矣。窃以为治兵莫要于选将者，此也。

可见，"兵之用在精，兵之精在将"，将乃一军之灵魂，全军仰仗的领头羊，没有智谋勇敢而谨慎朴实的性情，不能独立统领一军让人信服，军队如何攻坚破敌？

精将有之，则胜败还在于兵力强弱。兵强有很多种因素，若说精将是灵魂，那么士兵强健的体魄、无畏的精神和坚定的爱国心就是最基础的要求。因此，左宗棠格外注意练兵整军，对兵士的挑选极为严格。他认为：

然无精壮有根着勇丁挑补，宁缺无滥。……从不准以无业游手充数，故较之他军尚能得力。若临时随意招添，不暇查询来历，若辈多系游勇营棍，懒惰成性，不守营规，令严则逃，造谣生事，无所不至，尚望其出力耶？……兵在精而不在多，亦未尝不可得力。

左宗棠的意思再明白不过了，招兵买马要详查兵士来历，不招没有家基的游勇和性情懒惰不听军令者，以免浪费人力、物力最终招来乌合之众。这是组建一支强健的军队的首要条件。合格的兵士选好了，接下来就要进行严格的练兵，不仅要训练兵士的身体、军事技艺和强硬的心理素质，更要同时进行儒学义理的讲课。用现在的话来说，就是做思想政治工作。"知道理，有志气"，"首练心，次练胆，而力与技其下焉者"，这就是左宗棠练兵的独到看法。心理纯净而无杂念，严守军纪，保家卫国，明白了这一层义理，则激发起兵士的爱国心。以爱国心发动胆力，无所畏惧，攻坚克敌，则力量与军技自然不在话下。左宗棠以此整军，牢牢稳住了军心，激发士气，使其明理，在感情上就把军队团结在一起。这是清军练兵所不能匹敌的。

此外，军心稳固之后，就要对军事训练进行有条不紊并有针对性的安排。左宗棠一克清军虚有其表的练兵之法，制定一套日加勤练的方略，从手脚功夫到器械使用，从枪炮到水陆车船等各方面全面进行，实操实练，不使懈怠。这般勤勉用功，颇有岳家军的风范，更是借鉴了西方的练兵之法，讲究纪律、时效、精兵。经过一轮轮的训练，左宗棠逐步淘汰掉那些老弱疲乏、吸食洋烟、虚名占伍、塘汛零星之兵，结果最后整顿下来裁掉将近一半的兵力。和其当年在渌江书院教书所使用的办法一样，奖勤罚懒，左宗棠用淘汰掉的兵力的薪俸分给了留下来的精兵，这样一来，士兵每月所得薪俸足以养活一家日用，而无二心。

先定其心，后晓之以理，练其胆力和气魄，再强健体魄，提升技艺，最后断其恶习，去其骄逸懒散之性情，遂成精兵铁军。湘军在中国近代军事史上享有盛名，左宗棠独到的练兵之法贡献不少。

军队整治好，将才智谋全都有，剩下的就是行军打仗之事。战往何处？在晚清历史上，除去内乱，最大的威胁就是外患。边塞动荡和海防形势严峻，这两者是国防安全的重中之重，这一点，左宗棠早在弱冠之期就已经意识到了。因此，在他的军事思想中，对此一直未敢掉以轻心。

19世纪中后叶，正是西方列强借助工业革命的成果利用坚船利炮等先进武器大肆侵略中国的时候，况且我国国土辽阔，边塞防线和海域防线拉得很远，俄、美、法、英诸国觊觎我国国土已久，俄国看重广袤的东北和西北，法国从越南进攻侵略我国西南方，英美等国直入东南海域，四面受敌，京畿岌岌可危。面对如此险境，左宗棠提出要练新兵，守新疆，建海防，海防和塞防并重的主张。

左宗棠认为"立国有疆，古今通义"，因此把"寸土不可让人"作为塞防的要领，坚决收复新疆。而对于海防，左宗棠以为应尽水利和民利，练渔团，修水利，养民使其保家卫国，并促成福州船政局、船政学堂、渔团等的建设，以及涿州、天津、朱家山河诸水利工程的开建。

以利民养民为行军出发点，以保家卫国为作战宗旨，以精兵慎兵为用兵之道，以塞防、海防并重为边防要领，左宗棠在其戎马沙场的数十年里，屡建奇功而频受嘉奖皆有赖于此出色的军事思想。最重要的，作为一介儒将，左宗棠始终不以个人荣辱为重，所到之处建树无不是以天下百姓和国家安危为出发点。因此，与其说左宗棠的赫赫军功是因其旷世奇才所造，倒不如说是由他那一颗坚定不移的爱国心促成的。建军功不为个人政绩，而是胸怀天下，心系百姓，也许这才是左宗棠最出色的军事思想。

第三节
外交思想：面对外侮绝不言和

外交史上流传一句话，"弱国无外交"，19世纪的清朝，正是这样一个在外交上几无说话权的政府。打败仗，举国上下要为此付出沉重的代价，割地、赔款、丧失各种主权；而打胜仗，竟然也要为败战一方埋单，签订不平等条约，同样失去土地、金钱、主权和更重要的尊严。丧权辱国失尊严，这是晚清外交留给我国后人最沉重的悲哀。不过，最难能可贵的是，在外交如此弱势的朝代，也有一些爱国者无畏强权，坚持抗战，左宗棠便是其中极具代表性的一位。

左宗棠在外交问题上的态度和言论，总结起来就是不言和、不妥协，驱除外侮，张我国威。这一思想，早在他少年读史时期就已经生根萌芽，并在作为一个教书匠的时候，就对鸦片战争清廷的投降行径进行了痛批。"和戎自昔非长算，为尔豺狼不可驯。"左宗棠看到英国等列强的胃口是不会止于一次和战的，反而，清廷的示弱，会让他们的狼子野心更加狂妄。因此，面对在鸦片战争中清廷和投降言和派的言行，面对自己的建议和陈理不被采纳，面对爱国抗战将士问罪被贬，左宗棠痛心疾首，大呼"时事竟已至此，梦想所不到，古今所未有"。

确实古今所未有，清朝适时正走下坡路，内忧外患、世界变局是国人所不能料想的。但是深谙军事，对"海国故事"稍有研究的左宗棠已经清晰地预见，"夷务屈辱至极，恐将更有不堪者"。因此，他一次又一次地针对时局提出上下一心，誓死抗战，抵御外侮的建议，却无一例外失望一次甚于一次。清廷不像他所希望的那样对待侵略者抱以坚定的御侮态度，诸多朝廷大臣更不像他建议的那样团结一心忠纯护国。不管是清廷还是臣子，大都可谓各有私心，害怕自己的利益受到更大的损失而不敢义正词严在谈判桌上斥责侵略者的暴行，相反却寄希望于侵略者就此罢休。后来以镇压太平军著名的曾国藩对此发表看法，称"但使夷人从此永不犯边，四海宴然安堵，则以大事小，乐天之道，孰不以为上策"，颇可以代表当时占大多数的投降派的心声。

谁都不想国破家亡，利益受损，然而这番言论，宁肯屈辱求和，也不敢伸张正义，还自欺欺人以为求和可换得太平，因此为上策，真是可笑又可悲。更可笑可悲的是，当英法联军发动第二次鸦片战争的时候，曾国藩还是不主张抗战，对于左宗棠请求上京勤王的要求，曾国藩虚与委蛇，故意拖耗时间，直等到清廷再次派人议和，曾国藩不悲反喜，以为如此一来他就可以一心一意对付太平军，因此视议和为"至幸"之事。屈于外侮，却热衷于平定同胞内乱，曾国藩日后为人所诟病者，以此为重。与曾国藩同调者，李鸿章也为其一，他们同为当时朝廷重臣，出此言论，而不顾国体与民族尊严，左宗棠无能为力，只好感叹"辱甚矣"。

第二次鸦片战争议和之后，"借师助剿"这个议题便被呈上案面。投降派和清廷认为列强在和约签订之后遵约行事，果真换得太平，因此值得信赖，可以借助他们的力量平定太平军为首的内乱。古语有曰，家务事不宜外人插手，然而清廷几经争论却决定借外力以镇乱，并辩解为"上海为通商要地，自宜中外同为保卫"。此外，对于助剿之外师，清廷还打算酌量酬谢，"以资联络"。荒谬怯懦至极，直让后人咬牙切齿。而左宗棠后来为人所诟病者，其中较大的方面也源于此。然而世人所不知，他此时为浙江巡抚，对于清廷的命令不能不尊，但是依然上书建言，"主弱客强，终非长久之计"，并已预见"自古外夷之助中国，成功之后，每多意外要求"，希望当局者能够引起警惕，能够对洋军要进行限制裁禁。因此，他多次要求裁减、遣散洋军，以为不必借助其力自可平乱。

果不其然，侵略中华者在取得既得利益之后，很快就得寸进尺，在《天津条约》规定的10年后修约之日即将到来之际，要求从中国攫取更大的关税与通商利益。对此，清廷就修约事项征询各地督抚意见，左宗棠就外交礼节、开建新工业和宗教文化差异问题等愤而提出6个问题："请觐"、"遣使"、"铜钱、铁路"、"内地设行栈、内河驶轮船"、"贩盐挖煤"、"开拓传教"等。

在外交礼节上，左宗棠认为清廷不必拘泥于三跪九拜的仪式，因为来觐见者并非清廷属国，其国子民参拜其国君也不用跪拜，因此提出不必强人所难，而当随其民俗的建议。友好国互相遣使本是外交的寻常手段，然而对于受挟遣使西方诸国，朝政者视之为耻辱。丧权辱国不为侮，遣使他国却以为耻的思想，正像韩愈当年所说的"耻以为师"的道理一样。清廷向以天朝自傲，闭关锁国，由是两耳不闻外国事，以为夷狄野蛮、技为淫巧而不足以学习者，因此遣使西学就是屈尊之辱，正如外来请觐不行三跪九拜大礼则为无礼，有损大国容颜一样。宁损实务利益，置人民于水火之中不顾而徒究虚有其表者，岂不可悲乎？左宗棠多年忧从中来，以为当侵略者已经逼上家门口时，就要先放下这些虚表的东西，而以实务强国富民。学实务，驱除外侮，最好的办法就是借此机会派遣精于通商而又精通外语者到诸国考察，以探其虚实，而后学成归国，以其道还治其身，使其不敢再在中华大地上撒野。至于侵华诸国想借此机会干涉清廷内政，进行外交讹诈的叵测居心，我们则可以将计就计，反其道而行之，不为其所困。

至于"铜钱、铁路""内地设行栈、内河驶轮船""贩盐挖煤"等方面，左宗棠看到侵略者不仅使用武力侵略，更想通过经济侵略的手段来大量攫取中国的财富，因此要拒绝他们的索求，不予修路、同船和开矿等。虽然左宗棠此时还没有意识到应该自修铁路和开矿，但反对列强的经济侵略这点，却也是有功的。

最后谈到的开拓传教问题，本是历来已久，终因天津教案事件闹得海内外沸沸扬扬。本来西来的基督教、天主教就与我国传统的儒学、道学和佛教有文化上的差异和冲突，而外国传教士更借此欺诈国民，甚至拐骗幼婴致其不明而亡，这让国民义愤填膺，要向教堂讨回公道和说法。孰料法国驻天津领事丰大业反要求崇厚派兵镇压讨教说法的群众，并在崇厚不予理睬的情况下朝他开枪射击，又打伤天津知县随从高升，还捣毁衙门重地。丰大业的蛮横无理彻底激怒了当地群众，遂群起，将其和秘书西蒙打死，并焚毁教堂、领事馆，打死18名外国人。此事最后在英法美俄诸国的威胁下，由曾国藩处死数十名参与此事的群众而收尾。左宗棠对射杀数十名群众以结此案的做法大为不满，更由此看到了列强的狼子野心，因此更担忧海塞防事。他说："方津事之殷也，彼方虚词恫喝，调兵船入津门，由电线寄信本国，我能无戒备申警乎？彼如思逞，疆吏自当防患未然，岂能束手以待！"由是，他对于海防和塞防的事情更为紧张，一边加紧考察、制造枪械弹药、轮船火器，一方面则加紧练兵，布置边防。在外交事宜上，左宗棠为求"保全国体"，以为不可"尽协夷情"，并由此在言论上几乎是孤军奋战了数十年。

言论不通，当局者最后还是一次次迫于列强的武力威逼而选择一步步妥协退让，左宗棠只好抓住最后一根救命稻草，严抓边防诸事。"我之疆索，尺寸不可让人"，左宗棠高声疾呼。在海防上，左宗棠奏请开船政局自制轮船，海岸城市建设炮台、编练渔团，协助水师御敌。而在塞防上，尤以新疆为重，力主抗俄，收复新疆，夺回伊犁，建制行省，正式划入中华版图。诸如此类，鉴于西方列强船坚炮利，因此更要师夷长技，推进洋务运动，振兴经济和民心以强国御侮，张我国威。

坚决御侮绝不言和，矢志求伸张我国威，左宗棠在外交上的卫国心切和强硬态度，不仅赢得国内民众的尊重与赞赏，更令西方国家敬畏，使"外国怕尔之声威"，成为近代西方最为敬重的对手之一。

第四节
经济思想：重农也重商

重农思想，本就是清王朝稳固根基最重要的经济和粮食来源，左宗棠出身耕读世家，出于对农业的喜爱，因此自然也重视农业在经济中的作用。在他看来，农业是国家经济砥柱，必须大力发展。因此，他每到任处，必定因地制宜，兴水利固农本，以此为养活民众和行军打仗的根本之源。但是左宗棠也颇能审时度势，对于近代社会的世纪大变所带来的种种新奇事物和列强侵华被迫开通的经商口岸，他认为也大有作为，不可轻易丢弃。因此，鼓励经商，创办洋务，纾商力任商办便成为他的经济思想中又一重要组成部分。农为本，商随行，左宗棠为适应近代工商业的发展，作出了很大的努力。

我们先来看看他如何稳固农本，大兴水利，利民便民的。中国向来都是以农立国的，因此历朝历代没有哪个有作为的统治者不重视农业生产。但是如何发展好农业，却历朝历代各有法宝。左宗棠自言少小即对农业生产有巨大兴趣，并把它作为一门学问详细研究。"家世寒素，耕读相承，少小从事陇亩，于北农、南农诸书，性喜研求躬验而有得。"亲身试验、家道相传、求助书籍，这是左宗棠少年时研究农学的三种方法。而稍大，科考失败，他已无意于功名，于是在返乡途中购置农学多册回家自学，待后来移居柳庄，便乐呵呵地种桑养蚕、植树修竹、养花种菜，稻蔬茶林几乎无一不通。而这一次大规模实验，也让他后来所到之处固农修水积累下宝贵的经验。几年的累积，他还特地撰写一本以实例为主，一反已有农书空洞无物的著作《朴存阁农书》，希望能够为有心于农业的民众带来更大的收益。

而在第三次会试卷中，左宗棠就对农学做了比较详尽系统的思想梳理：

民于何养？曰农桑。……勤作之家必无甚贫，乐偷之子鲜能长富，有由然也。农桑可不重乎？惩惰民，以刑劝；敬老农，以礼劝；省讼累，以时劝；修田具，以器劝，于是而民有不安于饱暖者乎？

在这里，左宗棠开篇即点名农桑的地位和重要性，说明农桑为养民的根本，只要勤勉劳作，耕作得法，奖勤惩惰，民众终可得保暖。左宗棠在布衣草民时是这样想，而在为官一方的时候更是如此做的。或"劝谕耕垦，并给发耕牛、籽种、农具，借资补助"，或"劝农耕垦"，又或"通饬各属严禁种植罂粟，劝谕农民广种草棉，设局教习纺织"，如此种种乐此不疲，孜孜以劝，并对耕种成效显著者，无论贫富、地位高低，都"准予择优奖叙"。

左宗棠对农业如此重视，屡屡善劝，都源于他农业乃养民开百世利源的思想。他认为，为官者，就是要养民；养民者，农桑也；农桑兴者，还得在于当地官员。为官不懂农桑，胡乱造次，则只会劳民伤财，成为厉民的厉官，而非养民利民的贤吏。这一点，即便是于今而言都是很值得大家深思的。前些年，频频有新闻报道某地连夜赶种某种农作物，没过一阵子全都死光了的事件，或者是仿效他山之石，人家种什么好卖自己也种什么，结果导致供大于求，血本无归的事情。可见，当官的不懂农桑，不知道应节、应地和应时，只凭一时兴致来潮或者东施效颦，结果往往适得其反，反而导致民不得养而饱暖堪忧。

因此，左宗棠亲力亲为，家传、书籍、实验、请教老农等多种方法并举，并考察当地的地理环境、时节气候、土壤水利等诸多问题，最后选出最优农作物，资助农具、种子，教以农民耕种之法，往往颇有所成，不仅可供纳税、自给自足，还时有余粮。左宗棠对此鼓励"民勤耕织，衣被之余转售海舶"，以此走上脱贫致富的道路。传统织布人工投入多、成效慢，左宗棠后来还在多地分别开设蚕棉馆、织呢局等近代纺织企业，促进农桑的市场化流转。

左宗棠数十年转任多地，处处皆以农桑为要，并以农学专家的身份亲临指导、筹划农事，使得一方农业生产大有转机。为此，他颇为自豪，自认为平生所长非军事，而是农学。农桑在他心目中的地位如此之重要，是生存的根基所在，因此他也教育自己的孩子，要秉承耕读家风，不要为官，仅以农夫长于世。为此，他还作了一联忠告亲族子弟：

纵读数千卷奇书，无实行不为识字；
要守六百年家法，有善策还是耕田。

耕种离不开水，左宗棠因而十分热衷于兴修水利、开沟渠，直到年老病残仍念念不忘。涿州、天津、朱家山河等水利工程，扬州、高邮、清江浦等运河堤工，左宗棠无一不带病亲巡。水利就是农桑的生命线，而农桑就是民众、社稷的根基。兴水利固农本，左宗棠为此操劳一生，死而后已。

而在商业上，纾商力任商办，说起来就六字真言，左宗棠为此却同样付出了很大的努力。要知道，在当时仍旧坚持重农抑商的大环境中，为商人、商业寻找新的发展机会,那是相当不容易的。

首先说纾商力,重点是革新除弊,减轻商人赋税。当时,田赋、盐课、茶课成为清政府最主要的财政收入来源。田赋主要是农业上的事情,拿来贩卖交易的不多,因此重农抑商之下,杂税苛捐最多的就是盐课和茶课。以茶课为例,除去正课、厘金以外,杂课便有捐助、养廉、充公、官礼等四项,课税繁重已极,遂茶务不兴,商贾畏茶。而盐课同样捐课极多,"军标、马价、盘费、钦工、普育、鳌峰等六款帑息",已减去盐商半利以上,加之如茶课般的各种陋规盘剥,所剩寥寥无几。左宗棠以为要重兴盐务、茶务,就非得减少课捐,增加商力不可。因此,纾商力以利其源,商务才能繁盛发达,这样一来商途坦荡,从商者多,商股则国课亦会随之增多,两相得力,何乐而不为呢?左宗棠深知,清廷之所以压抑商力,一方面固然是怕从商者多而务农者少,有损国基,毕竟在农业社会,以农为本是十分正确的原则;而另一方面,清廷也担忧商贾富裕之后,易滋生乱象,朝廷不易管控治理。因此,绝途于商道,使其归返农务,是清廷最愿意看到的事情。但如此一来,面对日新月异的世界大观,面对工业的强势来袭,则无异于作茧自缚。为是,左宗棠面对积弊已久的陋规进行革新除弊,鼓励商务。

行使盐票制,是左宗棠在盐务上提出的一大革新设想。就当时现行的"就场征课,按包抽税"方法进行改进,具体做法为"拟请杭、嘉、绍、松四所一律试改票盐,无论新商旧商,但能纳资到库,即给票认地行运。并于各府设立府局,稽查销数。所收课银,全数提作正课,解充军饷。内外杂课,概行停支"。翌年,他又请求在福建实行此法,半年未到,"所收实解之款已抵前此一年及一年半之数",盐商与朝廷皆各得其利,由是新旧盐商纷纷前来领票认引。左宗棠于试行一年后,奏请把福建盐票运著为定章,以利商民。

而在茶课上，左宗棠于同治十一年在甘肃颁布了《变通试办茶务章程》，终归四清：清欠、清引、清课和清商。清欠者，对以往所欠课捐一律清空；清引者，实行票茶；清课者，禁收一两四钱杂课银，以绝陋规；清商者，明晰商情，"令力能承引之商，令于陕西先开官茶总店，一面试办新引"。四清办法为茶务招商的基本前提，旨在增加清廷财政年收，而实则亦有利于商民，因此官商民三者皆乐意而为之。

鸦片战争以来，外国不断要求清廷增加通商口岸，外商所到之地也越来越深入内地，而不止于沿海城市。外商与民争利，与清廷争利已是不争的事实。面对列强的经济侵略，左宗棠此举，包括此外的创为船政局、办民企，都是为了给国家和国民挽回自己的经济权益，而不至于使国家的经济遭到沦陷，从而使其内外夹攻，掏空中国。经济决定国势强弱，若列强经济侵略成功，我国成为其掳掠资产的阵地，那么国之衰亡则近在眼前，因此挽回经济权益，国家尚有话事权和独立的尊严。为此，左宗棠不仅自己办军企、民企，更任由商企自办。以工矿业为主，官商合办，"以官办开其先，而商办承其后"，"商贾流通，听民自谋，无须官为之强"，这就是左宗棠学习西方听由商办的办企思想。官方做引路人，而民商随其后自办企业，官方只管收税抽厘，其余一概听任其自理。

总而论之，"兴水利固农本，纾商力任商办"，左宗棠的这一经济思想，不仅可为清廷增加财政税收，从外商中夺回经济自主权，更让那些怀抱实务救国的爱国人士出资办企，加快了中国经济近代化进程。虽然左宗棠免不了还是报以农本商末的想法，但是于当时而言，他鼓励商业在某一程度上自主发展的主张，仍可算是一大进步，走在了许多人的前面，推动了洋务运动不断前进，给予晚清经济一丝生机。

第五节
洋务思想：大力倡导洋务运动

19世纪中后叶，晚清已显出摇摇欲坠之状，内乱虽然渐渐平复，但是清廷也为此元气大耗。与此同时，英、法、美、俄、德、日、意等诸国越洋东来，趁火打劫，一个个张开血盆大口，贪婪地肆虐中华大地，索地索财索主权，意图使中国也成为它们海外的殖民地，任由其为所欲为。而在此刻，如左宗棠等一群爱国志士看到中国积弱积贫受尽欺侮的境况，痛心之余想方设法要求强求富，力图一挽狂澜，复兴中华。他们的努力，形成了一场声势浩大而颇有成效的洋务运动，使颓丧的晚清在即将灭亡前回光返照，焕发出不一样的生机。而在这场意蕴悲沉的运动中，左宗棠作为开创者之一，他的洋务思想对于推动洋务运动，有着不可忽视的重要作用。

首先，左宗棠深为中国积弱的现状感到担忧，而这种担忧，在第一次鸦片战争时，就埋于心底。英国可以凭借几艘战艇把清廷打得心惊胆战并屡屡得胜，逼迫清廷签订丧权辱国的《南京条约》，左宗棠对如此蔑视中国的行径感到愤懑不可言。但是，他在悲愤的同时又很清醒地意识到，中国之所以受到洋人此般轻视，根源还在于国家的贫弱不堪一击和自大自满。清廷的自大，在于看不到世界的变化，妄自尊大，而且把他国他族视为夷狄蛮族。这一点，从中外"夷"字之争中就可体现出来。

历来中国多称其周边属国为夷或狄，以示他国他族的蛮横落后与自己的文明先进。然而，19世纪的外国可不接受这种以为有损国威的看法，英国就对此多次声明不准再用夷字。弱肉强食，当中国已不再处于领先地位，就只有被人凌辱而没有轻视别人的份儿了。英国等诸国可以随意欺凌中国，越洋远来我国勒索敲诈和破坏，却还要假装义正词严讲究平等和国家尊严，这其实是何等可笑的事情。这就相当于法国大文豪雨果所说的，强盗来到了富人家中，却以主人自居，掠得富人家的一切，包括其尊严。清廷与英国口舌争论这一个夷字，表面貌似要夺回尊严，其实不过是不敢承认、不想承认自己不再是天朝上国的地位的事实罢了。与尊严其实无关，因为尊严早就被他们的卖国行径丢光了，他们在乎的只是一个虚名，自欺欺人的称呼而已。

而真正在乎尊严，想要夺回尊严的，左宗棠是其中一个代表人物。他不称外国为夷，因为他接受外国的确并非中国的属国，而国力之富强，也远非当时的中国所能比拟的事实。其次，他知道真正夺回尊严的方法并不是要在字面上胜过对方，以为用带有贬义、轻视字眼称呼它们就是有尊严有脸面的事情。相反，一个有修养的国家和民族，是懂得尊重对手的国家和民族。尊重他人即尊重自己，这也许是晚清遭受他国轻蔑的一个因素之一。因此，在左宗棠有着外患意识的时候，他便以"洋事"来称呼与外国打交道的一切事务。而洋务，是在19世纪60年代后兴起的一场运动，不单指外交诸事，更包括了或说主要就是指学习西方技术和制造西式器械的事务。

"师夷长技以制夷"，左宗棠沿袭魏源的思想，首先开办军工企业，学习制造西方的先进器械和运输工具，比如枪、弹、炮、船等，作为自强之法。

时人冯桂芬著有《校邠庐抗议》，他更明确地说出洋务的目的就是"得西人之要领而驱之"。可见，洋务运动处于学习西方器具的阶段，有识之士都认识到西方坚船利炮的厉害和重要性，觉得西方之所以崛起就在于器具的先进。而后在践行了洋务运动30年而仍旧不能达成所愿之后，有志之士才纷纷又转向制度、文化方面的探讨，而致使20世纪初期，形成了一股反帝、反传统文化的大潮，革新之盛，古今未有。

奕䜣谓洋务运动"探原之策，在于自强"，韬慨亦说"盖洋务之要，首在借法自强"，由此，把自强寄托于洋务运动之上，一时成为风气。即便如投降派李鸿章也深为赞同："外国猘獗至此，不亟亟焉求富强，中国将何以自立耶？"一时间，官商民实务救国，洋务自强的思想空前统一，以左宗棠、张之洞、曾国藩等人为官方代表，陆续开办军工企业和民用企业，探索自强富裕之路。

左宗棠开创军工企业，是把边防、洋务和自强结合起来。我们知道，左宗棠对于边防的担忧是长久有之的，直言自己"于此事思之十余年，诹之洋人，谋之海疆官绅者又已三载"，因此学习制造坚船利炮，以此还击侵略者，那是最好不过的自强之道。左宗棠考察地理，得出"东南大利，在水而不在陆"的结论，为此提出"仿制轮船"，"为海疆长久之计"的主张，并于1866年创办了福州船政局，后设船政学堂，专门培养造船、驾驶诸技能人才。在左宗棠看来，首先创办轮船，是因为其技术难度远比制造枪支弹炮要大，而欲尽东南水利，做好海防，则必须赖此守卫。轮船可以造出，则其他机械也当不在话下，而侵略者之所以持以为恃者，恰是轮船。左宗棠有此思想，他自言从"道光十九年海上事起"就已萌生。那年恰是林则徐虎门销烟之时，左宗棠方才年28岁。而后在多年的征战与研究、观察中，左宗棠愈发坚定此想，且有了系统而坚定的设想。

就局势而言，借不如雇，雇不如买，买不如自造。至自造轮机成船，……外国多方阻挠，乃意中必有之事，见在英国领事等屡以造船费大难成，不如买见成船为便宜，此即暗中使坏之一端……惟既能造船，必期能自驾驶，方不至授人以柄。……现在洋人闻有开设船厂之举，明知无可阻挠，多谓事之成否尚未可知，目前浪费可惜者。实乃暗行阻挠之意。合计自始事至竣事五年之中，需费至三百万两，可谓多矣，然而果有成，则海防、海运、治水、转漕一切岁需之费所省无数，而内纾国计利民生，外销异患树强援，举乎在此！……惟赖朝廷坚持定见，不为浮言所惑，则事可有成，彼族无所挟以傲我，一切皆自将敛抑。自强之道，此其一端。

从提倡自造轮船开始，西洋诸国多有阻挠，以造船费用巨大、难度大等"浮言"惑众，左宗棠一眼识破其阴谋，知其恐中国造成轮船而与其抗衡。因此，左宗棠更坚定了自造轮船是钳制列强入侵的关键点，因为他们远洋而来扣关，靠的就是装有利炮的火船。左宗棠从敌人之阴谋、造船之困难、事成之利弊等各方面阐述了自造轮船之势在必行，这般系统远见，即使林则徐当年，也未必比得上，更何论曾国藩和李鸿章等原本畏惧列强之徒。虽然曾、李二人也赞成学习洋务以自强，然而决心之大、眼见之深广、心思之纯正，当属左宗棠为先。

力排众难，左宗棠"采西学"以自强，造船造炮，并把此举视为边防，特别是海防的关键所在。他认为适时抵御外侮的重点是"去海之害，收海之利"，"吾中国一大转机，由贫弱而富强，实基于此"。海防稳固，中国就可以解决长久以来有海无防的尴尬处境，并借此稳固边防，不再受海外侵扰。要知道，中国长达22000公里的边防线，海防线就占据其中18000公里。海防之重要，左宗棠正扼住其要。清廷对此颁布"上谕"：

现在和局虽定，海防不可稍驰，亟宜切实筹办善后，为久远可恃之计。前据左宗棠奏，请旨敕议拓增船炮大厂，昨据李鸿章奏，仿照西法创设武备学堂各一折，规划周详，均为当务之急。自海上有事以来，法国恃其船坚炮利，横行无忌。我之筹划备御，亦尝开立船厂，创立水师。

造船造炮造枪弹器械，防海防塞以自强，左宗棠的建议终于为清廷所看重和践行。与李鸿章、曾国藩、张之洞等朝廷重臣一道，在30年的洋务运动中，左宗棠为创建军工企业做出极大的贡献，令海外诸国为中国此一觉醒而感到震惊。

雄狮沉睡千年终醒来，大声一吼求强求富。求强有军工企业，求富则需要依靠民用企业。此前，对于铁路、架线等工程，左宗棠极力反对固有其迂腐的一面，但他有此想法不过是因为就当时情况而言此事还能稍缓一缓，而且更重要的是，他看到了列强想借此控制中国部分经济的阴谋。这和他反对购买、租借他国轮船的思想是一致的。

修铁路、架电线，这类工程看起来并不直接带动经济发展，因此当时也得不到太多人的支持，被搁置不办。不过对于开矿、办纺织局一类，却为洋务运动主将们所认同。李鸿章就采用了其幕僚薛福成开矿的建议，而左宗棠以"阜民即所以裕国"的求富思想，主张开设就更贴近民生的机器纺织、治河等工程。1879年，左宗棠便于兰州设织呢局，并于稍后几年大兴水利，至死不渝。越到后期，左宗棠越看到民用企业"阜民""裕国"的重要作用，因此拓宽创办民用企业的范围，从轻工业到重工业，从制糖、纺织到开矿、铁路、架线、电报等，左宗棠都积极尝试。

军工企业以自强，民用企业以致富，左宗棠在声势浩大的洋务运动中，数十年积极求进，推动了中国近代化和器械化的进程。虽然后来历史证实单纯依靠学习西方器械不能真正自强致富，但是左宗棠的这数十年的努力，仍然对中国近代化贡献极大，而他的求强求富思想，伴随其老去仍然闪耀光芒。

第六节
文化教育思想：经世致用为要

无论政治、军事、外交思想，还是洋务、经济思想，左宗棠无不与时俱进，走在时人的前列。政治通明，是为民利；军事精武，是为护国；外交独立，是为国威；洋务兴盛，是为富强；经济发达，是为变革。而文化传承，是为致用；教育兴造，是为实用。也就是说，左宗棠的文化教育观，都是为了经世致用，奉献国家，而非单为科名利禄。

对于我国的传统文化，左宗棠是敬畏有加。他生于耕读世家，祖父、父亲和兄长都曾做过很长一段时间的教师，他自己也做过山长、开过私塾，从小受教和传授子弟的都是传统儒学，因此对儒学推崇甚矣，一生都在"纳轨躬儒行"。不过，他所推崇的儒学，是宋代的程朱理学，而非当时流行的所谓汉学。于左宗棠而言，清廷推行的汉学，主要是服务于科举考试，功用于考证、训诂、书数等无用功上，于世并无实际作用，倒不如"恪以程朱为宗"，穷究孔孟真理，以穷经致用，传道报国。程朱理学教人修身养性，同时也教人"通经致用"，这正符合左宗棠所需。一来左宗棠性傲，他曾在青年时期特别注意静养和少言的修性之法；二来左宗棠从小受以程朱理学为代表的儒学教养,"穷经以致用"的思想早已深入骨髓。因此,左宗棠服膺于程朱理学,态度虔诚至极。

程朱理学自入清朝以来就备受非议,这主要是因为它其中蕴含的某些义理实难让人接受,更不利于攫取功名利禄。比如,程朱理学强调天理胜于人欲,为此可以"存天理而灭人欲"。教人们放弃种种欲望,懂得忍、舍、弃,正好符合统治者的需求。民无所求,听命于帝,封建统治就可以长稳安生。这种学说在宋、元、明三代极为盛行,但到了清朝已几无所存。左宗棠畅此道,根本还是为清廷统治服务的。言下之意,臣民都要服从于封建帝制,因为那是天命使然,不可违抗,即便天命有损于民,也只能坚忍消受。从这也可以看出,左宗棠在太平天国起义期间,一直犹豫不决而后毅然选择加入清廷消灭太平军的行列,固然有其同情起义者的一面,但更重要的是他打心底里不赞同起义造反,因为造反就是违抗天命。而他对于民利所提出的一系列政治、经济、军事、外交等设想,归根结底都是为了确保君与民的关系,维护清廷的统治。也就是说,左宗棠以程朱理学为宗的文化观,根本上是服务于封建统治这一政治基础的。

在这一基础和前提下,左宗棠丢弃汉学以考订文字为主的迂腐观,讲求经世致用。文以载道,学以致用,这道,就是维护封建统治,而这用,就是实务护道。说到底,就是把所需义理用在巩固清廷统治,平灭叛乱,驱除外侮,自强求富上。左宗棠的一生,正是如此做的。"儒术策治安",读经世之书,明白事物原本的道理,则于农学、医学和百工技艺皆可一通百通,而不至于只是停留在文字考证上,却于生活、实务百无一用。"百无一用是书生",讲的就是那种只会死读书,以之为功名敲门砖的腐儒。

左宗棠不做这样的腐儒,也不让自己的儿女成为只会八股取士的庸才。

"读书非为科名",这就是左宗棠教育自己的儿女所经常提到的一句。那么,读书不为科名,到底为什么呢?又应该怎么读书呢?这里就涉及左宗棠的教育观。

"吾读儒书,天地民物,莫非己任",读书不为读书,而以天下为己任,经世致用,就是读书的目的。左宗棠因为传承了这种文化观,因此对下一代的教育,也以此为重。可见,左宗棠的文化思想与教育思想是不可截然分开的,它们是传承和创新、思想与实务相结合的存在。这就是说,读书以务实,读与行为伴,这才是与死读书相对的活读书。难怪他的老师贺熙龄会盛赞他:"开口能谈天下事,读书深抱古人情。"

读书以践行,左宗棠认为"纵读数千卷奇书,无实行不为识字"。因此,他读史,便从中求取借鉴之法,以用于今;读地理书籍,便索图求证,以用于生产、军事诸务;读农书,则亲自试验,著书立说,并推广区田法,因地制宜大兴水利;读兵法,则慎兵精将整军,守边以护国……甚至,左宗棠还略懂医术,在柳庄天灾的几年里,自配药水救人。与那些终日抱书只会背诵的腐儒相比,左宗棠是把书本的精华谨记于心,践行于实处,而非五谷不分、五体不勤者。相反,他于农业上的精通堪称专家,一点也不亚于他的政治、军事才能,因此他才自诩长于农桑。左宗棠家传耕读之风,当为此。

读书不为科名为致用,一为生活服务,二为国家贡献。当西方世界以坚船利炮打开中国大门时,西学一时喷涌而来,工业革命的胜利果实也随之闯入人们的视野。腐儒者以之为淫巧奇技不足以为学,而如左宗棠经世致用者则坦然接受。世界格局已大变,如若不虚心学习前所未见之知识和技巧,只能任由他人抽打和欺凌。左宗棠从鸦片战争的结果中窥得此理,因而发出"中不如西,可学西也"的呼声。

林则徐被称为中国近代开眼看世界第一人,他的思想对左宗棠影响深远。

林则徐编撰的《四洲志》让左宗棠初步了解了世界各国的情况，知道了中国与世界的差距。而魏源的《海国图志》则较《四洲志》更为翔实、真切，左宗棠为此深赞"默深《海国图志》于岛族大概情形言之了了，物形无遁，非山经海志徒恢奇可比"。而魏源在此书中不仅介绍了他国的地理，更根据自己的考察和思考所得，发表了许多有益于时世的言论，"师夷长技以制夷"这句千古名言即来于此。左宗棠读后大为震撼，并自此开始留意西学。而对于中学与西学的差别，左宗棠有此论述：

均是人也，聪明睿知，相近者性，而所习不能无殊。中国之睿知运于虚，外国之聪明寄于实；中国以义理为本，艺事为末；外国以艺事为重，义理为轻。彼此各是其是，两不相喻，姑置弗论可耳；谓执艺事者舍其精，讲义理者必遗其粗，不可也。谓我之长不如外国，藉外国导其先，可也；谓我之长不如外国，让外国擅其能，不可也。此事理之较著者也。

左宗棠此番议论切中当时中西学的核心，意思是说中学以虚究义理胜于外国，而西学以实务技艺胜于中国，中学所不及，应该学习西学，不让其擅能欺侮于我。这就是洋务思想启蒙的开端。既保留自己的长处，又能学习西学的长处，用现在流行的话来说就是"取其精华，西学中用"。左宗棠有此意识，实属不易。为此，他在大力倡导程朱理学的同时，也热心于西学教育的传播和学习。而西学的开设，掀起了中国近代教育的帷幕。

1866年，左宗棠开蚕棉馆时，设"正谊堂书局"，而设福州船政局，又奏请开"船政学堂"。他的目的就是传承魏源和林则徐"师夷长技以制夷"的思想，自己培养西学人才，学习西方技艺和相关知识，"俾中国得转相授受，为永远之利"。为此，他定下西式学堂规章制度："艺局之设，必学习英、法两国语言文字，精研算学，乃能依书绘图，深明制造之法，并通船主之学，堪任驾驶。是艺局为造就人才之地。"

"艺局为造就人才之地"，左宗棠此论精辟。而左宗棠此举，无疑开创了现代技术学校的前身。以学习和掌握实务技术为主，兼习外语和相关知识、原理，左宗棠船政学堂的开举，为培养新式人才，促进近代教育和新式思潮都产生不小的影响。不满足于请外籍教师和国内开学堂学习西艺，为求得最佳的学习效果，左宗棠还联合沈葆桢、李鸿章等人，说服朝廷派遣留学生到英法两国学习轮船的制造和驾驶，开创了国家派遣留学生的先例。而派遣留学此举，也推动了洋务运动的发展，以及促进了从思想、制度、文化方面改良中国的西学思潮。

船政学堂开设10年便已有成效，学成出来的学生和留学归来的派遣生很快就成为造船、开矿、修铁路、架电线和新式外交的主干人物。他们之中的大多数人，诸如严复、邓世昌、詹天佑、林永升、叶祖圭、程璧光、陈季同等人，后来在电气、铁路、船舰、通信、科技等各方面都大有所成。这一切，都离不开左宗棠开明的文化教育思想以及船政学堂的开设。

自强、求富，这是晚清在受到外强欺凌的情况下极力求成的事情，而欲得其功，则必须在文化和教育上有所改观和发展。左宗棠在传承程朱理学经世致用的思想下，意识到以当时的格局而言学习西学才能更好地经世致用，因此在以儒学为主的前提下，大力推行西式教育，而兼习西学文化，为晚清求强求富立下了巨大功劳，也为中国近代化进程的推进做出了极大的贡献。左宗棠的文化和教育思想及其为之付出的实践，说是千百年来少有之人，也算实至名归。

第七节
"五百年来第一等人也"

左宗棠最后以 74 岁虚龄遗恨去世，留给世人诸多激论。他的一生前 40 年以耕读为业，后 30 年以戎马沙场为主，而他所留给世人平定功过是非的，则在于他的后 30 年。这 30 年，也是他极非凡、辉煌的时候。

我们先来总结一下左宗棠在这 30 多年里都做了哪些大事。他的一生都服膺清廷，在政治上，主张养民利民，所到任处以民利为主；因此在经济上，以农业为本，大兴水利，鼓励商业，积极推进洋务运动，兴办实业；而在文化教育上，传承经世致用的儒学精华，开西式学堂，鼓励年轻一代学西学，教育子女不以科名而读书；在外交方面，他不崇洋惧外，力争权利，张扬国威；在军事上，练兵修防，平定内乱，收复新疆，声震海内外。

沿着左宗棠的生命轨迹，我们一路走一路看可以发现他在生前所受到的赞誉是多于诋毁的。早在他还是青少年时期，人们便视之为奇才，周氏王太夫人不嫌其贫招为上门女婿，贺长龄、贺熙龄两兄弟对其期冀颇深，贺熙龄后来还与其结为儿女亲家。陶澍、林则徐等因故回家都要经过长沙，点名见他，并各与之彻夜长谈，把手同欢，寄天下大任之希望于他，多次邀请尚无功名的他到自己府中为宾。他婉拒两人的盛情，但却接受了陶澍的临终托命，在安化教育其子陶桄8年，并纳为佳婿，一时传为美谈。后来太平军起天下乱，长沙受扰，左宗棠两次多经湖南巡抚"三顾茅庐"请入湘幕奉为上宾，先助张亮基解长沙之围，再为骆秉章解湖南之困，并自此留于骆府，指挥军事，治吏管财，数年时间内清湖南四境，外援周边五省，遂定湖南安稳。湖南举人左宗棠的声名自此鹊起四野，招来官文等人的忌妒陷害，但却因祸得福受到帝王重用，赐官加爵，从此与沙场结缘，成就千秋功业。

作为湘军的创始人之一，他带领自己团练的精兵出省作战，与曾国藩所携湘军相互支持，于四五年间终于平定太平天国起义。而后两年开始在中国西北部平定捻军，稳定了陕甘地区。与此同时，新疆全失，伊犁被俄国侵占，左宗棠立排众难，抬棺进军克定大西北，收复新疆，夺回伊犁。这一切显赫军功，为左宗棠赢得极大的官爵利禄和斐然声名。在太平军、捻军等内乱起义之时，掺杂着英法美俄等列强外侵，左宗棠意识到世界格局正在发生大变动，于是与曾国藩、李鸿章等人发起洋务运动，兴办实业，造船、造炮、学技术以求强，制糖、织呢、开矿业以求富，开学堂师西学以御外侮，等等。声势恢宏的洋务运动令晚清展现出消亡前回光返照的异彩，也让左宗棠赢得外敌的敬畏。只可惜，洋务运动正盛时，边防问题尚未完全解决，左宗棠以古稀残病之躯毅然受命制敌，却终于倒在任上，遗恨收场。

左宗棠用他传奇的一生践行了经世以致用的儒学义理，体现出他对国家的忠诚和挚爱。他的爱国表现，在那个正处于水深火热而混乱动荡的时代，几乎一致地赢得人们的颂赞。他所到任处，为民利而不遗余力，受到任处所在民众的夹道迎送，来之人们雀跃，离之人们苦留。当他在福建病逝时，他所留任地方士民无不痛哭哀号。出淤泥而不染，为民请命，保家卫国，左宗棠者，于民而言便是晚清史上难得的好官。

"系天下安危者数十年"，"伤已，不仅为天下惜也"，这是时人对其普遍的评价。左宗棠耕读柳庄期间，曾自比诸葛亮，自称"今亮"，然而当时有人却以为他"文襄勋绩，南平闽浙，西定河湟，过于六出祁山远矣"。比诸葛亮功绩还大，这对于数十年致力于内忧外患，并让外敌以为劲敌的左宗棠来说，或许并不为过。

中国在鼎盛时期，一直为世界所向往的富饶之地，然而自清朝没落，列强扣关以来，西方世界对中国的态度却迅速逆转，以为中国人是好欺负的。左宗棠在外交和军事上的强硬态度，让他们对此有所改观，起码，对于左宗棠本人，他们报以敬畏有加的姿态，不敢小觑。

有人认为左宗棠领兵收复新疆160万平方公里的土地，是清朝征服此地以来最辉煌的成就，而有人认为左宗棠用兵"可谓神矣"，"足令吾欧人一清醒也"，更有人说他"忠正丹心，中西恐无其匹"，"旷代所罕见"。当左宗棠几经上海租界时，外国兵士皆换中国龙旗，鸣炮欢迎，以示敬畏。这种殊誉，是前所未有的。

左宗棠以传奇一生换得如此赞誉，也不枉他忠心护国为民所做的一切。但是，爱他者对其赞誉有加，恨他者却是妄加诽谤。而这群占少数派的诽谤者，以投降派为主。投降派之所以诽谤左宗棠，是因为左宗棠对外主战与他们主降的意见截然相反，左宗棠为此多次驳斥之，他们便因此怀恨在心。李鸿章曾诬其收复新疆为拥兵自重的"奸伪"之举，主张中法开战为"模糊颠倒"之行，希望清廷把他冷落在一边。连昔日为左宗棠惹上"官樊构陷事件"而求情的老乡郭嵩焘也告他一状，说他忘恩负义，并谤怨其主张与外强开战是乱朝政之举。

李鸿章、郭嵩焘作为投降派的代表人物,他们所攻讦左宗棠的多为其主战之举。然而,时人视李鸿章代表清廷签订不平等条约为卖国行径,可比于秦桧,可见投降派的诋毁污蔑,其实动摇不了左宗棠的赫赫功勋。唯有一事,左宗棠与曾国藩的失和绝交,为当时众多文人墨客无端猜测,加以横批。然而此类文人多为曾国藩的幕宾或好友,本就多亲近曾国藩而远左宗棠,因而不无偏袒之词。再者,他们所批骂左宗棠的不是其骄横、恃才的个性,就是其"忘恩负义""背叛"曾国藩之举,更有滑稽者还专拿他举人的身份说事,而有意无视其著名宇内外的非凡功绩。我们不否认左宗棠并非完人,自有其性格缺陷,但是借机说事加以诋毁者,左宗棠最不屑反击,只曰:"同时纤儒妄生揣拟之词,何直一哂耶!"

　　然而,历史人物越加到了后世,所受到的评价因时代、政治立场等缘故而有所不同。在步入又一个新世纪之交,以驱除鞑虏,恢复汉统,推翻清廷统治为主的那个时代里,左宗棠成了大多数革命家眼中的"汉奸",他们的理论很简单,因为他身为汉人,却帮助清朝政权镇压太平天国农民起义。在他们眼里,恢复中华,就是恢复汉人正统,而满族等少数民族则排除在华人以外,并把清朝的统治等同于封建统治,这是当时资本主义者对于反清与反封建的区别和认识不够所致。在这样的情况下,对左宗棠下"汉奸"定义,于情于理都不合适。于情而言,左宗棠镇压内乱,是基于清廷安定,是服膺于封建统治的,而非对于民族的异见。况且,于理而讲,中华数十个民族本一家,都在中华大地上共同生活了数千年,大家同为华人,左宗棠又不曾出卖汉族,当时汉族为官势力还颇令清朝贵族担忧呢,因此何来"汉奸"之说?

　　而后到了20世纪50年代,新中国成立之初,居然有人跟着沙俄的腔调颠倒是非黑白,把沙俄入侵者视为中国的英雄,而把左宗棠视为卖国贼,这种论调直让人拍案而起。沙俄当初唆使白彦虎、阿古柏扰乱边疆，并抢夺伊犁，左宗棠从其手中夺回失地，沙俄自然对其恨之入骨。然而国内有人随之骂左宗棠为卖国贼，真是黑白不分妄为中国人。

不过，对于左宗棠在平定内忧外患途中杀戮太多的情况，这确实是让人遗憾的。因此有人说他功大于过，大概指的就是他在戎马年岁里没有很好地约束部下，以致有了滥杀无辜的行径发生。在战争的年代，其实很多时候难以辨清是非。太平军、捻军，他们为了自己集团的利益，愤而反抗，这本无可厚非，然而在反抗的过程中，他们自身却很快变成他们所厌恶的角色，也变得嗜血和滥杀无辜，甚至自相残杀，比如太平军内乱时韦昌辉屠杀杨秀清部下万人以上，凡此种种则与清军镇乱滥杀无异。因此可见，左宗棠在镇乱时未能及时制止部下官兵滥杀无辜是要受到人们谴责的，但是抓此不放，视其维护国家安定、护卫国土完整的功绩如不见，却安上刽子手的罪名，实为不公。战无义战，战争避免不了杀戮，按如此道理而讲，战场上皆为恶魔，谁都是刽子手，何独其左宗棠乎？此番论调者，一来不能正视历史，二来为政治立场左右，三来为其私心所困。对于爱好和平的大多数中国人来说，大家都不希望看到战争和叛乱，而左宗棠镇乱，是以抚劝为主，剿灭为辅的，而且在平定内乱之后，他所做的无非都是恢复民生，皆尽民利之事。

对此谬论，许多有识之士就提出异议，认为左宗棠镇乱期间滥杀无辜是为过失之处，但其维稳和最终团结中华各民族，特别是收复新疆之举，却是千秋功绩，于中华民族而言是应该肯定的。这一点，后来一致得到了大家的认同而并无什么异议。不过，少数人又给左宗棠扣上了亲法派、军阀等恶名，实在让人可笑可叹。亲法派的说法，源于左宗棠镇压太平军期间借洋师之力，且开办西式学堂，聘请外国人担任讲师。其实，左宗棠从一开始就反对借洋师平定太平军，只不过以慈禧为首的投降派主持此事，左宗棠力劝而不可得，不能违命，只好遵旨而行。但在第二年，他就遣散了浙江洋兵。与亲法的论调相反，左宗棠一直谨防外敌，看到他们企图瓜分中国的阴谋，还因此上书清廷，希望清廷能够提高警惕，约束洋兵。

而对于军阀一说，则源于他协助曾国藩帮办团练，自建楚军抗击太平军。然而我们观察近代军阀袁世凯、段祺瑞等人就可知道，真正的军阀拥兵自重，割据一方而与当权者抗衡，甚至勾结外敌篡权，这于左宗棠而言，哪一样有之？左宗棠是1860年奉命自建楚军帮助清军镇压太平军，因为清廷已经无力再拨军队和军饷出来给他。而他率湘军出省作战，以及后来平定捻军、出兵新疆等，根本就没有固定而统一的派系军团，反而要借调满军、皖军、豫军和蜀军等其他地方军队。数十年如一日，左宗棠东征西战，所为全是国家，而无一个属于自己的军队供其拥兵割据霸权。可见，说左宗棠为军阀，也只是一些人的胡乱扣帽而已。

此外，有人还拿洋务运动和其洋务思想开涮，其实都不过是借"洋"字说事而已。历史证明，无论在当时还是现在而言，洋务运动都是趋于时世而必然行之的，并且，它对处于受外敌侵略欺凌之中的中国自强致富起到了一定作用，也开启了中国近代化的进程。因此，左宗棠以自强求富的洋务思想办实业，兴西学，无论从哪个方面来看，都是爱国的表现。说到爱国，有人又为此有异议了。封建时代君与国基本为一统的概念，而现代人以现代反帝反封建的视角去考察古人动机，却不看他实际的功绩是否有利于民，这是有失公允的。以历史的眼光看历史，具体问题具体分析，我们就可以发现左宗棠帝国时代帝王集团利益即为国家利益，因为时人几乎对于帝制政权和国家是毫无异议的，正如我们现在对于人民共和性质全民赞同一样。左宗棠是忠君的，因为晚清君王虽然不如开国和乾隆盛世时几位君王大有作为，但也非为暴君一列，他们也想安稳民生和国家，左宗棠正是看到这一点，才下定决心辅助清廷稳固基业。左宗棠的爱国心，是自小有之，因为他心里装的都是国忧民利，而他为官数十载所做的也全在于此。

对此，我们毋庸置疑，左宗棠的一生，是有功于中国和民族的，谓之与林则徐一样为"民族英雄"实至名归，因为他不仅继承了林则徐坚决抵御外侮的爱国心，更以抬棺进军西北收复新疆的实际行动践行了他那伟大的爱国精神。这一点，在整个晚清历史上，并无一人可比拟之。为国家，他最后仍临危受命，病逝道途，遗恨未能驱除法军出境。如此明朗坚定的爱国心，借用前国家副主席王震的话来说，是"在历史上闪光"的；而他抵御外侮的民族气魄之高风亮节，搬用时人为左宗棠所作祭奠他的挽联来，便是"绝口不言议和事，千秋独有左文襄"！

千秋功过谁论，左宗棠死后谥为"襄"，正是对他一生军功的极大肯定，而梁启超为此称赞他为"五百年来第一等人也"，西方更有人视之为中国排名世界伟人三者之一。帝国最后的鹰派，一生未败的传奇人物左宗棠，也可闭上因未能尽然驱除外侮而遗恨平生的双目，凭借为官利民、收复新疆的丰功伟绩和心忧天下、永不言和的爱国精神自此永垂青史了。

附录
左宗棠生平大事记

1812 年，嘉庆一十七年十月初七，左宗棠 1 岁。

左宗棠生于湖南湘阴县东乡左家塅，名宗棠，字季高。

1814 年，嘉庆一十九年，左宗棠 3 岁。

祖母杨氏 80 寿终。

1815 年，嘉庆二十年，左宗棠 4 岁。

随祖父左人锦读书于"梧塘书屋"。

1816 年，嘉庆二十一年，左宗棠 5 岁。

随父左观澜迁居长沙，与长兄左宗械、二兄左宗植在父亲所开书馆读书。

1817 年，嘉庆二十二年，左宗棠 6 岁。

祖父左人锦 80 寿终。

同年，左宗棠学《论语》和《孟子》。

1820年，嘉庆二十五年，左宗棠9岁。

学做八股文。

1823年，道光三年，左宗棠12岁。

开始留意书法。

同年二月，左宗棠长兄左宗械早亡，年仅25。

1826年，道光六年，左宗棠15岁。

初应童子试，获得头名。

1827年，道光七年，左宗棠16岁。

初应府试，取第二名。

同年十月，左宗棠母亲余氏53寿终。

1829年，道光九年，左宗棠18岁。

初涉经世之学，读顾炎武《天下郡国利病书》、顾祖禹《方舆纪要》等书籍。

1830年，道光十年，左宗棠19岁。

其父左观澜53寿终。

同年，与贺长龄家借阅图书，共论读书心得。

1831年，道光十一年，左宗棠20岁。

入读长沙城南书院，随贺熙龄读书。

1832年，道光十二年，左宗棠21岁。

捐监生，应乡试，入赘湘潭周家（夫人周诒端）。左宗棠乡试中第18名举人，二兄左宗植第一名。

同年冬，与二兄同赴京参加会试。

1833年，道光十三年，左宗棠22岁。

会试未中，返湘，入居岳家。

同年八月，长女左孝瑜出生。

1834年，道光十四年，左宗棠23岁。

次女左孝琪出生。

1835年，道光十五年，左宗棠24岁。

会试原取第15名进士，却因是年采取区域分配制，湖南名额已满，改录左宗棠为国史馆誊录。左宗棠不屑于此，仍归湘潭周家。

1836年，道光十六年，左宗棠25岁。

居于周家西楼，研习地理，绘制地图。

同年纳副室张氏。

1837年，道光十七年，左宗棠26岁。

入醴陵渌江书院为师。

八月，三女左孝琳出生。

九月，四女左孝瑸出生。

冬，第三次北上会试。

1838年，道光十八年，左宗棠27岁。

会试落第，决心不再应试，开始钻研农学。

1839年，道光十九年，左宗棠28岁。

到长沙二兄宅中居住，研习地理和兵法，并事农桑。

1840年，道光二十年，左宗棠29岁。

受陶澍遗命到陶家教其子陶桄，历时8年。

1843年，道光二十三年，左宗棠32岁。

于湘阴县东乡柳庄买田。

1844年，道光二十四年，左宗棠33岁。

移家柳庄。

1845年，道光二十五年，左宗棠34岁。

柳庄务农，著《朴存阁农书》。

1846年，道光二十六年，左宗棠35岁。

是年八月，长子左孝威出生。

1847年，道光二十七年，左宗棠36岁。

是年四月，次子左孝宽出生。

同年八月，长女左孝瑜婚配安化陶桄。

1849年，道光二十九年，左宗棠38岁。

到长沙开馆授业。

十一月，与林则徐彻夜长谈于湘江一舟中。

1850年，道光三十年，左宗棠39岁。

是年，广西天地会和太平军相继起义，左宗棠拟避乱于湘阴县东山。

1852年，咸丰二年，左宗棠41岁。

太平军攻打湖南，进军长沙，左宗棠携眷于白水洞避乱。恰逢此时，经友胡林翼推荐和多次相劝，入湘幕指战。

十月，助张亮基初解长沙之围，太平军弃攻长沙而北上。

十二月，受命协助曾国藩帮办团练，湘军肇始于此。

1853年，咸丰三年，左宗棠42岁。

张亮基调任湖广总督，强携左宗棠同去，至九月张亮基转任山东，乃辞归。

三月，三子左孝勋出生。

1854年，咸丰四年，左宗棠43岁。

太平军占岳州、湘阴，左宗棠再度入湘，直至咸丰十年一直致力于湖南军事。

1855年，咸丰五年，左宗棠44岁。

在湖南推行厘税和票盐制。

1857年，咸丰七年，左宗棠46岁。

左宗棠携眷移居长沙。

九月，四子左孝同出生。

1859年，咸丰九年，左宗棠48岁。

因樊燮事件离开湘幕。

1860年，咸丰十年，左宗棠49岁。

一月，赴京会试。

五月，奉诏四品京唐候补，协同曾国藩办理军务，并自建楚军。

七月，于江西景德镇击败太平军。

1861年，咸丰十一年，左宗棠50岁。

三月，于乐平击败太平军。

五月，诏授太常寺卿，援浙。

十一月，奉诏督办浙江军务。

十二月，诏授浙江巡抚。

1862年，同治元年，左宗棠51岁。

进军浙西，三月于清湖击败太平军李世贤。

同年，长子左孝威入县学，中举人。

1863年，同治二年，左宗棠52岁。

四月，诏授闽浙总督，兼浙江巡抚。

八月，攻克富阳。

十二月，围杭州。

1864年，同治三年，左宗棠53岁。

二月，攻克杭州，加太子少保衔。

九月，封一等伯爵。考察西洋国家机器制造。

1865年，同治四年，左宗棠54岁。

上奏请求在闽行票盐。

1866年，同治五年，左宗棠55岁。

三月，开蚕棉馆。设"正谊堂书局"。

五月，设福州船政局，奏请自制轮船。

九月，调任陕甘总督。奏请设立"船政学堂"。

十二月，入陕击捻军。

1867 年，同治六年，左宗棠 56 岁。

汉口、德安、潼关等多地击捻军。

1868 年，同治七年，左宗棠 57 岁。

西捻军逼近京郊，左宗棠、李鸿章等受谴责。左宗棠与李鸿章等人四处追剿捻军，历时半年余平西捻军，左宗棠晋太子太保衔。

1869 年，同治八年，左宗棠 58 岁。

于陕甘宁地区全力平叛乱，并奏呈处理政策：以抚为先，剿抚兼施。

1870 年，同治九年，左宗棠 59 岁。

新疆全失。

夫人周氏于长沙病逝。

四女左孝瑸殉夫亡。

1871 年，同治十年，左宗棠 60 岁。

三月，伊犁被俄军侵占。

四月，设书局于西安。

奏请于兰州设立制造局，专门制造枪炮弹药。

1872年，同治十一年，左宗棠61岁。

七月，驻军兰州。

十月，清军攻克西安。

是年五月，二兄左宗植于长沙逝世。

是年，正式成立兰州制造局。

1873年，同治十二年，左宗棠62岁。

二月，奏呈克乌鲁木齐、收伊犁。

七月，赴肃州督师。

九月，收复肃州。

诏授协办大学士、一等轻车都尉。

冬，福州船政局制造舰船15艘。

是年二月，次女左孝琪40岁病逝。

是年七月，长子左孝威亡于家中，年仅27。

1874年，同治一十三年，左宗棠63岁。

二月，奏免甘肃积欠钱粮。

三月，清军出关。

七月，晋东阁大学士。

十二月，同治帝病逝。

1875年，光绪元年，左宗棠64岁。

去岁，李鸿章等人以为新疆旷地，收复不值，将来断不能守，而左宗棠坚持进军新疆，收复失地。谕旨命左宗棠为钦差大臣出关剿匪。

八月，奏请老湘全军西征，刘典协办陕甘军务。

1876年，光绪二年，左宗棠65岁。

进军肃州，定西征战略：缓进急战，先迟后速。

五月至八月，进古城，克济木萨，拔乌鲁木齐，收玛纳斯城，平定北路。

1877年，光绪三年，左宗棠66岁。

二月，清军出关。

三月，攻克达坂城、吐鲁番。

库伦大臣、廷臣等人反对继续西进，左宗棠驳斥，以为保新疆才能保蒙古，保蒙古才能卫京师，因此建议新疆设行省，改郡县。

继续西进，九月克喀喇沙尔、库尔勒、乌什等地，平复南疆东四城。

十一月，克喀什噶尔、叶尔羌、英吉沙尔、和阗诸城，渐平南八城。

晋封二等侯。

1878年，光绪四年，左宗棠67岁。

多次奏请改新疆为行省。

十月，清军与俄商议收回伊犁诸事。

1879年，光绪五年，左宗棠68岁。

阿古柏残部多次越界进犯，清军每力退之，使不敢再犯。

八月，崇厚与俄订约，丧失伊犁周遭大量土地及其主权，左宗棠力陈其害，并备战，拟驻军哈密督战。

是年，兰州设织呢局。

同年，立遗书，嘱咐诸子耕读为业，并均分五份财产，四子各得一份，每份不过五千金。

1880年，光绪六年，左宗棠69岁。

二月，定策三路收复伊犁。

四月，出关。

五月，抵哈密。

八月，兰州织呢局开工。

十一月，抵兰州。

1881年，光绪七年，左宗棠70岁。

一月，中俄订约，伊犁全境归还中国。诏授左宗棠为总理各国事务衙门行走，执管兵部。

二月，奏请兴修水利。

四月，奏请增加烟税，以绝其流。视察涿州、天津水利工程。

六月，奏请广开言路。

七月至八月（是年闰七月），中暑，休假三月。

九月，诏授两江总督，并办理南洋通商事务大臣。请便道回湖南省墓。

十一月，抵阔别20年之久之长沙。

十二月，回湘阴谒墓。到南京，受印视事。

1882年，光绪八年，左宗棠71岁。

一月，出省阅兵。

二月，到扬州、高邮、清江浦等地视察运河堤工。

四月，出阅江南营伍。

再次奏请新疆设行省。

十月，目疾请假，诏假三月。

十一月，修筑范堤。

1883年，光绪九年，左宗棠72岁。

一月，于南京建林文忠祠、陶文毅祠。巡视范堤和省内各水利工程及盐场。

二月，视察朱家山河工程。

三月，法攻越南，破南定，奏请筹办海防，创渔团。

五月，范堤工成。

九月，出阅渔团。

十月，还南京，请病假两个月。督助王德榜募军，号"恪靖定边军"，促其出关克敌。

1884年，光绪十年，左宗棠73岁。

一月，目疾加剧，再请病假。带病视察导淮规划、渔团。

二月，视察朱家山河工程，工成。

三月，曾国荃到南京受代。

清军被迫对法宣战，命左宗棠为钦差大臣到福建督办军务。

八月，抵南京，召集旧部应战。

十月，至福建，安定人心。

十二月，法军舰意乘岁进击，左宗棠冒风巡视长门、金牌炮台，封塞海口，法军乃去。

1885年，光绪十一年，左宗棠74岁。

反对议和罢兵。

四月，李鸿章与法国公使签订《中法天津条约》，承认法国占领越南，史称耻辱外交。

五月，病剧，请假。

六月．奏请移福建巡抚驻中国台湾，并设其为行省。

七月廿七日，病逝于福建，遗书称越南和战，未能大伸挞伐，遗恨而不能瞑目。

清廷追赠太傅，予谥"文襄"，建专祠。

1886年，光绪十二年。

十一月，葬于长沙。

（注：左宗棠的年龄，此处均以虚岁计算。）

参考书目

[清] 罗正钧.左宗棠年谱.第1版.长沙：岳麓书社，1983年

左景伊.左宗棠传.第1版.北京：华夏出版社，1997年

孙占元.左宗棠评传.第1版.南京：南京大学出版社，2002年

张振佩.左宗棠传.第1版.海口：海南国际新闻出版中心，1993年

马东玉.湖南骡子左宗棠.第1版.北京：团结出版社，2010年

[美] 贝尔斯.左宗棠传.王纪卿译.第1版.南京：江苏文艺出版社，2011年

袁伟时.晚清大变局中的思潮与人物.第1版.深圳：海天出版社，1992年

林涛.正说清朝三百年.第1版.北京：中国国际广播出版社，2005年

李鸿彬.清朝开国史略.第1版.济南：齐鲁书社，1997年